Sexuelle Gewalt in Kindheit und Jugend: Forschung als Beitrag zur Aufarbeitung

Sexuelle Gewalt wurde bis heute national und international häufig aus der Forschung ausgeblendet. Vor allem die Erfahrungen von Kindern und Jugendlichen mit sexueller Gewalt im familiären und privaten Umfeld, ebenso wie in Kontexten kirchlicher oder pädagogischer Institutionen gehörten lange zu den großen Tabus moderner Gesellschaften. Zur Überwindung dieser Defizite beizutragen, ist ein Anliegen dieser Buchreihe. Sie schließt dabei an die ersten Versuche durch mutige Initiativen von Betroffenen in den 1980er Jahren an. Diese haben die Ringe des Schweigens und Verleugnens zwar zunächst kaum durchbrechen können, aber seit einigen Jahren zeigen sich allmählich Veränderungen. Vor allem durch Betroffene von Missbrauch in Institutionen sind die ersten Schneisen für das Thema der sexualisierten Gewalt in die Öffentlichkeit, in das wissenschaftliche Aufmerksamkeitsfeld und in die politische Arena geschlagen worden. Einzelne Institutionen beginnen sich ihrer Verantwortung zu stellen und haben die bis heute nachwirkenden Spuren von Missbrauch und Misshandlungen in der Geschichte ihrer Institution erforschen lassen. Hier zeigt sich, dass Forschung einen wichtigen Beitrag zur Aufarbeitung leisten kann. Vor allem dann, wenn sie sich methodisch für die Erfahrungen der Betroffenen und für deren biografische Konsequenzen öffnet und sie in historische und systemische Kontexte einordnet. Es hat sich gezeigt, dass die Komplexität der damit gestellten Aufgaben am ehesten durch interdisziplinäre Kooperation von Pädagogik, Psychologie, Soziologie und Medizin bewältigt werden kann. Die neue Buchreihe will dies zeigen und deshalb sind alle vier Disziplinen im Gremium der Herausgeberinnen und Herausgeber vertreten.

In der Buchreihe werden Studien veröffentlicht, die auf unterschiedlichen Methoden und Herangehensweisen basieren, aber die der Aufarbeitung sexueller Gewalt verpflichtet sind.

Peter Caspari • Manuel Arnegger
Gerhard Hackenschmied
Kathrin Weinhandl • Mara Roth

Die pädagogische Praxis und der Umgang mit Gewalt im St. Augustinusheim des SkF Freiburg e.V. zwischen 1985–1997

Eine empirische Studie als Beitrag zur Aufarbeitung

Springer VS

Peter Caspari
Institut für Praxisforschung und Projektberatung
München, Deutschland

Gerhard Hackenschmied
Institut für Praxisforschung und Projektberatung
München, Deutschland

Mara Roth
Sozialdienst katholischer Frauen e.V.
Freiburg, Deutschland

Manuel Arnegger
Sozialdienst katholischer Frauen e.V.
Freiburg, Deutschland

Kathrin Weinhandl
Institut für Praxisforschung und Projektberatung
München, Deutschland

ISSN 2569-1260 ISSN 2569-1279 (electronic)
Sexuelle Gewalt in Kindheit und Jugend: Forschung als Beitrag zur Aufarbeitung
ISBN 978-3-658-51512-6 ISBN 978-3-658-51513-3 (eBook)
https://doi.org/10.1007/978-3-658-51513-3

Die Deutsche Nationalbibliothek verzeichnet diese Publikation in der Deutschen Nationalbibliografie; detaillierte bibliografische Daten sind im Internet über https://portal.dnb.de abrufbar.

Planung/Lektorat: Cori Antonia Mackrodt
Springer VS ist ein Imprint der eingetragenen Gesellschaft Springer Fachmedien Wiesbaden GmbH und ist ein Teil von Springer Nature.
Die Anschrift der Gesellschaft ist: Abraham-Lincoln-Str. 46, 65189 Wiesbaden, Germany

Vorwort

Die wissenschaftliche Aufarbeitung von (sexualisierter) Gewalt in Institutionen erfüllt keinen Selbstzweck. Sie verläuft als prozesshaftes Geschehen, dem zugleich ein Ende und ein Anfang innewohnt: Das Ende eines oft jahrzehntelangen Schweigens über Unrecht und Leid; der Anfang der Diskussion über Konsequenzen, die aus der Vergangenheit gezogen werden können und müssen.

Das vorliegende Buch stellt einen Versuch dar, die Ergebnisse eines wissenschaftlichen Aufarbeitungsprojekts nicht nur darzustellen, sondern in Möglichkeiten des praktischen Handelns zu transformieren. Entgegen der meisten bisherigen empirischen Arbeiten in diesem Bereich endet dieses Buch nicht mit einem Fazit, einem Ausblick und Empfehlungen an eine Institution, in der Gewalt gegen Kinder und Jugendliche verübt wurde. Sowohl das wissenschaftliche Forschungsteam als auch Vertreter*innen der Institution haben sich dafür interessiert, wie die Ergebnisse der Aufarbeitungsstudie konkret und operationalisierbar in die alltägliche pädagogische Praxis der Institution einfließen können.

Das Buch besteht daher aus zwei Teilen: Der erste Abschnitt umfasst die vom IPP München durchgeführte wissenschaftliche Studie zur pädagogischen Praxis und dem Umgang mit Gewalt im St. Augustinusheim des SkF Freiburg e.V. zwischen 1985–1997. Der zweite Teil stellt eine fachliche Antwort auf den ersten Teil dar. Darin wird die Auseinandersetzung des SkF Freiburg mit den Empfehlungen des Ergebnisberichts der wissenschaftlichen Aufarbeitung beschrieben. Mit dieser Verbindung möchte das Autor*innenteam einen Impuls sowohl für die Forschung zur Aufarbeitung von Gewalt in Institutionen als auch für die Nutzung ihrer Ergebnisse in der Praxis geben. Das vorliegende Projekt hat neben der produktiven Kooperation zwischen der auftraggebenden Institution und dem Forschungsteam vor allem aus den folgenden Gründen Anlass zu dieser Verknüpfung wissenschaftlicher Erkenntnisse mit pädagogischer Praxis gegeben:

- Der Untersuchungszeitraum zwischen Mitte der 1980er und Ende der 1990er-Jahre markierte eine Übergangsphase von der traditionellen Heimerziehung in eine moderne Kinder- und Jugendhilfe. Viele Aspekte, die in anderen Studien zur Aufarbeitung von Gewalt in Institutionen als systemimmanente Risikofaktoren identifiziert worden waren (Pöter & Wazlawik, 2018), traten in dieser Zeit – mehr oder weniger deutlich und mit unterschiedlicher Konsequenz und Geschwindigkeit – in den Hintergrund. Da das St. Augustinusheim der 1990er-Jahre der gegenwärtigen Jugendhilfe strukturell und atmosphärisch ähnlicher ist als Kinderheime oder Internate der 1960er und 1970er-Jahre, ist eine Distanzierung von den Ergebnissen der Aufarbeitungsstudie mit dem Hinweis auf einen damals herrschenden autoritären und gewaltaffinen Zeitgeist nicht ohne weiteres möglich.
- Die empirischen Erhebungen machten deutlich, dass es im St. Augustinusheim der 1980er und 1990er-Jahre trotz einer pädagogischen Aufbruchsstimmung in einem überwiegend jungen und ambitionierten Fachkräfteteam zu Gewalt gegen Kinder und Jugendlichen kam. Die Bedingungen, die dazu führten, haben u. a. mit der mangelnden Verfügbarkeit von Ressourcen, die für die anspruchsvolle Arbeit in der stationären Kinder- und Jugendhilfe notwendig sind, zu tun. Die finanziellen Machenschaften des Heimleiters lassen die verheerenden Auswüchse der Ökonomisierung sozialer Dienstleistungen im Nachhinein wie durch ein Brennglas erscheinen. Engagierte Arbeit unter prekären Rahmenbedingungen ist keineswegs ein in die Vergangenheit delegierbares Thema.
- Der häufig nicht erfüllte Anspruch auf passgenaue Schutzkonzepte hat durch die Bezugnahme auf eine institutionsbezogene Aufarbeitungsstudie eine hohe Chance auf Verwirklichung. Die im zweiten Teil dieses Buches beschriebene Auseinandersetzung des SkF Freiburg e.V. mit den Empfehlungen des Forschungsteams demonstriert die Möglichkeit einer Gewaltprävention, die tatsächlich an den spezifischen Bedarfen der Institution orientiert ist und sich nicht in der Übernahme eines Schutzkonzepts z. B. aus einer übergeordneten Trägerebene erschöpft. Die immer wieder geforderte organische Verbindung von Prävention und Aufarbeitung kann hier modellhaft nachvollzogen werden. Diese beinhaltet auch Lücken in der Umsetzung notwendig erscheinender Maßnahmen und den Verweis auf die an manchen Stellen begrenzte Einflussnahme der Institution auf die strukturellen Rahmenbedingungen ihrer Angebote.

Die im Kontext von Aufarbeitungsprojekten zu stellende Frage, was die damaligen gewaltförmigen Zustände mit der institutionellen Gegenwart zu tun haben, ist zu wichtig, um sie mit manchmal diffusen und zu Leerformeln degradierten Hinweisen auf institutionelles Lernen, Verantwortungsübernahme, Organisationskultur und Prävention zu beantworten. Man muss hier präzise sein: Man muss sich die Mühe machen, in der erforderlichen Tiefe zu verstehen, welche Auswirkungen die eigene Vergangenheit für genau diese Institution in der Gegenwart hat. Für solche Zusammenhänge gibt es keine beliebig übertragbaren Hintergrundfolien. Daher bedarf es für jede Institution, in der (jungen) Menschen Unrecht und Leid zugefügt wurde, einer eigenen wissenschaftlichen Aufarbeitung, aus denen Konsequenzen abzuleiten sind, mit denen sich sowohl Betroffene als auch gegenwärtige Adressat*innen, Mitarbeitende und Verantwortliche dieser Institutionen identifizieren können. Das vorliegende Buch möchte ein exemplarisches Modell für ein solches Unterfangen bieten.

München, Deutschland — Peter Caspari
Freiburg, Deutschland — Manuel Arnegger
München, Deutschland — Gerhard Hackenschmied
München, Deutschland — Kathrin Weinhandl
Freiburg, Deutschland — Mara Roth

Danksagung Wir danken insbesondere unserem Kollegen Adrian Etzel von Wendepunkt Freiburg e.V. für die Durchführung zahlreicher Interviews im Rahmen der vorliegenden Studie.

Zudem danken wir

Bettina Merkel vom Kommunalverband für Jugend und Soziales Baden-Württemberg sowie Stefani Brenner von der Informations- und Beratungsstelle für ehemalige Heimkinder in Stuttgart für Ihre Recherchen zu Meldungen bei der früheren Anlauf- und Beratungsstelle für ehemalige Heimkinder im Rahmen des Fonds Heimerziehung.

Margarethe Baumgartner für die Übermittlung von Informationen aus dem Stadtarchiv Freiburg.

Beate Biederbick von Wildwasser Freiburg e.V. für die fachliche Unterstützung im Zusammenhang mit den geplanten Interviews mit Menschen mit Behinderung.

Unser Dank gilt auch den Mitgliedern der Begleitgruppe, die wertvolle Impulse für dieses Forschungsprojekt leisteten.

Besonders danken möchten wir unseren Interviewpartnerinnen und Interviewpartnern, die bereit waren, sich der Vergangenheit des St. Augustinusheims – auch unter dem Fokus der Gewalt – zu stellen.

Inhaltsverzeichnis

Teil I

Die wissenschaftliche Untersuchung zur Aufarbeitung der pädagogischen Praxis und des Umgangs mit Gewalt im St. Augustinusheim des SkF Freiburg e.V. zwischen 1985–1997

(Peter Caspari, Gerhard Hackenschmied, Kathrin Weinhandl)

1 Ausgangslage, Anlass der Studie

Den Ausgangspunkt für die vorliegende Untersuchung bildete die Mitteilung einer Person, die als Kind/Jugendliche*r mehrere Jahre im St. Augustinusheim untergebracht war. Diese berichtete im März 2021 gegenüber der Geschäftsführerin des Sozialdienstes katholischer Frauen (SkF) Freiburg davon, dass ein früherer Bewohner der Einrichtung Opfer eines sexuellen Übergriffs des ehemaligen Leiters der Einrichtung geworden war. Weitere Angaben wurden zu diesem Sachverhalt nicht gemacht. Der betroffene Bewohner beging später Suizid. Der im Verdacht stehende Heimleiter führte die Einrichtung im Zeitraum zwischen 1985 und 1997. Eine beiläufige Recherche durch den SkF brachte zudem Abbildungen von nackten Jungen in Fotoalben aus dieser Zeit zutage. Es handelte sich dabei um Jungen mit Behinderung, die offenbar beim Baden fotografiert wurden. Auf einem Bild sei auch der erigierte Penis eines Jungen zu sehen gewesen. Eine weitere Meldung jener Person, die von dem sexuellen Übergriff an dem früheren Bewohner berichtete, bestand darin, dass sie selbst in der Ära des verdächtigten Heimleiters von körperlicher Gewalt in der Einrichtung betroffen war. Ihre Informationen deuteten auf einen pädagogischen Paradigmenwechsel im Zuge der Übernahme des Heimes durch diesen Leiter hin. Während sich diese Person zuvor dort recht wohl gefühlt hatte, kam es in weiterer Folge offenbar zu Gewaltanwendungen.

Auf der Basis der hier skizzierten Informationslage wurde mit der vorliegenden Studie das Ziel verfolgt, ein systematisches Wissen über die pädagogische Praxis im St. Augustinusheim in Freiburg während der Amtszeit des beschuldigten Heimleiters aufzubauen. Dies beinhaltet auch die Identifikation möglicher Fälle sexualisierter, körperlicher und psychischer Gewalt. Vor dem Hintergrund, dass noch bis

P. Caspari et al., *Die pädagogische Praxis und der Umgang mit Gewalt im St. Augustinusheim des SkF Freiburg e.V. zwischen 1985–1997*, Sexuelle Gewalt in Kindheit und Jugend: Forschung als Beitrag zur Aufarbeitung,
https://doi.org/10.1007/978-3-658-51513-3_1

in die 1980er-Jahre die Anwendung von Gewalt zum Repertoire der Heimerziehung gehörte, bildeten die Hinweise der berichtenden Person und die gefundenen Fotoalben Ansatzpunkte für die Annahme, dass es möglicherweise mehrere ehemalige Bewohner*innen der Einrichtung gibt, die dort Gewalt erfahren haben, ohne jemals Unterstützung in materieller oder gesundheitlicher Hinsicht erhalten zu haben.

Die wissenschaftliche Aufarbeitung setzte sich zum Ziel, bislang nicht bekannte Informationen zu generieren und darauf basierend einen Beitrag zur Anerkennung der Schicksale von Frauen und Männern zu leisten, die in ihrer Kindheit und/oder Jugend von Gewalt im St. Augustinusheim betroffen waren. Der Untersuchungszeitraum bezog sich primär auf die Ära des beschuldigten Heimleiters von Mitte der 1980er bis Ende der 1990er-Jahre.

2 Forschungsfragen

Folgende Fragestellungen sollten im Rahmen der wissenschaftlichen Aufarbeitung bearbeitet werden:

- Sind Fälle von sexualisierter, körperlicher und/oder psychischer Gewalt im St. Augustinusheim Freiburg in der Zeit zwischen Mitte der 1980er-Jahre bis Ende der 1990er-Jahre nachweisbar?
- Können Hinweise darauf generiert werden, dass auch außerhalb des genannten Zeitraums Kinder und Jugendliche, die im St. Augustinusheim untergebracht waren, dort von Gewalt betroffen waren? (Unabhängig von den jeweils zu fokussierenden Zeitphasen geht es sowohl um die Anwendung von Gewalt als pädagogische Praxis als auch um Peer-Gewalt zwischen untergebrachten Kindern und Jugendlichen).
- Welche institutionellen Bedingungen waren ausschlaggebend dafür, dass es zur Anwendung von Gewalt kommen konnte und dass diese über längere Zeiträume weder aufgedeckt noch beendet wurde?
- Welche pädagogischen Konzepte und erzieherische Praxen haben sexualisierte, körperliche und/oder psychische Gewalt begünstigt? Welche Rolle spielten dabei konfessionell inspirierte Erziehungsvorstellungen und -praktiken?
- Wie wurde von Seiten Verantwortlicher in der Trägerorganisation mit etwaigen Hinweisen auf mögliche Gewalt im St. Augustinusheim umgegangen?
- Mit welchen Hindernissen sahen sich gewaltbetroffene Kinder und Jugendliche beim Versuch der Aufdeckung und Bewältigung ihrer Erfahrungen konfrontiert? Was war bei der Aufdeckung hilfreich?

P. Caspari et al., *Die pädagogische Praxis und der Umgang mit Gewalt im St. Augustinusheim des SkF Freiburg e.V. zwischen 1985–1997*, Sexuelle Gewalt in Kindheit und Jugend: Forschung als Beitrag zur Aufarbeitung, https://doi.org/10.1007/978-3-658-51513-3_2

- Welche Auswirkungen hatte die ausgeübte sexualisierte, körperliche und/oder psychische Gewalt auf die Betroffenen?
- Haben Betroffene bei der Trägerorganisation und/oder beim Erzbistum Freiburg um Hilfe und Unterstützung angesucht? Wenn ja, welche Erfahrungen machten Sie dabei?
- Welche Schlüsse kann der SKF Freiburg auf der Basis der Erkenntnisse dieses Vorhabens für die aktuelle Präventionsarbeit ziehen?

Datengrundlage und Methode

3

Inhaltsverzeichnis

Die wesentliche Datenquelle dieser Untersuchung stellen 31 leitfadengestützte, problemzentrierte Interviews (Witzel, 1985) mit insgesamt 32 Personen dar. Durch diesen Forschungsansatz hatten die interviewten Personen die Möglichkeit, ihre subjektive Sichtweise ausführlich darzustellen, wobei gleichzeitig die Vergleichbarkeit der erhobenen Daten durch die Festlegung auf bestimmte Themenbereiche für eine gezielte Auswertung sichergestellt wurde.

Neben den Interviews hat das Forschungsteam Recherchen zum St. Augustinusheim im Generallandesarchiv Karlsruhe des Landesarchivs Baden-Württemberg (zu Ausstattung, baulichen Rahmenbedingungen, Personal, Haushalt, Betreuungsverhältnisse der Kinder und Jugendlichen) und im Archiv des SkF Freiburg e. V. durchgeführt. Schriftliche Informationen wurden darüber hinaus von der ehemaligen Anlauf- und Beratungsstelle Fonds Heimerziehung (ABH) Baden-Württemberg sowie vom Stadtarchiv Freiburg eingeholt. Als weitere Datenquellen fungierten Medienberichte und Informationen aus E-Mails (von Personen, die sich an das Forschungsteam wandten, mit denen aber keine Interviews zustande kamen).

P. Caspari et al., *Die pädagogische Praxis und der Umgang mit Gewalt im St. Augustinusheim des SkF Freiburg e. V. zwischen 1985–1997*, Sexuelle Gewalt in Kindheit und Jugend: Forschung als Beitrag zur Aufarbeitung, https://doi.org/10.1007/978-3-658-51513-3_3

3.1 Erhebungsinstrumente

Für die Durchführung der Interviews wurde jeweils ein Interviewleitfaden für ehemalige Bewohner*innen, für (ehemalige) Mitarbeiter*innen und für aktuelle Verantwortungsträger*innen des SkF Freiburg e.V. und themenspezifische Leitfäden für die befragten Expert*innen erarbeitet und gegebenenfalls nach den ersten Interviewerfahrungen weiterentwickelt.

Vor allen Interviews erhielten die zu Befragenden Informationen

- über die Ziele der Studie, die Person des/der Interviewer*in und das durchführende Forschungsinstitut (IPP),
- über den Datenschutz und die von der interviewten Person auszufüllende Einwilligungserklärung zur Verarbeitung der erhobenen Daten durch das IPP, sofern dies nicht schon im Rahmen der Terminvereinbarung für das Interview geschehen war,
- über die Art der Interviewführung als sich entwickelndes Gespräch, in dem die interviewte Person entscheidet, wieviel sie erzählen möchte
- über die jederzeit bestehende Möglichkeit, das Interview durch eine Pause zu unterbrechen bzw. ganz abzubrechen.

Soweit nötig wurden am Interviewbeginn bzw. -ende noch bestehende Unterstützungsbedarfe[1] abgeklärt.

Die Interviewleitfäden waren in Themenblöcke untergliedert, die es den Befragten ermöglichen sollten, jeweils anhand einer speziellen Einstiegsfrage eine offene und ausführliche Erzählung zu beginnen. Zu den einzelnen Themenblöcken gab es eine unterschiedliche Anzahl von Nachfragen. Diese dienten den/der Interviewer*in als Orientierung und sollten den Erzählfluss der interviewten Person unterstützen. Hierdurch sollte auch eine über die einzelnen Interviews hinaus vergleichbare Datengewinnung ermöglicht werden und es innerhalb der Interviews zu inhaltlichen Vertiefungen und zu einer Erweiterung des inhaltlichen Spektrums innerhalb der einzelnen Themenblöcke kommen.

Am Beginn der Interviews mit den ehemaligen Bewohnerinnen bzw. den (damaligen) Mitarbeiter*innen wurde nach der Motivation zur Interviewteilnahme gefragt und danach, wie die interviewten Personen von der Studie erfahren haben.

Der Interviewleitfaden für die ehemaligen Bewohner*innen beinhaltete folgende Themenblöcke:

[1] Da das IPP als Forschungsinstitut keine psychosoziale Beratung bzw. Unterstützung anbietet, wird bei Bedarf an entsprechende wohnortnahe Angebote weitervermitteln.

(1) Fragen zur Heimunterbringung im St. Augustinusheim (Gründe für die Unterbringung, Dauer des Aufenthalts, erste Eindrücke)
(2) Fragen zum weiteren Aufenthalt in dieser Einrichtung (positive und negative Erfahrungen, persönliche Heimhistorie [Einrichtungswechsel, Psychiatrieaufenthalte], Heimausstattung, Tagesstruktur, soziale Beziehungen im Heim, Heimpädagogik)
(3) Gewalterfahrungen im St. Augustinusheim
(4) Fragen zu Aufdeckungsbemühungen/ -versuchen während und nach dem Aufenthalt im St. Augustinusheim
(5) Fragen zu den Folgen und der Bewältigung der im St. Augustinusheim erlebten (sexualisierten) Gewalt
(6) Wünsche/Forderungen an den SkF Freiburg e.V.
(7) Empfehlungen an den SkF Freiburg e.V.

Der Interviewleitfaden für die ehemaligen Mitarbeiter*innen des St. Augustinusheims beinhaltete folgende Themenblöcke:

(1) Rahmendaten zur Anstellung im St. Augustinusheim
(2) Ausbildungsweg (Erzieher*in, Sozialarbeiter*in, Psycholog*in etc.) und Einfluss des Sexualitätsdiskurses in der Gesellschaft der Bundesrepublik Deutschland seit den 1970er-Jahren auf die Heimpädagogik
(3) Anstellung und Konzeption im St. Augustinusheim
(4) Pädagogischer Alltag im St. Augustinusheim
(5) Gewalt im Heimalltag sowie Aufdeckungs- und Aufarbeitungsbemühungen/ -versuche
(6) Wünsche/Forderungen an den SkF Freiburg e.V.
(7) Empfehlungen an den SkF Freiburg e.V.

Der Interviewleitfaden für aktuelle Verantwortungsträger*innen des SkF Freiburg e.V. beinhaltete folgende Themenblöcke:

(1) Rahmendaten zur (ehrenamtlichen) Tätigkeit im SkF Freiburg e.V.
(2) Ausbildungsweg (Erzieher*in, Sozialarbeiter*in, Psycholog*in etc).
(3) Stellenwert der Thematik der (sexualisierten) Gewalt im Rahmen der Tätigkeit für den SkF Freiburg e.V.
(4) Informationen über sexualisierte Gewalt im St. Augustinusheim
(5) Entscheidung zur Aufarbeitung der Vergangenheit des St. Augustinusheims
(6) Erfahrungen während des Aufarbeitungsprojekts
(7) Wünsche/Forderungen an die Aufarbeitung
(8) Verbesserungsbedarf in Bezug auf die Gewaltprävention beim SkF Freiburg e.V

Die unterschiedlichen Interviewleitfäden für die Expert*inneninterviews bezogen sich auf den Themenbereich der Aufarbeitung von (sexualisierter) Gewalt in Einrichtungen der Eingliederungs- bzw. Jugendhilfe (mit Blickwinkel auf die 1980er und 1990er-Jahre) mit unterschiedlichen Themenschwerpunkten.

Am Ende wurde in den meisten Interviews gefragt, ob es noch etwas gibt, über das bisher nicht gesprochen wurde und das die interviewte Person noch mitteilen möchte.

3.2 Akquise von Interviewpartner*innen

Zur Gewinnung von Interviewpartner*innen wurden die folgenden Strategien realisiert:

Im November 2022 wurde vom IPP ein Anschreiben an aktuelle Mitarbeitende des SkF Freiburg e.V. verfasst, in dem das Forschungsprojekt kurz dargestellt wurde. Dabei wurde auch erwähnt, dass der SkF Freiburg e.V. Hinweise auf mögliche Gewaltvorfälle erhalten hat, sodass die Aufarbeitung psychischer, körperlicher und/oder sexualisierter angestrebt wird. Darüber hinaus wurde die Intention beschrieben, vertiefte Einblicke in die pädagogische Praxis des St. Augustinusheimes in den 1980er und 1990er-Jahren zu bekommen. Mit diesem Anschreiben wurde das Ziel verfolgt, aktuelle Mitarbeitende, die bereits während des Untersuchungszeitraumes im St. Augustinusheim tätig waren, für die Teilnahme an einem Interview zu gewinnen. Darüber hinaus wurde eine Streuung des Aufrufs in den jeweiligen Netzwerken der angeschriebenen Personen erwartet.

Zeitgleich wurde ein öffentlicher Aufruf an frühere Bewohner*innen und Mitarbeitende in regionalen Medien lanciert. Dabei wurde ebenfalls darauf hingewiesen, dass der Zweck der wissenschaftlichen Studie in der Aufarbeitung möglicher Gewalt im St. Augustinusheim in den 1980er und 1990er bestehe. Der Aufruf wurde in wenigen, aber reichweitestarken regionalen Medien veröffentlicht (z. B. am 23.11.2022 in der Badischen Zeitung[2]).

Darüber hinaus wurde der Aufruf auf den Websites des IPP München und des SkF Freiburg e.V.[3] veröffentlicht.

Die Verantwortlichen des SkF Freiburg e.V. wiesen die aktuellen Mitarbeitenden wiederholt auf das Aufarbeitungsprojekt hin und stellten sich als Ansprechpart-

[2] https://www.badische-zeitung.de/katholisches-st-augustinusheim-in-freiburg-laesst-seine-vergangenheit-durchleuchten.

[3] https://www.skf-freiburg.de/aufarbeitungsprojekt-augustinusheim.

ner*innen für Fragen zur Verfügung. Zudem nahmen sie aktiv Kontakt zu regionalen Medien auf.

Im Rahmen der ab Dezember 2022 durchgeführten Forschungsinterviews wurden alle Interviewpartner*innen persönlich gebeten, das Forschungsprojekt in ihren Netzwerken bekannt zu machen. Dies auch deshalb, weil einige davon berichteten, dass sie mit früheren Kolleg*innen und teilweise auch noch mit früheren Bewohner*innen des St. Augustinusheimes in Kontakt standen.

Nachdem die Resonanz auf den ersten Aufruf nicht den Erwartungen des Forschungsteams entsprach, wurde im Mai 2023 in enger Zusammenarbeit mit den Verantwortlichen des SkF Freiburg e.V. eine zweite Akquisewelle umgesetzt. Aufgrund dieser Initiative wurde in regionalen Medien erneut über das Projekt und den Bedarf an Interviewpartner*innen informiert (siehe SWR-Meldung vom 04.05.2023[4]). Mit einiger Verzögerung, am 22. August 2023, erschien ein größerer Artikel in der Badischen Zeitung unter dem Titel „Wie war der Alltag im Augustinusheim?“, in dem Zeitzeug*innen und frühere Bewohner*innen zur Teilnahme an der Studie aufgerufen wurden.

Zudem wurden im Mai 2023 vier Einrichtungen der Behindertenhilfe angeschrieben, über das Projekt informiert und gebeten, früheren Bewohner*innen des St. Augustinusheimes das Interviewanliegen des IPP zur Kenntnis zu bringen. In einem weiteren Schritt wurden regionale Betreuungsbehörden auf dieselbe Weise kontaktiert.

3.3 Datenquellen und Auswertung

Wie oben erwähnt, konnten im Rahmen des Projekts insgesamt 31 Interviews durchgeführt werden, davon 30 Einzelinterviews und ein Interview mit zwei Personen. Die Interviewpartner*innen lassen sich folgenden Personengruppen zuordnen (Tab. 3.1).

Somit konnten die Perspektiven von insgesamt 32 Personen, davon 19 Frauen (59 %) und 13 Männer (41 %), erhoben werden. Die Interviews wurden innerhalb eines Jahres von Dezember 2022 bis Dezember 2023 im Präsenzformat, online oder telefonisch durchgeführt. Die Interviews dauerten von ca. 60 min bis ca. 140 min und wurden als Audiodatei aufgezeichnet. Die entsprechenden Audiodokumente wurden transkribiert. Die daraus hervorgegangenen Interviewmanuskripte dienten als Grundlage für die Datenauswertung mithilfe der Software

[4] https://www.swr.de/swraktuell/baden-wuerttemberg/suedbaden/aufklaerung-kinderheim-gewalt-stockt-100.html.

Tab. 3.1 Anzahl der interviewten Personen nach Gruppenzugehörigkeit

Personengruppe	Anzahl
Ehemalige Bewohner*innen[a]	5 (6)
(Ehemalige) Mitarbeiter*innen des St. Augustinusheims des SkF Freiburg e.V.	19
Aktuelle Verantwortungsträger*innen des SkF Freiburg e.V.	3
Expert*innen zu den Themen Jugend- bzw. Eingliederungshilfe	4
Summe	**31 (32)**

[a]In einem Fall wurden zwei Personen gemeinsam Interviewt. Die zweite Person war kein*e ehemalige*r Bewohner*in, konnte jedoch über ihre/seine Sicht als Angehörige*r über das damalige St. Augustinusheim berichten

MAXQDA. Dabei kamen vor allem inhaltsanalytische Herangehensweisen zum Einsatz (Mayring, 1983; Kuckartz, 2012). Hierbei wurden in erster Linie manifeste Gesprächsinhalte geordnet, kategorisiert und miteinander in Beziehung gesetzt, um zentrale Themen für die Beantwortung der Fragestellungen zu identifizieren und Bedingungsgefüge zur Erklärung der erhobenen Phänomene herauszuarbeiten. Darüber hinaus wurde auch versucht, bestimmte Akzentuierungen, Auslassungen und Widersprüche in den Interviews mit Blick auf zugrunde liegende Deutungsmuster und Sinnstrukturen zu interpretieren (Bohnsack, 2000). Dadurch wurde auch der Art und Weise, wie über vergangene Erfahrungen gesprochen wurde (z. B. in Form von Vermeidungen, Idealisierungen, Bagatellisierungen) ein Erkenntniswert zugeschrieben. Insofern bedienten wir uns bei der Auswertung eines Verfahrens, in dem der primäre inhaltsanalytische Zugang durch hermeneutische Aspekte (König, 2010) partiell ergänzt wurde.

3.4 Stichprobenbeschreibung

Ehemalige Bewohnerinnen: Bei der Personengruppe der ehemaligen Bewohnerinnen handelt es sich um fünf Frauen. In einem Fall wurde auch eine Begleitperson mitinterviewt, da sie ebenfalls Auskunft über ihre Eindrücke zum St. Augustinusheim geben konnte. Zwei der fünf ehemaligen Bewohnerinnen waren bald nach ihrer Geburt und vor dem Untersuchungszeitraum im St. Ausgustinusheim untergebracht (eine Person in den 1960er-Jahren und die andere Person in den 1970er-Jahren). Durch diese zwei (bzw. drei Personen) konnten wir wichtige Einblicke in die Betreuungspraxis des St. Augustinusheims vor dem Untersuchungszeitraum erhalten. Zwei weitere ehemalige Bewohnerinnen lebten gegen Ende des Untersuchungszeitraums in der Einrichtung, während sich der Aufenthalt einer anderen interviewten Person auf mehr als ein Jahrzehnt innerhalb des Untersuchungszeitraums erstreckte. Das Aufnahmealter der drei interviewten Bewohner*innen, die während des Untersuchungszeitraums im St. Augustinusheim lebten, lag im Vorschul- bzw. (frühen) Grundschulalter.

Ehemalige Mitarbeiter*innen: Insgesamt wurden 19 (ehemalige) Mitarbeiter*innen interviewt. Es handelt sich dabei um neun Frauen (47 %) und zehn Männer (53 %). Zwei Mitarbeiter*innen waren nicht im Untersuchungszeitraum (1985–1997) im St. Augustinusheim tätig. Von diesen beiden Personen arbeitete eine in den 1970er-Jahren und die andere in den frühen 1980er-Jahren und ab den 2000er-Jahren im St. Ausgustinusheim bzw. für den SkF Freiburg e.V. Insgesamt haben die (ehemaligen) Mitarbeiter*innen 224 Jahre[5] im St. Augustinusheim bzw. für den SkF Freiburg e.V. gearbeitet. Durchschnittlich waren sie 11,8 Jahre im St. Augustinusheim/SkF Freiburg e.V. beschäftigt. Der Median liegt bei fünf Jahren. Acht Personen waren/sind zwischen ein und vier Jahren, fünf Personen zwischen fünf und zehn Jahren und sechs Personen über 20 Jahre für den SkF Freiburg e.V. tätig.

Betrachtet man nur den Untersuchungszeitraum von 1985 bis 1997, so haben die 17 während dieser Zeit angestellten Mitarbeiter*innen dort durchschnittlich 4,6 aufeinanderfolgende Jahre gearbeitet. Bei manchen interviewten (ehemaligen) Mitarbeiter*innen kam es in diesem Zeitraum zu einem Gruppen-, Positions- bzw. Tätigkeitswechsel innerhalb des St. Augustinusheims, jedoch wechselte niemand innerhalb dieser Zeitspanne in eine andere Einrichtung bzw. ein anderes Betreuungsangebot des SkF Freiburg e.V.

Anhand der 19 Interviews mit den (ehemaligen) Mitarbeiter*innen konnten wir Einblicke in alle Betreuungsbereiche des St. Augustinusheims gewinnen, d. h. in die zwei Gruppen der Eingliederungshilfe und in die drei Angebote der Jugendhilfe (zwei Heimgruppen und eine Inobhutnahmegruppe).

Die interviewten Personen arbeiteten im Gruppendienst, als Gruppenleitung, als Heilpädagog*innen oder Erziehungsleitung im St. Ausgustinusheim. Sie sind als Heilerziehungspfleger*in, Erzieher*in oder Sozialpädagog*in ausgebildet. Für einen Großteil war die Anstellung im St. Augustinusheim der erste reguläre Arbeitsplatz nach der Ausbildung bzw. nach dem Studium. Einige Personen schlossen während ihrer Berufstätigkeit zusätzlich ein Studium als Sozialpädagog*in oder eine andere formale Weiterqualifizierung ab. Daneben gab es zwei Personen, die

---

[5] Für diese Berechnungen wurde die Gesamtarbeitsdauer anhand der Jahreszahlen zu Anfang und Ende der Tätigkeit festgelegt. Bei einem Tätigkeitszeitraum von 1985 bis 1993 betrug diese z. B. acht Jahre. Da der jeweilige Monat des Eintritts und Austritts aus dem Arbeitsverhältnis in den meisten Fällen nicht bekannt war, konnte nur eine Annäherung an die tatsächliche Arbeitsdauer vorgenommen werden. Betrug die Arbeitsdauer weniger als ein Jahr, wurden null Jahre festgelegt.

im St. Augustinusheim ein Vor- bzw. Anerkennungspraktikum im Rahmen ihrer Ausbildung bzw. ihres Studiums absolvierten. Fünf Interviewpartner leisteten ihren Zivildienst im St. Augustinusheim ab. Davon hatten vier zum damaligen Zeitpunkt keine pädagogische Ausbildung. Gleichwohl war es üblich, die Zivildienstleistenden in pädagogischen Positionen einzusetzen:

> „Das war noch die Zeit, in der Zivis, also Mitte der 80er, Mitte, Ende der 80er, in der Zivis noch wirklich richtig eingesetzt waren als pädagogische Hilfskräfte oder sogar manchmal auch Stellen besetzt haben" (M_Interview 3).

Bei den langjährigen Mitarbeiter*innen, die noch nach dem Untersuchungszeitraum im SkF Freiburg e.V. angestellt waren bzw. sind, kam es nach 1997 in der Regel zu Wechseln in andere (pädagogische) Arbeitsbereiche des SkF Freiburg e.V.

Aktuelle Verantwortungsträger*innen: Bei den aktuellen Verantwortungsträger*innen handelt es sich um zwei Frauen und einen Mann. Diese Personengruppe hat aktuell verantwortliche Positionen im SkF Freiburg e.V. inne und ist maßgeblich für die Beauftragung dieser Studie verantwortlich.

Expert*innen: Bei den vier Expert*innen handelt es sich um zwei Frauen und zwei Männer, die sich in Praxis und Forschung mit den Themenfeldern Heimerziehung, Eingliederungshilfe und Gewalt im institutionellen Kontext beschäftigen.

3.5 Begleitstruktur

Am Forschungsprozess war neben dem wissenschaftlichen Team des IPP auch eine Begleitgruppe beteiligt, die aus Vertreter*innen des SkF Freiburg e.V., des Diözesan-Caritasverbandes Freiburg und wissenschaftlichen Kolleg*innen bestand. Die Gruppe umfasste zehn Personen und traf sich im Verlauf des Projekts insgesamt dreimal in den Räumlichkeiten des SkF Freiburg zu mehrstündigen Sitzungen. Dabei wurden das Forschungsdesign diskutiert, Zwischenergebnisse präsentiert, zur Diskussion gestellt und weitere Forschungszugänge und Akzentuierungen abgeleitet. Ein wichtiges Thema bestand zudem in der Entwicklung von Strategien zur Akquise von Interviewpartner*innen.

Zudem wurde eine Steuerungsgruppe, bestehend aus Mitgliedern des Forschungsteams des IPP und Verantwortlichen des SkF Freiburg e.V., eingerichtet, um den Forschungsprozess laufend zu koordinieren.

Verdeckungszusammenhänge: Probleme der Datengewinnung

4

Inhaltsverzeichnis

Im Kontext der Aufarbeitung möglicher Gewalt in pädagogischen Institutionen ist es wichtig, in besonderer Weise auch auf solche Daten Bezug zu nehmen, die im Rahmen eines wissenschaftlichen Vorhabens nicht gewonnen werden konnten. Diese Datenlücken gehören zum Forschungsgegenstand, da sie Auskunft über die Grenzen von Aufarbeitung geben. Sie sind nicht zufällig, sondern in erheblichen Ausmaß motivational begründet. Im Folgenden werden einige solcher Motive auf der Basis unserer Erhebungen dargestellt. Sie sind in gewisser Weise auch Teil der Forschungsergebnisse, weil sie zur gegenwärtigen Repräsentation einer teilweise belasteten Vergangenheit des St. Augustinusheim gehören. Und sie geben auch Auskunft über aktuelle gesellschaftliche Diskurse, die dem Bestreben nach Aufarbeitung entgegenstehen.

P. Caspari et al., *Die pädagogische Praxis und der Umgang mit Gewalt im St. Augustinusheim des SkF Freiburg e.V. zwischen 1985–1997*, Sexuelle Gewalt in Kindheit und Jugend: Forschung als Beitrag zur Aufarbeitung, https://doi.org/10.1007/978-3-658-51513-3_4

4.1 Frühere Bewohner*innen des St. Augustinusheimes

Wie oben dargestellt konnten insgesamt nur fünf Personen, die als Kind oder Jugendliche im St. Augustinsheim untergebracht waren, für Interviews im Rahmen des durchgeführten Forschungsprojektes gewonnen werden. In der Zusammenarbeit zwischen dem Forschungsteam und dem SkF Freiburg gab es – wie oben dargestellt – wiederholte Versuche, frühere Bewohner*innen zu erreichen. Neben den beiden öffentlichen Aufrufen über regionale Medien gab es Grund zu der Annahme, dass diese Personengruppe über ein „Schneeballsystem" gut erreichbar sein würde. Einige Vertreter*innen des SkF und Interviewpartner*innen berichteten, dass frühere Fachkräfte noch Kontakt zu ihren früheren Klient*innen hätten, sodass diese auf eine mögliche Teilnahme an der Studie angesprochen werden könnten. Daher bestand die Erwartung, dass die Information über das Forschungsvorhaben in losen Netzwerken, die sich um das frühere St. Augustinusheim gebildet haben, Verbreitung finden würde. Diese Erwartung blieb letztlich unerfüllt.

In diesem Zusammenhang ist darauf hinzuweisen, dass es sich hier um ein zunächst ausschließlich institutionell motiviertes Forschungsvorhaben handelt. Im Gegensatz zu allen uns bekannten ähnlichen Aufarbeitungsstudien waren weder die Initiative Betroffener noch ein daraus hervorgehender öffentlicher Druck für die Initiierung des Projekts ausschlaggebend. Der Anstoß dafür wurde von Verantwortlichen des SkF gegeben, die sich Sorgen darüber machten, dass gravierende Missstände in der Vergangenheit des St. Augustinusheim unaufgearbeitet bleiben würden. Am Anfang des Vorhabens stand also keine „Betroffenenmotivation". Dies kann möglicherweise dazu beigetragen haben, dass frühere Bewohner*innen dieses Projekt nicht als „ihres" betrachteten, sondern als einen Prozess, den die Institution angestoßen hatte und nur die Institution interessiert.

Es lässt sich daher feststellen, dass die große Gruppe früherer Bewohner*innen mit diesem Aufarbeitungsprojekt bis zum Abschluss der wissenschaftlichen Untersuchungen nicht „mitgenommen" werden konnte. Dies führt einerseits zur Einschränkung der erhobenen Befunde. Andererseits ist die Aussagekraft qualitativer Forschungsprojekte nicht per se auf die Größe der erhobenen Stichprobe angewiesen. Im vorliegenden Fall kann konstatiert werden, dass die Berichte früherer Bewohner*innen jene der früheren Mitarbeiter*innen in hohem Maße kontrastieren und daher entscheidend zu einer größeren Tiefenschärfe der erhobenen Perspektiven beitragen (Breuer, 1996). Ungeachtet dessen, dass eine größere Anzahl an Perspektiven früherer Bewohner*innen wünschenswert gewesen werden, erachten wir die Qualität des erhobenen Materials als hinreichend komplex, um das Ziel einer multiperspektivischen Rekonstruktion der pädagogischen Arbeit des St.

Augustinusheimes in den 1980er und 1990er-Jahren erreichen zu können. Dies schließt vor allem auch die Darstellung von Gewaltvorfällen und Risikokonstellationen ein.

4.2 Motivationale Grundlagen des vorliegenden Verdeckungszusammenhangs

Die im Rahmen der vorliegenden Studie geführten Interviews erlauben eine Rekonstruktion der vielfältigen Gründe, die Menschen (sowohl frühere Bewohner*innen als auch frühere Mitarbeiter*innen) daran gehindert haben könnten, sich an der Studie zu beteiligen. Interviewpartner*innen berichteten von anderen Personen, mit denen sie über eine mögliche Teilnahme gesprochen haben und äußerten auch selbst vielfältige Zweifel über das Ausmaß ihrer Auskunftsfähigkeit. Da diese Beweggründe in relevanter Weise das institutionelle Aufdeckungsgeschehen mitkonstituieren, werden Sie im Folgenden überblicksartig dargestellt

Erinnerungslücken

Das Aufarbeitungsvorhaben bezieht sich auf einen Zeitraum, der ca. 25 bis 40 Jahre zurückliegt. Bei der Vorstellung, über diese Zeit informieren zu sollen, werden Menschen in der Regel von Zweifeln über ihre Auskunftsfähigkeit befallen. Daher wurden (potenzielle) Interviewpartner*innen regelhaft darauf hingewiesen, dass es in einer sozialwissenschaftlichen Studie nicht um ein Abfragen von Daten im Sinne eines justizförmigen Verfahrens geht, sondern um eine Rekonstruktion subjektiver Sichtweisen, die in aggregierter Form analysiert und aufbereitet werden. Dennoch äußern Interviewpartner*innen – nachvollziehbarer Weise – wiederholt den Anspruch an sich selbst, nichts „Falsches" sagen zu wollen. Ein Zeitzeuge fasst dieses Problem folgendermaßen zusammen:

> „Und da kommen schon eigene Anfragen ‚War das oder ist das ein Bild über Dritte?'. Also es ist schon auch so. Und ich möchte natürlich nicht irgendwie, wie soll ich sagen, Bilder entstehen lassen, wo ich gar nicht sicher bin, dass es war. Und irgendwo bewegt man sich aber trotzdem in so einer Spannung, weil es ist ja alles lange her" (M_Interview 1).

Der Umstand, dass Gedächtnisrepräsentationen in hohem Maße motivational gefärbt sind (vgl. Welzer, 2002), zeigt sich in der vorliegenden Studie vor allem darin, dass subjektive Erinnerungen vor allem in Bezug auf „heikle" Themen in Zweifel gezogen werden. Während sich Interviewpartner*innen zum Teil nicht ganz sicher sind, welche Strafpraktiken sie im Erziehungsalltag angewendet haben, deklarieren sie zweifelsfrei, was sie und ihre Kolleginnen nicht gemacht haben (z. B. Schläge). Wie sich motivational gefärbte Erinnerungslücken auch aktualsprachlich abbilden können, zeigt das folgende Beispiel, das sich auf einen möglichen Verdacht auf sexualisierte Übergriffigkeit durch einen Kollegen bezieht:

> „Aber was mir gerade einfällt in dem Zusammenhang, ähm, ich weiß, dass mein Vorgänger, bevor ich angefangen habe, ähm, die Stelle, die ich eingenommen habe für den, ähm, ich kann jetzt nicht genau sagen, warum der gegangen ist, ob der gehen musste, ob man sich gegen ihn entschieden hat oder ob er nicht mehr wollte, ähm, ich weiß, dass der, ähm, ich glaube einen sehr offenen Umgang hatte auch mit, ähm, mit Hygiene (lacht) sage ich mal. Also im Grunde, ich glaube den Kindern erläutert hat, also gerade den Jungs erläutert hat, wie sie sich waschen müssen. Also auch jetzt, ich glaube ihnen auch zum Teil gezeigt hatte, wie man, also, wirklich da waschen an der Stelle. Ähm, das habe ich auch noch im Hinterkopf, dass das Thema war und dass man sich – ich weiß nicht, ob das ein Grund war, ähm, ich weiß jetzt nicht, ob er es an sich selbst gezeigt hat oder dem Kind gezeigt hat ‚So musst Du es machen'" (M_Interview 8).

Da der während des Sprechens immer konkreter erinnerte Sachverhalt allem Anschein nach schon damals nicht einem geordneten Diskurs zugeführt werden durfte, ringt die Interviewpartnerin mit ihrer diesbezüglichen Gedächtnisrepräsentation. Dennoch ist klar, dass sie mit diesen von subjektiven Zweifeln besetzten Informationen einen wertvollen Beitrag zur Erhellung des Forschungsgegenstandes leistet. Es wird zugleich verständlich, dass einige potenzielle Interviewpartner*innen angesichts der wahrgenommenen Verantwortung, die mit einer solchen nicht zweifelsfrei erinnerten Information verbunden ist, von einer Teilnahme an der Studie abgesehen haben.

Wichtig ist zudem die Beachtung entwicklungspsychologischer Unterschiede bei der Auswertung erinnerungsbasierter Daten: Während sich die früheren Mitarbeiter*innen auf Erfahrungen beziehen, die sie im Erwachsenenalter gemacht haben, erzählen frühere Heimbewohner*innen von Erlebnissen aus ihrer Kindheit und Jugend. Der Umstand, dass die interessierenden Sachverhalte lebensgeschichtlich unterschiedlich positioniert sind, sagt aber – abgesehen von frühkindlichen Erfahrungen – zunächst nichts darüber aus, „wie gut" man sich erinnern kann. Es ist allerdings zu berücksichtigen, dass frühere Heimbewohner*innen durchwegs von belasteten Kindheiten berichten, sodass zumindest partiell von traumabezogenen Einflüssen auf die Gedächtnisrepräsentation auszugehen ist (Erin, 2021). Dies bedeutet natürlich keineswegs, dass entsprechende Berichte einem grundsätzlichen Zweifel zu unterziehen sind, sondern dass es bestimmte, zumal sehr belastende biografische Erfahrungen gibt, die der Erinnerung schwerer zugänglich sind. Eine frühere Heimbewohner*in bringt diesen Sachverhalt auf beeindruckend anschauliche Weise zum Ausdruck:

> „Und es verschwimmt ganz viel. Also das merke ich auch jetzt, wenn ich so dran zurückdenke. Ich habe es auch früher oft verglichen mit so einem (lacht), mit so einem Haus, ich weiß nicht, da gehen Fenster und Türen auf und dann habe ich plötzlich ein Zimmer und da sind wieder neue Erinnerungen, neue Erfahrungen und dann geht die Tür aber auch wieder zu und ich weiß gar nicht, dass sie zu ist. Das wechselt so von Erinnerungen, Erlebnissen. Manches ist dann wieder zugänglich, manches nicht. Und wenn ich mich dann so, wirklich so anstrenge, mich dran zu erinnern, dann habe ich aber auch das Gefühl, es verschwimmt alles so ein bisschen. Ja, das ist irgendwie komisch" (M_Interview 12).

Die Unsicherheit in Bezug auf die subjektive Erinnerung von Interviewpartner*innen gehört zur Forschung zu Aufarbeitung von (sexualisierter) Gewalt in institutionellen Kontexten. Die Datengüte wird dadurch deshalb nicht entscheidend eingeschränkt, weil erst die Analyse des gesamten erhobenen Materials zuverlässige Aussagen über den Forschungsgegenstand erlaubt.

Belastung

Wie im vorherigen Abschnitt bereits angedeutet, kann die Auseinandersetzung mit der eigenen Vergangenheit im Rahmen eines Interviews (und auch vorher und nachher) zu psychischen Belastungen auf Seiten von Interviewpartner*innen führen. Dies trifft vor allem auf frühere Bewohner*innen des St. Augustinusheimes zu, wobei belastende Erfahrungen in der Regel nicht auf den Aufenthalt im Heim beschränkt, sondern viel stärker im familiären Bereich zu verorten sind. Es ist daher verständlich, dass sich potenzielle Interviewpartner*innen nicht mit schwierigen Gefühlen konfrontieren möchten, die mit der Erinnerung an ihr früheres Leben verbunden sind. Wir wissen von mindestens zwei früheren Bewohner*innen, die genau aus diesem Grund von einer Teilnahme an der Studie Abstand nahmen. In einem Fall hatte eine frühere Bewohnerin gegenüber einem Interviewpartner geäußert, dass sie sich gegen eine Teilnahme an der Studie entschieden habe, weil deren Zielrichtung in der Aufdeckung möglicher Gewaltvorfälle bestünde. Dadurch könnte ihr prinzipiell positives Bild von ihrer Zeit im St. Augustinusheim beeinträchtigt werden. Sie habe, einem Interviewpartner zufolge, „damit abgeschlossen und ihren Frieden gemacht" (M_Interview 20).

Aber auch frühere Mitarbeiter*innen berichten, dass sie hohen Respekt vor einer Konfrontation mit der Vergangenheit hatten, wie dies exemplarisch von einer Interviewpartnerin zum Ausdruck gebracht wird:

> „Also ich habe das ja schon mal in der E-Mail gelesen, dass es da so eine Befragung gibt zu der Zeit und dann dachte ich schon ‚Naja, ich könnte ja dazu schon was sagen‘, dann dachte ich aber ‚Ach nee, das alles wieder aufzuwühlen – das ist Vergangenheit‘“ (M_Interview 7).

Da die Studie auf die Aufdeckung möglicher Fälle von Gewalt abzielte, bestand die von möglichen Interviewpartner*innen antizipierte Anforderung in einem kritischen Rückblick auf ihre eigene Arbeit. Dies kann auch Befürchtungen dahingehend wecken, dass eine generell positive Sichtweise auf den eigenen professionellen Werdegang irritiert wird und einer belastenden Revision unterzogen werden muss. Im folgenden Zitat einer früheren Mitarbeiterin kommt dieses Unbehagen insofern zum Ausdruck, als die Normalität des damaligen beruflichen Alltags mit kritischen Untertönen angereichert wird:

> „Also es war einfach so, also in der Hinsicht halt auch, (…) dass ein Alltag halt einfach auch laufen musste und man nicht viel Spielraum hatte, so nach rechts und nach links. Und deswegen halt vielleicht dann auch schneller mal dazu kam, dann Kinder ins Zimmer zu schicken oder, oder. Oder halt irgendwelche anderen Sanktionen auszusprechen“ (M_Interview 16).

Solche Darstellungen weisen auf einen gewissen Legitimationsdruck bei früheren Mitarbeiter*innen gegenüber dem/der jeweiligen Interviewer*in hin, der möglicherweise auch mit kritischen Anfragen an sich selbst und die eigenen Wertmaßstäbe bei der Beurteilung pädagogischer Arbeit verbunden ist: War es richtig, so wie wir das damals gemacht haben? Hätten wir es trotz schwieriger Rahmenbedingungen nicht auch anders machen können?

Ein wichtiger Aspekt, der für das St. Augustinusheim spezifisch ist, bezieht sich auf das Betrugsdelikt des früheren Heimleiters, das umfangreiche juristische Untersuchungen innerhalb der Einrichtung bzw. der Trägerorganisation nach sich zog. Da einzelne Zeitzeug*innen von den damals durchgeführten Untersuchungen unmittelbar betroffen waren, waren sie im Zusammenhang mit der aktuellen Aufarbeitungsstudie nicht sicher, ob sich die beteiligten Wissenschaftler*innen ähnlicher Methoden wie die damaligen Ermittler bedienen würden. Es gibt also eine signifikante Episode der Aufarbeitung in der Geschichte der SkF, die bei einigen Personen hoch belastete Erinnerungen weckt. Dass entsprechende Assoziationen auf das nun durchgeführte Forschungsvorhaben übertragen wurden, führte diesem gegenüber zu wirkmächtigen Vorbehalten.

Ganz allgemein muss auch in Betracht gezogen werden, dass insbesondere die Zielrichtung der Studie, mögliche sexualisierte Gewalt aufzudecken, abschreckend wirkte, da es sich dabei um ein sehr schambesetztes und mit ausgeprägten Unsicherheiten behaftetes Thema handelt.

Anschwärzen

Gerade im Zusammenhang mit möglichen Vorfällen sexualisierter Gewalt können potenzielle Interviewpartner*innen erhebliche Bedenken haben, folgenreiche Vorwürfe in die Welt zu setzen, die sie nicht hinreichend fundieren können. Auch diese Befürchtung ist nachvollziehbar, wenngleich sich sozialwissenschaftliche Studien gerade auch in diesem Zusammenhang deutlich von justizförmigen Verfahren unterscheiden. Erstere münden in der Regel nicht in juristische Konsequenzen. Die Befürchtung, andere Personen zu Unrecht anzuschuldigen, verweist zugleich auch auf die Notwendigkeit unmissverständlicher Klärungen von Datenschutz- und Anonymisierungsfragen. Dies wird auch dann deutlich, wenn frühere Fachkräfte während des Interviews fragen, ob sie „das jetzt alles sagen" können (M_Interview 17) oder konstatieren: „Ich darf ja niemanden denunzieren" (M_Interview 3).

Im Zusammenhang mit dem St. Augustinusheim fällt allerdings auch auf, dass die Befürchtung des Anschwärzens weniger auf ungerechtfertigte Anschuldigungen einzelner Personen bezogen wird, sondern auf das St. Augustinusheim als Ganzes und auf bestimmte Teile des eigenen Lebens. Man möchte weder den früheren Arbeitsplatz bzw. Sozialisationsraum noch die eigene Biografie ins Unrecht setzen. Ein Interviewpartner äußert die Vermutung, dass sich frühere Mitarbeiter*innen durch die Zielrichtung der Studie, mögliche sexualisierte Gewalt aufzudecken, auch deshalb abgeschreckt fühlen, weil dadurch grundsätzlich positive Narrative nachträglich in Mitleidenschaft gezogen werden könnten:

> „Und das ist natürlich ein Widerspruch. Und ich glaub, dieser Widerspruch, also dieser Widerspruch sorgt für eine Ambivalenz, ja, so dass die Mitarbeiter eigentlich gerne bereit sind, über diese Zeit damals zu reden, also über – um einfach zu erzählen, wie das war und wie sie das empfunden haben, also zu dieser Rekonstruktion beizutragen. Aber möglicherweise steckt dann die Angst dahinter, dass das, was sie versuchen, für sich neutral zu berichten, dann irgendwie mit dieser Brille sexualisierte Gewalt angeschaut wird, ja, und sie ganz unsicher sind, ist das jetzt oder ist es nicht, ja. Oder wenn dann von außen jemand draufschaut, sagt der dann, das ist sexualisierte Gewalt. Und warum habt ihr das damals nicht gesehen, warum habt ihr nicht reagiert. Ich glaub, das ist – dass das irgendwie auch dazu beiträgt, also zumindest bei der Frau [Name frühere Mitarbeiterin] (…) und wenn sie dann aber sagt, sie will aber da niemand anschwärzen, dann taucht eher irgendwie diese andere Seite auf, dieses, ah, vielleicht war ja dann doch was, was ich nicht gesehen hab und was jetzt mit einer neuen Bewertung von außen, die dann genau danach suchen, vielleicht plötzlich ganz anders aussieht" (M_Interview 20).

Die hier zur Sprache gebrachten Befürchtungen verweisen erneut auf das oben skizzierte Motiv einer befürchteten Revision der eigenen Vergangenheit bzw. der eigenen beruflichen Identität (vgl. Caspari & Caspari, 2022). Hier ist wiederum darauf zu verweisen, dass das St. Augustinusheim diesbezüglich vorbelastet ist, da die Aufdeckung der finanziellen Machenschaften des Heimleiters Ende der 1990er-Jahre zu einer existenzbedrohenden Situation für alle Mitarbeitenden führte. Auch damals war es notwendig, in kritischer Weise auf die Bedingungen zu schauen, unter denen die pädagogische Arbeit realisiert worden war – kombiniert mit der Frage: „Wie konnte das denn passieren, dass das niemand gemerkt hat?" (M_Interview 6). Der Wunsch, das eigene Bild von der guten Einrichtung aufrecht zu erhalten, konkurriert daher mit einer kritischen Aufarbeitungsperspektive, die mit einem Anschwärzen des sozialen Systems St. Augustinusheim einhergehen könnte. Dieses Motiv gilt auch für die oben erwähnte frühere Bewohnerin, die von einem Interview Abstand nahm, weil sie befürchtete, dass die Forscher*innen etwas finden könnten, was ihr „diese schöne Erinnerung" (M_Interview 20) an das St. Augustinusheim nehmen könnte. Eine andere frühere Heimbewohnerin bringt in ähnlicher Weise ihre Hoffnung zum Ausdruck, dass das Forschungsprojekt möglichst keine Ergebnisse zutage bringt, die ihr Bild von ihrer Zeit in der Einrichtung nachträglich erschüttern könnten:

> „Ich fände es schön, wenn das irgendwann mal rum ist und nicht so viel Katastrophen (lacht) dabei rauskommen, was ich mir gar nicht vorstellen kann oder auch nicht will, dass da irgendwie groß, äh, irgendwie was anderes gelaufen. Ich glaube, das wäre, wenn man sich vorstellt, dass da doch, das will man sich gar nicht vorstellen, dass da so mehr, ähm, Gewalt oder so gegeben hat, als man eigentlich sich erinnert" (B_Interview 10).

Irrelevanz

Es gibt zwei Aspekte wahrgenommener Irrelevanz, die Menschen davon abgehalten haben dürften, sich für ein Interview zur Verfügung zu stellen. Eine Vertreterin des SkF Freiburg e.V. berichtet von ihrem Eindruck, wonach sich die meisten Mitarbeitenden der Organisation von dem Aufarbeitungsvorhaben kaum oder gar nicht tangiert fühlten. Sie konstatiert auch eine gewisse Erschöpfung in Bezug auf Aufarbeitungsprozesse, die in den vergangenen Jahren ständig in der Öffentlichkeit diskutiert wurden und aktuell auch das Bistum Freiburg in Beschlag nehmen (Endress & Villwock, 2023). Ihren Darstellungen ist die Annahme zu entnehmen, dass Menschen inzwischen gar nichts mehr von den Verbrechen an Kindern und Jugendlichen insbesondere im kirchlichen Kontext hören wollen und können.

Ein zweiter Aspekt von Irrelevanz betrifft subjektive Einschätzungen zum eigenen Beitrag zum wissenschaftlichen Aufarbeitungsvorhaben. Einige Interviewpartner*innen äußerten insbesondere im Vorfeld oder zu Beginn des jeweiligen Interviews Zweifel an der Relevanz dessen, was sie zu berichten hätten. Exemplarisch dafür ist das folgende Zitat einer früheren Mitarbeiterin:

> „Ich melde mich jetzt auch, es ist mir jetzt wichtig, da was zu sagen. Es ist mir leider auch peinlich, dass es halt leider auch nicht wirklich allzu viel ist. Ich habe dann auch mit mir gezweifelt, ähm, was kann ich jetzt dazu beitragen. Aber ich habe dann auch gelesen, ich glaube auf der SkF-Seite, dass egal, wenn es nur Kleinigkeiten sind, es trotzdem schön wäre, wenn man sich da meldet und – ja" (M_Interview 7).

Dass ausnahmslos alle Interviews einen Beitrag zu einem vertieften Verständnis des Forschungsgegenstandes leisten, ist ein Erfahrungswissen, das zwar den Forschenden, nicht aber den potenziellen Interviewpartner*innen zur Verfügung steht. Das folgende Zitat einer anderen Interviewpartnerin weist darauf hin, dass subjektive Vorannahmen über die Qualität des eigenen Beitrags im Verlauf des Interviews häufig revidiert werden:

> „Als ich gehört habe, es gibt eine Aufarbeitung, war ich irritiert erstmal (lacht), weil ich mir das erstmal gar nicht vorstellen kann, dass es was aufzuarbeiten gibt. Wie das oft ist, man kann sich das nicht vorstellen, ja. Jetzt so, auch wenn ich mit Ihnen rede und da so drüber nachdenke, dass es durchaus ja diese Grenzüberschreitungen gab, ähm, bin ich sehr interessiert dran (lacht), dass es aufgearbeitet wird, also dass es Thema bleibt, dass es wie auch immer, ja, aufgearbeitet wird" (M_Interview 17).

Diese hier beschriebene Einsicht in die Relevanz eines Aufarbeitungsprozesses ist häufig nur dann möglich, wenn man sich auf einen solchen Prozess auch tatsächlich einlässt. Die Vorannahme, dass man eh nichts beizutragen habe, stellt aber ein wirkmächtiges Hindernis für eine Beteiligung dar.

Historische De-Thematisierung

Ein letzter Aspekt, der potenzielle Interviewpartner*innen von einer Teilnahme an der Studie abgehalten haben könnte, ist das Fehlen eines zeitgeschichtlichen Referenzrahmens für die zur Diskussion stehenden Themen der sexualisierten Gewalt, des Kinderschutzes oder des Umgangs mit Sexualität in der stationären Kinder- und Jugendhilfe. Diese Themen fanden nach dem fokussierten Untersuchungszeitraum mit zunehmender Intensität Eingang in die entsprechende professionelle Diskurslandschaft. Dies bedeutet, dass eine heute bestehende Sensibilität gegenüber diesen Relevanzbereichen zum Zeitpunkt der fraglichen Ereignisse in der Regel nicht vorausgesetzt werden konnte. Dadurch, dass Kinderschutzfragen damals vergleichsweise wenig thematisiert wurden und die sprachliche Repräsentation unterschiedlicher Formen sexualisierter Gewalt nicht hinreichend ausgeprägt war, ist auch die Abbildung von Erfahrungen und Erlebnissen, die diesen Themenbereichen prinzipiell zuzuordnen gewesen wären, im Gedächtnis der Zeitzeug*innen möglicherweise eingeschränkt. Diese Annahme wird auch durch mehrere Hinweise von Interviewpartner*innen nahegelegt, wonach sie entsprechende Vorfälle aus heutiger Sicht anders bewerten als dies damals der Fall war. Es verschieben sich also Bedeutungshorizonte in Bezug auf das, was wichtig, besorgniserregend und in weiterer Folge mitteilenswert ist.

4.3 Menschen mit Behinderung

Auf Anregung der Begleitgruppe und auf der Grundlage von Informationen eines Mitglieds dieses Gremiums nahm das Forschungsteam im Mai 2022 Kontakt zu vier Einrichtungen der Behindertenhilfe auf, wobei die begründete Annahme bestand, dass in diesen Einrichtungen frühere Bewohner*innen des St. Augustinusheimes lebten. Das Ziel dieser Kontaktaufnahmen bestand in der Durchführung von Interviews mit Menschen mit Behinderung, die möglicherweise Auskunft geben könnten über die Zeit, die sie als Kind und/oder Jugendliche im St. Augustinusheim verbracht hatten. Zur Vorbereitung dieser Interviews hatte sich das Forschungsteam von einer Mitarbeiterin von Wildwasser Freiburg e.V. beraten lassen, einer Fachberatungsstelle, die unter anderem auf die Arbeit mit Frauen mit Behinderung, die sexualisierte Gewalt erfahren haben, spezialisiert ist. Diese Mitarbeiterin hatte angeboten, das Forschungsteam bei der Durchführung der geplanten Interviews im Bedarfsfall auch vor Ort zu unterstützen.

Es muss konstatiert werden, dass kein einziges Interview mit einer/einem früheren Bewohner*in des St. Augustinusheimes, die/der in einer Gruppe für Kinder/Jugendliche mit Behinderung untergebracht war, zustande gekommen ist. Dieser Umstand stellt eine bedeutende Limitation der erhobenen Forschungsergebnisse dar. Die Art und Weise, wie sich diese Forschungslücke in unseren Augen präsentierte, stellt eine paradigmatische Form der Herstellung eines Verdeckungszusammenhangs dar. Man kommt nicht umhin, der Einschätzung zu folgen, die im Rahmen eines Expert*inneninterviews geäußert wurde:

> „Ich glaube tatsächlich, dass es so was ist wie, dass da so Vorurteile einfach bestehen oder man denkt ‚Ach ja, ist doch nicht so wichtig‘, ‚Die sind nicht so wichtig‘, ja, ‚Was wollen die uns schon erzählen?‘ oder was. Also natürlich werden Menschen je nach Behinderung überhaupt nicht ernstgenommen“ (E_Interview 28).

Sämtliche per eMail an die vier Einrichtungen gerichteten Anfragen blieben unbeantwortet. Auf telefonische Nachfragen, die einige Wochen nach der Erstanfrage initiiert wurden, wurde entweder gar nicht oder nur zögerlich reagiert. Die Einrichtungsverantwortlichen, die erreicht werden konnten, zogen sich auf die Position zurück, dass sie selbst nicht entscheiden könnten, ob ihre Bewohner*innen an der Untersuchung teilnehmen würden. Im übrigen dürften sie dem Forschungsteam aus Datenschutzgründen nicht mitteilen, wie viele der aktuellen Bewohner*innen früher im St. Augustinusheim untergebracht waren. Ebenfalls aus Datenschutzgründen sei ihnen das ja auch selbst nicht bekannt. Man würde die Information über die Studie an die gesetzlichen Betreuer*innen der Bewohner*innen weiterleiten; diese müssten das dann mit ihren Klient*innen besprechen. In weiterer Folge wurde dem Forschungsteam auf Nachfrage nicht mitgeteilt, ob es irgendwelche Resonanzen auf Seiten der gesetzlichen Betreuer*innen oder der Bewohner*innen auf unser Anliegen gab. Die Leitung einer anderen Einrichtung versicherte, dass sie in Erfahrung bringen würde, ob es in ihrer Einrichtung Bewohner*innen gibt, die früher im St. Augustinusheim gelebt haben. Sollte dies zutreffen, würde ebenfalls eine Weiterleitung unserer Anfrage an die jeweils zuständigen gesetzlichen Betreuer*innen erfolgen. Eine nach vier Wochen gestellte diesbezügliche Nachfrage blieb unbeantwortet.

In weiterer Folge bemühte sich das Forschungsteam um einen direkten Kontakt zu gesetzlichen Betreuer*innen über die jeweils zuständigen regionalen Betreuungsbehörden. Auch diese Anfragen blieben unbeantwortet. Eine telefonische Nachfrage ergab, dass man sich als nicht zuständig erachtete; durch ein klärendes Telefonat wurde auf Seiten der Behörde verstanden, dass durchaus eine Zuständigkeit bestand, sodass eine Weiterleitung der Anfrage des IPP an die gesetzlichen Betreuer*innen erfolgte. Auch von dieser Seite kam keine weitere Resonanz. Das IPP hatte ein ausführliches Schreiben verfasst, in dem das Forschungsprojekt erklärt, forschungsethische Aspekte dargestellt und auf die Unterstützung der spezialisierten Fachberatungsstelle Wildwasser Freiburg e.V. hingewiesen wurde. Zudem wurde dazu eingeladen, bei Unsicherheit oder weiteren Informationsbedürfnissen Rückfragen zu stellen. Keine/Kein einzige/r gesetzliche/r Betreuer*in hat sich beim Forschungsteam gemeldet. Es ist unklar, ob eine Weiterleitung der schriftlichen Information an die gesetzlichen Betreuer*innen unterblieben war oder ob diese Personen dem Projekt der wissenschaftlichen Aufarbeitung des St. Augustinusheimes keine Bedeutung beimaßen. Zu bilanzieren ist lediglich, dass keine der adressierten Personen mit dem IPP in Kontakt kam und Interviews mit Menschen mit Behinderung, die früher im St. Augustinusheim lebten, nicht ermöglicht wurden.

Über die Gründe für diese Leerstelle kann nur spekuliert werden. Allerdings frappierte der augenscheinliche Mangel an Kooperationsbereitschaft sämtlicher Fach- und Leitungskräfte, die in diesem Zusammenhang angefragt wurden. Man kommt daher nicht umhin zu konstatieren, dass es im Bereich des Hilfesystems für Menschen mit Behinderung offenbar wirkmächtige Kräfte zur Aufrechterhaltung eines hartnäckigen Verdeckungszusammenhangs gibt. Die Reaktionen aus den kontaktierten Einrichtungen lassen sich nur als ausgeprägtes Desinteresse deuten. Die Frage, wie und unter welchen Voraussetzungen Menschen mit Behinderung zu ihrem Recht auf Aufarbeitung einer möglicherweise belastenden Vergangenheit kommen können, wurde von den angefragten Institutionen gar nicht erst in Augenschein genommen.

4.4 Jugendämter/Heimaufsicht

In ähnlicher Weise wie der Kontakt zu den Einrichtungen für Menschen mit Behinderungen gestaltete sich der Versuch, im Jugendamt Freiburg Personen zu finden, die Auskunft über das St. Augustinusheim während der 1980er und 1990er-Jahre geben hätten können. Schriftliche Anfragen an das Jugendamt blieben zunächst unbeantwortet und wurden dann mit dem lapidaren Hinweis abgetan, dass keine Kolleg*innen mehr in der Behörde tätig sind, die zum fraglichen Zeitraum Auskunft geben könnten. Aktenbestände würden nach Ablauf von zehn Jahren vernichtet. Daher seien auch keine relevanten schriftlichen Unterlagen verfügbar. Im weiteren Verlauf wurde dem Forschungsteam aus anderer Quelle der Name einer früheren Leitungskraft des Jugendamtes in Freiburg genannt, worauf auch diese kontaktiert wurde. Diese erklärte auf Anfrage, dass sie für ein Forschungsinterview nicht zur Verfügung stehe. Sie verwies auf den Kommunalverband für Jugend und Soziales des Landes Baden-Württemberg. Dort zeigte man sich zwar gesprächsbereit in Bezug auf aktuelle Entwicklungen zur institutionellen Prävention, konnte aber keine Auskunft über die Arbeit der Heimaufsicht im Untersuchungszeitraum geben.

Die Gründe für die Herstellung dieses Verdeckungszusammenhangs sind pragmatisch: Genannt werden Zeitmangel und fehlendes Wissen über den zu untersuchenden Zeitraum. Abgesehen von dem erwähnten Kommunalverband fällt aber auch hier die fehlende Bereitschaft auf, mit dem Forschungsteam überhaupt in Dialog zu treten. Das Freiburger Jugendamt reagierte erst nach mehrmaliger Nachfrage, um dann kurz und bündig die fehlende Auskunftsmöglichkeit zu deklarieren.

Es ist darauf hinzuweisen, dass die Perspektive der Behörden Jugendamt und Heimaufsicht für den vorliegenden Forschungsgegenstand durchaus relevant gewesen wäre. Zumindest was das Betrugsdelikt des damaligen Heimleiters betrifft, hat jegliche Kontrollfunktion versagt. Es wäre für die Rekonstruktion des Gesamtzusammenhangs von hohem Interesse gewesen, wie sich das St. Augustinusheim, die dort praktizierte pädagogische Arbeit und der Leiter der Einrichtung aus der Perspektive damaliger Behördenvertreter*innen dargestellt haben. Entsprechende Informationen konnten lediglich aus Akten des Landeswohlfahrtsverbandes generiert werden.

Struktur und Kultur des St. Augustinusheims

5

Zu den Wurzeln des St. Augustinusheims

Das St. Augustinusheim wurde im Jahr 1913 vom „Katholischen Fürsorgeverein für Mädchen, Frauen und Kinder“ – dem heutigen „Sozialdienst katholischer Frauen“[1] – in Freiburg gegründet. Zielsetzung des Heims war es, obdachlosen und arbeitslosen Mädchen und Frauen, insbesondere werdenden Müttern sowie Wöchnerinnen und ihren Säuglingen einen Schutzraum zu bieten. Bis 1981 fand die Betreuung der Mädchen und Frauen durch die Schwestern des Provinzhauses der barmherzigen Schwestern vom heiligen Kreuz in Hegne – auch „Kreuzschwestern“ genannt – statt.

Nachdem das Gebäude des Mütter- und Säuglingsheims Ende des 2. Weltkriegs zerstört wurde, erwarb der Trägerverein 1950 eine Immobilie in der Wintererstraße in Freiburg. Diese Villa wurde in den darauffolgenden Jahren mehrmals umgebaut, „um den Anforderungen einer modernen Kinder- und Jugendhilfeeinrichtung gerecht zu werden“ (SkF Freiburg, 2008, S. 59). Von 1951 bis 2009 – und damit auch im Untersuchungszeitraum der vorliegenden Studie – war das St. Augustinusheim dort untergebracht. Danach erfolgte ein Umzug in die Kartäuserstraße und eine Umbenennung in „Kinder- und Familienzentrum St. Augustinus“ (Abb. 5.1).

Entwicklung der konzeptionellen Ausrichtung

Der Schwerpunkt der Heimeinrichtung lag in der stationären Kinder- und Jugendhilfe. 1970 waren im St. Augustinusheim 70 Kinder und Jugendliche sowie acht

[1] Die Umbenennung erfolgte im Jahr 1969.

P. Caspari et al., *Die pädagogische Praxis und der Umgang mit Gewalt im St. Augustinusheim des SkF Freiburg e.V. zwischen 1985–1997*, Sexuelle Gewalt in Kindheit und Jugend: Forschung als Beitrag zur Aufarbeitung,
https://doi.org/10.1007/978-3-658-51513-3_5

Abb. 5.1 St. Augustinusheim in der Wintererstraße 10, Freiburg. (Aufnahme aus dem Jahr 1951)

Mütter mit ihren Säuglingen untergebracht, die von neun Ordensschwestern und 23 weltlichen Mitarbeitenden betreut wurden. Ab 1982 waren nur noch weltliche Mitarbeitende für die pädagogische Arbeit zuständig. Dazu kamen eine Kinderkrankenschwester und mehrere Nachtwachen.

Im Jahr 1976 erfolgte eine Umstrukturierung des St. Augustinusheims und eine Reduzierung auf 40 Plätze – zehn Mutter-Kind-Plätze, zehn Notfallplätze für Säuglinge und Kleinkinder und 20 Plätze für Säuglinge und Kleinkinder mit Behinderung. In enger Zusammenarbeit mit der Uni-Klinik Freiburg wurde die Arbeit mit Kindern mit Behinderung zum Schwerpunkt. „Die medizinische Versorgung und die heilpädagogisch orientierte Arbeit der Einrichtung machten es möglich, dass auch schwerstbehinderte Säuglinge und Kinder aufgenommen werden konnten“ (ebenda, S. 61 f.).

Mitte der 1980er-Jahre musste aufgrund von Umbauarbeiten eine stationäre Gruppe ausgelagert werden. Danach wurde das Haus mit vier Gruppen belegt:

- zwei Gruppen der Eingliederungshilfe: „Harlekin“ und „Grashüpfer“ und
- zwei Gruppen der Jugendhilfe: „Kolibri“ und „Rasselbande“

1991 fand eine Erweiterung um die Inobhutnahmegruppe „Villa Kunterbunt“ statt.

Die Gruppen waren in unterschiedlichen Stockwerken untergebracht. Im obersten Stockwerk, das auch über einen Aufzug erreichbar war, befanden sich die Gruppen der Eingliederungshilfe, im mittleren Stockwerk die beiden Jugendhilfe-Gruppen und im Untergeschoss hatte die Inobhutnahmegruppe ihre Räume. Die Kinder und Jugendlichen waren in Ein- bis Vierbettzimmern untergebracht.

Die Inobhutnahmegruppe sowie die Eingliederungsgruppe „Grashüpfer" wurden im Jahr 1997 geschlossen. Fortan gab es keine Nachtwachen und keine Kinderkrankenschwester mehr und damit auch keine weitere Betreuung von schwerstbehinderten Kindern. Das St. Augustinusheim spezialisierte sich auf die Betreuung von Kindern mit Jugendhilfebedarf im Alter von 0 bis 12 Jahren.

Mit Ausnahme der Konzeption der Aufnahme- und Beobachtungsgruppe (Inobhutnahmegruppe) aus dem Jahr 1991 liegen uns keine verschriftlichten Informationen zu Konzeptionen des St. Augustinusheims aus dem Untersuchungszeitraum vor.

Die Präambel der Konzeption der Inobhutnahmegruppe besagt, dass es sich um „eine Gruppe mit 7 Plätzen, in der Säuglinge und Kinder kurzfristig aus einer Notlage untergebracht werden können" handelte und dass „spätestens 1 Jahr nach Aufnahme (…) die Entscheidung gefällt sein (sollte), ob das Kind in seine Herkunftsfamilie rückgeführt werden kann, oder ob eine Unterbringung in einer Pflegefamilie oder in einer anderen Heimgruppe des St. Augustinusheimes oder in eine andere Jugendhilfe-Einrichtung möglich ist." Die Altersspanne der in der koedukativen Gruppe betreuten Kinder lag bei 0–8 Jahren, in Ausnahmefällen darüber hinaus. Für die Inobhutnahmegruppe waren 4,8 Planstellen vorgesehen (eine Erweiterung um eine hauptamtliche Stelle war geplant). Bei den männlichen und weiblichen Mitarbeitenden dieser Gruppe handelte es sich um einen Diplom-Heilpädagogen, eine Diplom-Sozialpädagogin, zwei Erzieher*innen und eine Anerkennungspraktikantin. Die pädagogische Hauptverantwortung lag bei der Erziehungsleiterin, die ebenso wie eine Diplom-Heilpädagogin und eine Kinderkrankenschwester gruppenübergreifend arbeitete.

Folgende Abbildungen zeigen das Organigramm und einen Kurzüberblick des St. Augustinusheims. Es handelt sich um ein undatiertes Dokument aus dem Archiv des SkF Freiburg, das anhand der darin ersichtlichen Angaben den beginnenden 1980er-Jahre zugeordnet werden kann.

Die folgenden Abschnitte beruhen auf den Berichten früherer Bewohner*innen und Mitarbeitender des St. Augustinusheims und beziehen sich auf den Zeitraum zwischen Mitte der 1980er bis Ende der 1990er-Jahre. Sie sollen Einblick in die strukturelle und kulturelle Ausrichtung der Jugendhilfeeinrichtung zum damaligen Zeitpunkt geben.

Personelle Ausstattung

Wie Abb. 5.2 zeigt und wie es von mehreren befragten (ehemaligen) Mitarbeitenden des St. Augustinusheims berichtet wurde, war die Einrichtung hierarchisch strukturiert. Der Vorstand bestand aus vier ehrenamtlich tätigen älteren Frauen. Dem Heimleiter waren unter anderem der Fachdienst mit Diplom-Heilpädagogin, Diplom-Religionspädagogen und Kinderkrankenschwester sowie die Erziehungsleitung unterstellt. Letztere hatte die stellvertretende Heimleitung inne. Zu den Aufgaben der Heilpädagog*innen gehörten neben Einzelbetreuung, -begleitung und -förderung der Kinder und Jugendlichen auch Diagnostik und Aufnahmegespräche. Sie arbeiteten eng mit der Erziehungsleitung zusammen und waren gemeinsam für Teamberatungen zuständig. Die Gruppen der Eingliederungshilfe und Jugendhilfe hatten jeweils eine Gruppenleitung. Für die Jugendhilfegruppe „Kolibri" wurde beispielsweise ein Personalschlüssel von drei hauptamtlichen Vollzeitkräften und einem Zivildienstleistenden genannt, die für eine Gruppe mit sieben Betreuten zuständig waren (M_Interview 7) (Abb. 5.3).

Konzeptionen

Die interviewten ehemaligen Mitarbeitenden des St. Augustinusheims reagierten sehr ähnlich auf die Frage nach dem Einrichtungskonzept. Exemplarisch können entsprechende Einschätzungen mit dem folgenden Interviewausschnitt veranschaulicht werden:

> „Ähm, aber ich glaube, es war jetzt nicht so richtig präsent in unseren Köpfen. Ja, ich glaube, man hat sich eher als Team so, ähm, so Leitlinien mit erstellt. Und es war klar, wie wir einfach gemeinsam einfach in dem Rahmen arbeiten wollten. (…) Ich glaube, das Konzept ist so im Laufe unserer Teambesprechungen einfach entstanden, mit Absprachen, aber ohne dass es, glaube ich, irgendwie verschriftlicht wurde" (M_Interview 8).

Keine*r der befragten ehemaligen Mitarbeitenden konnte sich an eine schriftlich festgehaltene Konzeption des Eingliederungs- bzw. Jugendhilfebereichs oder der Gesamteinrichtung bzw. entsprechender Details erinnern. In den Interviews wurde zudem immer wieder darauf hingewiesen, dass eine sexualpädagogische Konzeption nicht bekannt gewesen sei.

Der Jugendhilfe- und Eingliederungsbereich waren analog zum Inobhutnahmebereich koedukativ ausgerichtet. Im Eingliederungsbereich kam es auch vor, dass Zimmer geschlechtergemischt belegt wurden. Zudem war die Altersspanne in den beiden Gruppen der Eingliederungshilfe sehr groß. Im Jugendhilfebereich gab es eine Einteilung der Gruppen nach Alter: In der Gruppe „Rasselbande" wurden jün-

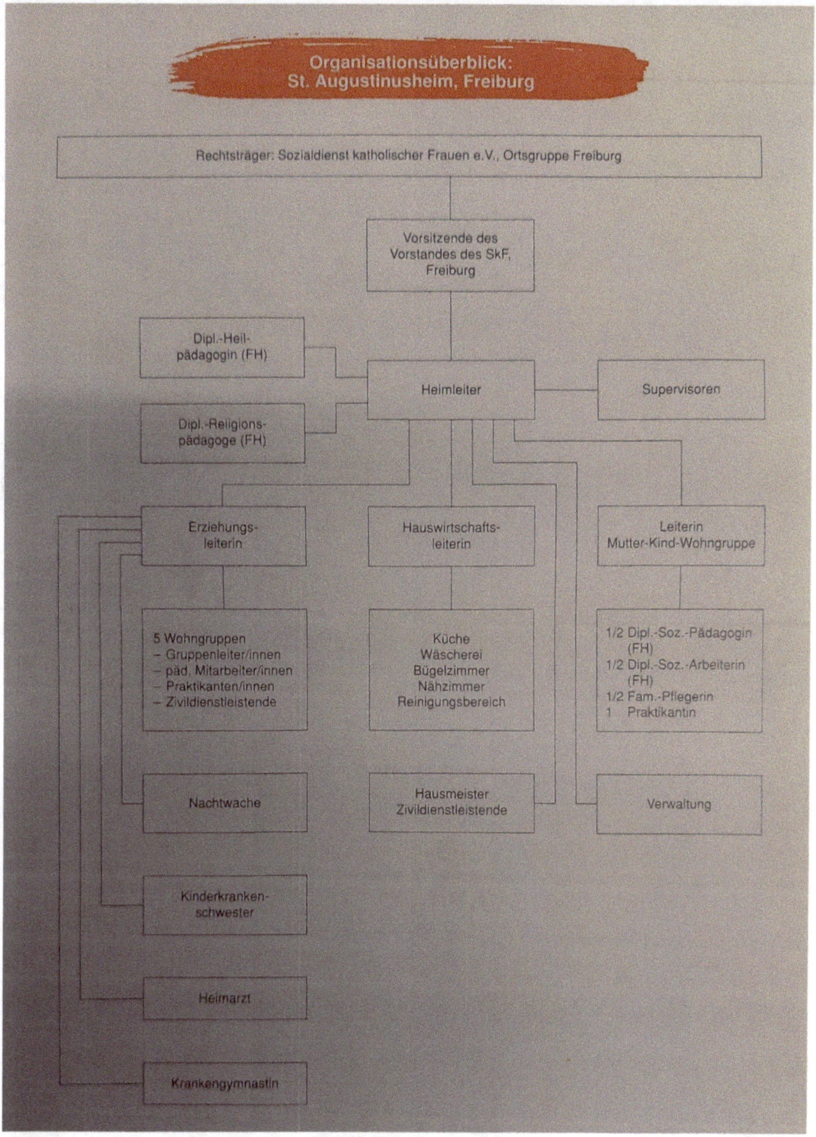

Abb. 5.2 Organigramm des St. Augustinusheims Anfang der 1980er-Jahre. (Undatiertes Dokument aus dem Archiv des SkF)

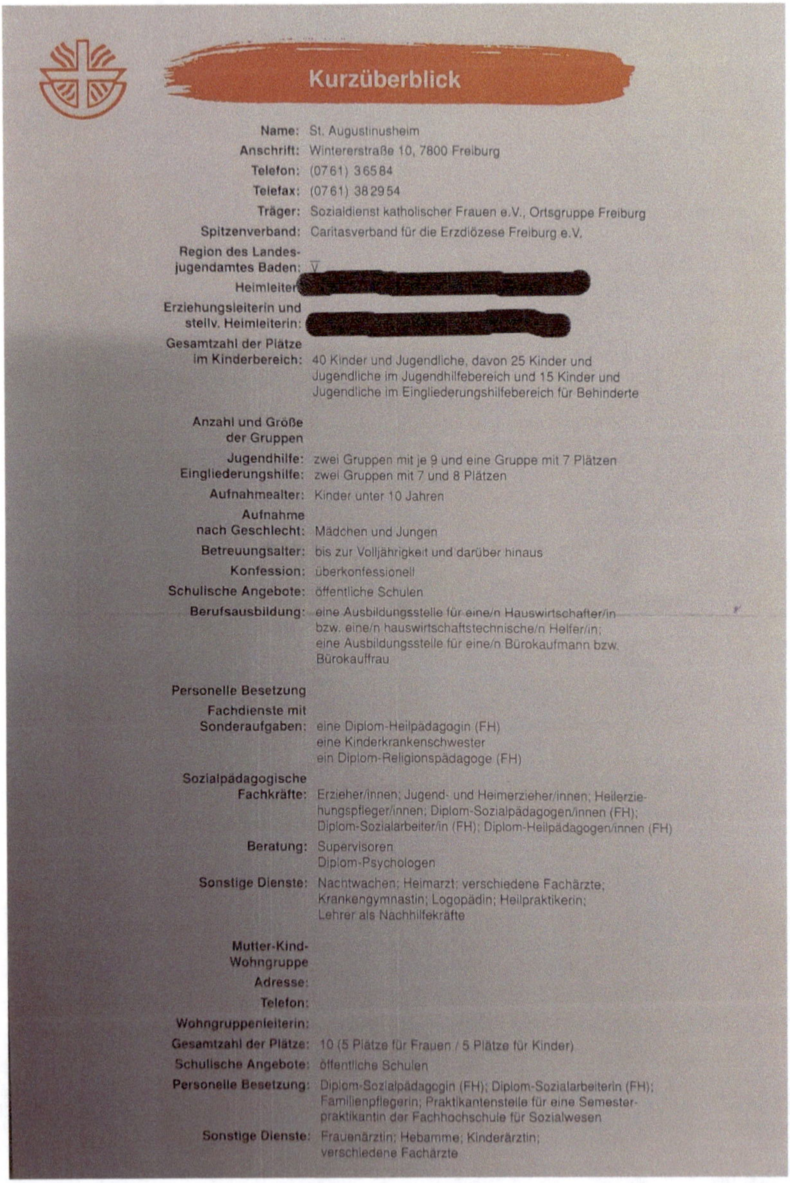

Kurzüberblick

Name:	St. Augustinusheim
Anschrift:	Wintererstraße 10, 7800 Freiburg
Telefon:	(0761) 36584
Telefax:	(0761) 382954
Träger:	Sozialdienst katholischer Frauen e.V., Ortsgruppe Freiburg
Spitzenverband:	Caritasverband für die Erzdiözese Freiburg e.V.
Region des Landesjugendamtes Baden:	V
Heimleiter:	[redacted]
Erziehungsleiterin und stellv. Heimleiterin:	[redacted]
Gesamtzahl der Plätze im Kinderbereich:	40 Kinder und Jugendliche, davon 25 Kinder und Jugendliche im Jugendhilfebereich und 15 Kinder und Jugendliche im Eingliederungshilfebereich für Behinderte
Anzahl und Größe der Gruppen	
Jugendhilfe:	zwei Gruppen mit je 9 und eine Gruppe mit 7 Plätzen
Eingliederungshilfe:	zwei Gruppen mit 7 und 8 Plätzen
Aufnahmealter:	Kinder unter 10 Jahren
Aufnahme nach Geschlecht:	Mädchen und Jungen
Betreuungsalter:	bis zur Volljährigkeit und darüber hinaus
Konfession:	überkonfessionell
Schulische Angebote:	öffentliche Schulen
Berufsausbildung:	eine Ausbildungsstelle für eine/n Hauswirtschafter/in bzw. eine/n hauswirtschaftstechnische/n Helfer/in; eine Ausbildungsstelle für eine/n Bürokaufmann bzw. Bürokauffrau
Personelle Besetzung	
Fachdienste mit Sonderaufgaben:	eine Diplom-Heilpädagogin (FH) eine Kinderkrankenschwester ein Diplom-Religionspädagoge (FH)
Sozialpädagogische Fachkräfte:	Erzieher/innen; Jugend- und Heimerzieher/innen; Heilerziehungspfleger/innen; Diplom-Sozialpädagogen/innen (FH); Diplom-Sozialarbeiter/in (FH); Diplom-Heilpädagogen/innen (FH)
Beratung:	Supervisoren Diplom-Psychologen
Sonstige Dienste:	Nachtwachen; Heimarzt; verschiedene Fachärzte; Krankengymnastin; Logopädin; Heilpraktikerin; Lehrer als Nachhilfekräfte
Mutter-Kind-Wohngruppe	
Adresse:	
Telefon:	
Wohngruppenleiterin:	
Gesamtzahl der Plätze:	10 (5 Plätze für Frauen / 5 Plätze für Kinder)
Schulische Angebote:	öffentliche Schulen
Personelle Besetzung:	Diplom-Sozialpädagogin (FH); Diplom-Sozialarbeiterin (FH); Familienpflegerin; Praktikantenstelle für eine Semesterpraktikantin der Fachhochschule für Sozialwesen
Sonstige Dienste:	Frauenärztin; Hebamme; Kinderärztin; verschiedene Fachärzte

Abb. 5.3 Kurzüberblick des St. Augustinusheims Anfang der 1980er-Jahre unter der Heimleitung von H.E. (Undatiertes Dokument aus dem Archiv des SkF)

gere Betreute und in der Gruppe „Kolibri“ Jugendliche untergebracht. Im Alter von 10 bis 12 Jahren konnte es daher zu einem Gruppenwechsel kommen.

Im Allgemeinen wurde das Einrichtungskonzept damit beschrieben, dass eine familienähnliche Atmosphäre angestrebt wurde:

> „Also es war grundsätzlich die Idee eine familiäre Wohngruppeatmosphäre zu schaffen. Es waren feste Mitarbeiter pro Gruppe. Innerhalb dieses Dings gab es dann Zuständigkeiten von Mitarbeitern für Kinder jeweils, die dann auch die eventuelle Elternarbeit oder Arbeit mit Institutionen, mit Förderungen, mit Schule beinhaltet hat. (…) Und so war auch die Idee, dass zum Beispiel gemeinsame Freizeiten gemacht wurden von den Gruppen, mindestens einmal im Jahr, wo sie als Gruppe dann das Haus verlassen haben und was weiß ich, irgendeine Freizeit gemacht haben, Zeltlager oder so. Das war auf jeden Fall immer ein wichtiges Konzept“ (M_Interview 24).

Bezugsbetreuersystem

Als wichtiger Teil der pädagogischen Arbeit wurde sehr häufig das Bezugsbetreuersystem genannt. Das bedeutete, dass jedes Kind bzw. jede*r Jugendliche*r einer Betreuungsperson zugeordnet war. Die Ausgestaltung dieser Beziehungsarbeit wurde, so ein ehemaliger Mitarbeitender, „eher jedem selbst überlassen“ (M_Interview 22). Dennoch wurden einige zentrale Aufgaben der Bezugsbetreuungsperson genannt, darunter ein engerer Kontakt zu den Bezugsbetreuten (beispielsweise mit regelmäßigen gemeinsamen Unternehmungen) und Elternarbeit.

Elternarbeit

Bezüglich der Elternarbeit hat sich mit dem Wechsel der pädagogischen Leitung (Anfang/Mitte der 1990er-Jahre) die Zuständigkeit weg von den Bezugsbetreuungspersonen hin zur Erziehungsleitung geändert. Diese war für die Familienarbeit in Bezug auf alle Betreuten verantwortlich, insbesondere für die Vorbereitung und Begleitung von Rückführungen in die Herkunftsfamilie sowie für Eltern- und Hilfeplangesprächen.

Genderbewusste Pädagogik

Die Reflektion der (eigenen) Geschlechterrolle und ein bewusster Umgang mit dem Thema Geschlecht in der Erziehung war für die wenigsten Befragten von Relevanz. Ein Interviewpartner antwortete auf die Frage, ob es eine genderbewusste Pädagogik gab, wie folgt:

> „Nein, überhaupt nicht, nein, nix. Überhaupt nicht! Nee, auch überhaupt – nee, gar nix. Das war noch weit entfernt davon“ (M_Interview 6).

Vereinzelt wurde auf die geschlechtsspezifische Vorbildwirkung der Betreuungspersonen hingewiesen:

> „Wir haben auch geschaut, dass, das hat nicht immer geklappt, aber dass es auch oft, äh, eine Frau die Bezugserzieherin zu einem Mädchen ist, ein Mann zu einem Jungen. Das haben wir, weiß ich nicht, aber größtenteils, ich kann es jetzt nicht in Prozentzahlen sagen so, aber größtenteils auch umsetzen können. Das war auch ganz gut, auch als es dann drum ging, dass die Kinder jugendlich wurden, dann war das einfach auch irgendwie, äh, ja, wieder so das Wichtige halt, dass der Mann vielleicht mal da mit Fußballspielen geht und einkaufen geht, wie die Frau mit dem Mädchen oder so" (M_Interview 17).

Die Rolle des Geschlechts der pädagogischen Fachkräfte für die Erziehungsarbeit wurde an einer Stelle dahingehend diskutiert, dass männliche Erzieher

> „es auf jeden Fall schwerer haben (…). Und ich als Frau und vielleicht sogar als mütterlicher Typ, ich habe da nie ein Problem gehabt Nähe mit Kindern zu haben" (M_Interview 29).

Von anderer Seite wurde hingegen betont, dass weibliche Mitarbeitende „eindeutig mehr abbekommen" haben „an Aggressionen und an Wut und Auseinandersetzungen" mit den Betreuten (M_Interview 24).

Die betreuten Kinder und Jugendlichen

Die besonderen Bedarfslagen der im St. Augustinusheim betreuten Kinder und Jugendlichen zeigen sich in entsprechenden Beschreibungen ehemaliger Mitarbeiter*innen des St. Augustinusheims. Die Betreuten wurden mehrheitlich als traumatisiert, zum Teil sogar „hochgradig traumatisiert" (M_Interview 4) beschrieben. Folgende Aufnahmegründe wurden von den Befragten benannt:

- Verwahrlosung
- Vernachlässigung
- psychische Erkrankung der Eltern
- Suchterkrankung der Eltern (Drogen- und Alkoholmissbrauch)
- Gewalt in der Herkunftsfamilie (auch sexualisierte Gewalt)

Die Kinder und Jugendlichen in den Eingliederungshilfe-Gruppen waren von körperlicher oder geistiger Behinderung betroffen, zum Teil handelte es sich um Mehrfach- bzw. Schwer(st)mehrfachbehinderungen.

In den Interviews wurde immer wieder auf eine lange Aufenthaltsdauer einiger betreuter Kinder und Jugendlichen hingewiesen.

„Also in der Regel waren die eigentlich lange da, ja. Sie sind auch früh gekommen, viele. Also es war eher die Ausnahme, dass mal jemand mit fünfzehn oder sechzehn erst kam, ne, also wirklich dann schon so mit acht, neun habe ich so ganz viele in Erinnerung, die als kleines Kind kamen" (M_Interview 17).

Die Geschlechterverteilung wurde in allen Gruppen als ausgeglichen wahrgenommen.

Mitbestimmungs- und Beschwerdemöglichkeiten der Betreuten

In den Interviews wurde mehrfach angemerkt, dass die Kinder und Jugendlichen vor allem über das Bezugsbetreuersystem Möglichkeiten zur Mitbestimmung und Beschwerde hatten.

„Die hatten einen Bezugserzieher, zu dem konnten, also dass die zu dem gehen. Aber das war ja anfänglich auch noch nicht so thematisiert. Klar war, wenn irgendwie, wenn dich einer schlägt oder so oder wenn du Sorgen hast, was du jetzt nicht in deinem Team besprechen kannst, kannst du zu der Heilpädagogin gehen oder zum Heilpädagogen (…). Manche haben auch gefragt ‚Dürfen wir nicht zum Heimleiter gehen?', dann haben wir gesagt ‚Ihr könnt auch zum Heimleiter gehen'. Ich glaube, es gab tatsächlich den einen oder anderen, der dann mal, weil irgendwas in der Schule nicht lief zum Heimleiter gegangen ist. Aber es war noch nicht das Schutzkonzept, das man dann später entwickelt hat" (M_Interview 26).

Zu den Aufgaben der Bezugsbetreuer*innen gehörte es auch, die Wünsche ihrer Bezugskinder oder -jugendlichen in das Team einzubringen. Vereinzelt wurde von Gruppenabenden berichtet, in denen beispielsweise Regeln gemeinsam mit den Betreuten besprochen wurden. Den einrichtungsinternen Umgang mit Mitbestimmungs- und Beschwerdemöglichkeiten reflektiert eine ehemalige Mitarbeitende folgendermaßen:

„Also ich glaube Partizipation in dem Sinne, wie wir es heute verstehen, das gab's festgeschrieben schon zweimal nicht. Aber, ähm, es war auch da schon so, dass es Kinderbesprechungen gab und dass man gemeinsam einfach geschaut hat, Wochenpläne angeschaut hat oder zum Beispiel Freizeitaktivitäten abgestimmt hat, Fernsehprogramm abgestimmt hat" (M_Interview 4).

Unterstützungsstrukturen für die Mitarbeitenden

Mitbestimmungs- und Beschwerdemöglichkeiten für Mitarbeitende des St. Augustinusheims waren im Untersuchungszeitraum, analog zu denen der Betreuten, in geringem Maße vorhanden.

„Also tatsächlich kann ich mich nicht erinnern, dass es da so ein Beschwerdekonzept gab oder so. Also wir haben halt das genutzt, was uns möglich erschien. Also dass wir uns halt erstmal abgesprochen haben oder auch in Supervisionen es zum Thema gemacht haben und dann halt die nächsthöheren Ebenen, also jetzt Erziehungsleitung dann halt einbezogen haben“ (M_Interview 16).

An den wöchentlichen Teamsitzungen der einzelnen Gruppen nahmen neben der Gruppenleitung und den pädagogischen Fachkräften in der Regel auch die Heipädagog*innen und die Erziehungsleitung teil. Darin wurden erzieherische Themen bzw. Fragen, Unsicherheiten und Schwierigkeiten besprochen. In diesem (internen) Rahmen fanden auch regelmäßig Fallbesprechungen bzw. -supervisionen statt, wobei Entwicklungen der Betreuten gemeinsam reflektiert wurden. Mehrmals jährlich gab es die Möglichkeit, in extern moderierten Supervisionen teaminterne oder auch teamübergreifende Themen, wie beispielsweise Konflikte zu bearbeiten. In diesen ging es, so eine ehemalige Mitarbeitende, „sehr um unser Miteinander, um die Hierarchie, um die Stimmung bei uns“ (M_Interview 29). Kritisiert wurde aber insbesondere das mangelnde Angebot an Einzelsupervisionen. Die diesbezügliche Gesamteinschätzung der ehemaligen Mitarbeitenden war jedoch überwiegend positiv, wie folgender Interviewausschnitt veranschaulicht:

„Ich hab da sehr eindrückliche Supervisions-Sitzungen z.B. in Erinnerung, die sehr hilfreich waren, ja. Und auch dann dieses Team im Hintergrund zu haben, sonst hätte ich das glaub ich, auch nicht durchgestanden“ (M_Interview 20).

Als Fortbildungsmöglichkeiten wurden vor allem interne Schulungen, wie beispielsweise zu Familienaufstellungen genannt. Vereinzelt fanden Schulungen und Beratungen durch externe Fachkräfte, zum Beispiel zu sexualpädagogischer Arbeit mit Menschen mit Behinderung statt.

Geschlossenes System versus offenes Haus

Die meisten Interviewpartner*innen empfanden die Einrichtung als offenes Haus. Viele ehemalige Mitarbeitende berichten von diversen Veranstaltungen, die im St. Augustinusheim durchgeführt wurden. Dabei wird vor allem auf die jährlichen Haus- und Straßenfeste Bezug genommen, zu denen neben den Eltern auch Bewohner*innen aus der Nachbarschaft eingeladen wurden. Diese Tage der offenen Tür wurden dafür genutzt, um im Sinne von Öffentlichkeitsarbeit die Einrichtung nach außen darzustellen und Präsenz in Freiburg zu zeigen. Dies sei insbesondere dem Heimleiter H.E. ein großes Anliegen gewesen. Durch diese Veranstaltungen und die Darstellung als „offenes Haus“ sollten die Heimeinrichtung und ihre Bewohner*innen sichtbarer gemacht und als „Teil von Freiburg“ (M_Interview 17) wahrgenommen werden, sodass Berührungsängste abgebaut werden sollten. Eine ehemalige Betreuungsperson weist darauf hin, dass beispielsweise Schulklassen der betreuten Kinder und Jugendlichen zum Frühstück in die Einrichtung eingeladen wurden, damit deren Klassenkamerad*innen einen Einblick in den Heimalltag bekommen konnten. Eine Interviewpartnerin berichtet davon, dass auch spontane Elternbesuche möglich waren:

> „Also die Eltern konnten unten klingeln, konnten rein und dann wurde der Kontakt hergestellt.“ (M_Interview 26)

Katholischer Hintergrund

Der katholische Hintergrund des Trägers spielte nach Angaben der meisten Interviewpartner*innen keine große Rolle im pädagogischen Alltag. Ein ehemaliger Mitarbeitender erinnert sich folgendermaßen:

> „Das Katholische stand eigentlich nie im Vordergrund“ (M_Interview 24).

Im St. Augustinusheim lebten Kinder mit unterschiedlichen Konfessionen. Die Sakramente der katholischen Kirche wie Erstkommunion und Firmung wurden nur auf Wunsch der Betreuten bzw. in Absprache mit den Eltern gefeiert. Die Villa in der Wintererstraße verfügte über eine hauseigene Kapelle, in der zu bestimmten Anlässen auch Gottesdienste abgehalten und regelmäßig sogenannte „Abendrunden“ durchgeführt wurden. Es gibt allerdings keine Hinweise darauf, dass die Teilnahme erzwungen bzw. verpflichtend für die Betreuten war. Dies trifft auch auf die Beichte zu.

> „Also es gab so ‚Abendrunden‘, hieß das. Ich meine ein- bis zweimal die Woche, das kann ich aber auch nicht mehr ganz genau sagen. Also da konnte auch hingehen wer wollte, also es war keine Pflicht oder so, aber es war einfach in dieser Kapelle, die es da gab, ähm, über ein Thema oder es gab halt irgendein Fest oder so was, was anstand, da gab's dann diese Abendrunden. Teilweise habe ich das auch mit vorbereitet, auch musikalisch oder inhaltlich, je nachdem. Das war auch so ein Schwerpunkt, der sich so durchgezogen hat halt so, dieses Religionspädagogische“ (M_Interview 17).

In anderen Interviews wurde berichtet, dass die Bedeutung religionspädagogischer Elemente mitarbeiterabhängig war. Manchmal wurden religiöse Feste wie Weihnachten oder Ostern gemeinsam mit dem Religionspädagogen vorbereitet. Von den Befragten wurde mehrfach darauf hingewiesen, dass Rituale im pädagogischen Alltag fest verankert waren, diese jedoch in keinem religiösen Zusammenhang standen. So gab es auch keine Tischgebete, sondern weltliche Reime oder Gedichte bzw. Lieder vor dem Abendessen. Die Heimeinrichtung des katholischen Trägers legte bei den Mitarbeitenden zwar Wert auf die Zugehörigkeit zu einer christlichen Religionsgemeinschaft, der Umgang mit partnerschaftlichen Lebensweisen oder sexuellen Orientierungen der Mitarbeitenden wurde aber von den meisten (jedoch nicht allen) Interviewpartner*innen als locker bezeichnet.

Gewalt im St. Augustinusheim

6

Inhaltsverzeichnis

6.1 Allgemeine Einschätzung: Ein gewaltreaktives Erziehungssystem mit wenigen gewaltaffinen Mitarbeiter*innen

Im St. Augustinusheim kam es zur Anwendung von Gewalt sowohl durch Bewohner*innen als auch durch Mitarbeiter*innen. Jedoch kann festgestellt werden, dass es sich bei dieser Einrichtung während des Untersuchungszeitraums um kein gewaltaffines Erziehungssystem handelte, wie es z. B. in den Untersuchungen zu den Internaten im Kloster Ettal oder im Stift Kremsmünster (Keupp et al., 2017a, b) nachgewiesen wurde. Der Erziehungsalltag wurde nicht von einer schwarzen Pädagogik (Rutschky, 1977) dominiert, in der Gewaltanwendung durch Erziehende ein allgemein akzeptiertes Mittel zur Erreichung pädagogischer Ziele ist, wobei z. B. peinigende Körper- oder längerfristige Arreststrafen als legitim erachtet wer-

P. Caspari et al., *Die pädagogische Praxis und der Umgang mit Gewalt im St. Augustinusheim des SkF Freiburg e.V. zwischen 1985–1997*, Sexuelle Gewalt in Kindheit und Jugend: Forschung als Beitrag zur Aufarbeitung, https://doi.org/10.1007/978-3-658-51513-3_6

den und durch eine gewaltakzeptierende Grundhaltung auch die Ausübung sexualisierter Gewalt begünstigt wird.

Es gibt aber auch in Bezug auf das St. Augustinusheim Berichte über wenige gewaltaffine Mitarbeiter*innen mit einer streng autoritären Grundhaltung, die auf Machtmissbrauch, Gehorsam und Unterordnung ausgerichtet war und bei den betreuten Kindern (und Jugendlichen) erkennbar Angst auslöste. Teilweise wirkte diese Haltung auch einschüchternd auf Kolleg*innen. Die entsprechenden Erzählungen beziehen sich vor allem auf einen Gruppenleiter und eine Erzieherin. Deren autoritärer Erzieherhabitus war eng mit einer Strafpädagogik verbunden. Bei dieser sollte mit Hilfe der eingesetzten Strafen die Einhaltung der von den Erzieher*innen vorgegeben Regeln ermöglicht werden. Dabei zeigte sich für alle klar erkennbar die (Erziehungs-)Macht der Pädagog*innen und die entsprechend geforderte Unterordnung der Bewohner*innen. Wichtig ist hierbei jedoch festzuhalten, dass zwar mehrere Mitarbeitende des St. Augustinusheims in unterschiedlichem Ausmaß Strafen einsetzten, systematische Körperstrafen und psychische Gewalt aber nicht zum gängigen Handlungsrepertoire gehörten.

In anderen Fällen wurde die von Erziehenden ausgeübte Gewalt durch gewalttätiges Verhalten unter den Bewohner*innen oder (impulsives) gewalttätiges Verhalten der Kinder und Jugendlichen gegen Mitarbeitende ausgelöst. Hierbei wurde auf die durch Bewohner*innen ausgeübte Gewalt mit Gegengewalt der Mitarbeiter*innen reagiert. Durch den Versuch, Gewalt durch Gewalt zu beenden, wurde zugleich eine wirkmächtige Gewaltatmosphäre in der Einrichtung freigesetzt. In den Interviews wird deutlich, wie herausfordernd und belastend die Arbeit im damaligen St Augustinusheim war und dass die Anwendung von Gewalt sehr häufig aus Überforderungssituationen resultierte. Anhand der Interviews vermittelt sich der Eindruck, dass in der Einrichtung immer wieder die Gefahr einer eskalierenden Konfliktdynamik spürbar in der Luft lag. Dabei standen die Mitarbeiter*innen vor der Aufgabe, jederzeit die Oberhand zu behalten und Herr der Lage zu bleiben. Dem entsprechend verwendet ein Mitarbeiter für seine damalige Arbeit Kriegsmetaphern: „Das Jahr wird ein Krieg“ und „jeder Tag eine Schlacht“ (M_Interview 2). Unter solchen Bedingungen sei man „gemeinsam durch das Leid“ gegangen oder aber Kolleg*innen hätten vorzeitig gekündigt.

In vielen Fällen bestand also das Ziel gewalttätigen Erzieher*innenverhaltens in der Deeskalation von Situationen und im Beruhigen der Kinder. Fachkräfte wurden durch ihre Arbeitsbedingungen an ihre Grenzen oder auch an den Rand eines Burnouts gebracht, sodass die Gefahr bestand, dass sie sich selbst (kurzzeitig) impulsiv verhielten, dabei ihre Affektkontrolle verloren und den Kindern damit Schaden zufügten.

In den Interviews finden sich keine Hinweise auf eine altersgerechte, intensive und gemeinsame Reflektion über die ausgeübte Gewalt mit den Bewohner*innen in Einzel- und Gruppengesprächen, bei denen u. a. die aktuellen Befindlichkeiten, die Konfliktauslöser und die individuellen psychodynamischen Hintergründen besprochen wurden bzw. besprechbar gemacht wurden. Hierbei wäre es dann auch nötig gewesen, nicht nur die gewaltagierenden Kinder/Jugendlichen im Blick zu behalten, sondern zugleich auch die Kinder/Jugendlichen, die auf ihre bisherigen Gewalterfahrungen vorwiegend depressiv oder ängstlich reagierten. Ebenso wurde von keinem pädagogisch-therapeutischen Ansatz zum Erlernen von Impulskontrolle und zur Vermeidung von Gewaltdurchbrüchen bei den Bewohner*innen berichtet. Eine entsprechende Einrichtungskonzeption hätte als oberstes handlungsleitendes und gelebtes Ziel für alle, Bewohner*innen und Mitarbeitende, eine gewaltfreie Einrichtung beinhalten müssen. Aufgrund dieser Fehlstellen entsteht der Eindruck, dass innerhalb der Einrichtung eine wabernde Gewaltatmosphäre herrschte, in der die Psychodynamik der Kinder/Jugendlichen agiert wurde, indem die Mitarbeitenden auf die Gewalt immer wieder auch mit Gegengewalt reagierten und es dabei zu einer unbewussten Reinszenierung der Gewaltdynamik aus den Ursprungsfamilien der betreuten Kinder/Jugendlichen kam. Dadurch konnte das damalige St. Augustinusheim kein sicherer Ort für die dort betreuten Heranwachsenden sein. Es war schwer für sie, dort zur Ruhe zu kommen und sich sicher und geborgen zu fühlen.

Aufgrund der von uns geführten Interviews und der bisherigen Ausführungen lässt sich das Erziehungssystem des St Augustinusheims im Zeitraum zwischen 1985 bis 1997 zusammenfassend als gewaltreaktives Erziehungssystem mit wenigen gewaltaffinen Mitarbeiter*innen mit autoritärem Habitus charakterisieren.

6.2 Deskriptiver Überblick über Gewaltformen

Im Folgenden wird ein deskriptiver Überblick über verschiedene Formen von Gewalt im St. Augustinusheim gegeben, von denen im Rahmen der Interviews berichtet wurde. Diese Vorkommnisse werden auf den Untersuchungszeitraum zwischen 1985 und 1997 datiert. Die komprimierte Darstellung der Gewaltvorfälle verfolgt den Zweck einer strukturierten Übersicht über entsprechende Schilderungen, soll aber zugleich nicht den Eindruck einer Omnipräsenz im Sinne einer von Gewalt geprägten Einrichtungsatmosphäre vermitteln. Eine Einordnung der berichteten Gewaltphänomene und vertiefende Analysen zu den Hintergründen und Folgen der Gewalt folgen weiter unten insbesondere im Kap. 7 zu Risikobedingungen im St. Augustinusheim.

Im Folgenden werden Differenzierungen nach Gewaltformen und nach der Position der Gewaltausübenden vorgenommen. Soweit möglich werden auch Angaben zur Häufigkeit der berichteten Gewaltphänomene gemacht. Unterschiede zwischen verschiedenen Gruppen innerhalb des St. Augustinusheimes und verschiedenen Zeitphasen werden in dieser überblicksartigen Darstellung nicht explizit herausgearbeitet.

Bezüglich einer relevanten Anzahl von Vorfällen (vor allem im Zusammenhang mit sexualisierter Gewalt) werden von den Interviewpartner*innen Zweifel geäußert, da diese Informationen auf Gerüchten oder Hörensagen basieren. Dies wird in der folgenden Übersicht durch entsprechende Formulierungen berücksichtigt. Die Beschreibung der jeweiligen Gewaltsituationen ist eng an den Sprachgebrauch der jeweiligen Interviewpartner*innen angelehnt.

Im Allgemeinen werden vier Gewaltformen unterschieden (vgl. Bürgin & Rost, 1997; Dornes, 1997; Streeck-Fischer, 2014), nämlich körperliche/physische Gewalt, psychische/emotionale Gewalt, Vernachlässigung und sexualisierte Gewalt. Dabei gilt es zu berücksichtigen, dass es zwischen diesen Gewaltformen Überschneidungen gibt, sodass diese in unterschiedlicher Kombination vorkommen können. Wie sich zeigt, lassen sich alle vier Gewaltformen auch im St. Augustinusheim nachweisen.

6.2.1 Physische Gewalt

Physische Gewalt zielt auf die körperliche Unversehrtheit eines Menschen ab, dient dabei der unmittelbaren Zufügung von körperlichen Schmerzen und kann zu (dauerhaften) seelischen und körperlichen Verletzungen führen. In der Erziehung erfahren Heranwachsende physische Gewalt, wenn sie z. B. für unwillkommene Handlungen bei Norm- und Regelverletzungen und für mangelnde kognitive und oder körperlichen Leistungen von ihren Erzieher*innen physisch bestraft werden. In Bezug auf das St. Augustinusheim werden für den Zeitraum von 1985–1997 folgende Vorkommnisse physischer Gewalt berichtet:

Physische Gewalt durch Personal

- Ein Betreuer habe zwei Jungen in einer Stresssituation geohrfeigt.
- Es wurde beobachtet, wie ein Gruppenleiter einem Kind mit Behinderung eine Ohrfeige gegeben hat.
- Eine Betreuerin habe im Rahmen einer körperlichen Auseinandersetzung einem Jungen „eine gescheuert". Im Affekt sei ihr „die Hand ausgerutscht".

- Im Rahmen einer körperlichen Auseinandersetzung wurden Kinder/Jugendliche von einem Betreuer geschüttelt.
- Ein Betreuer setzte sich wiederholt auf Kinder, um diese zu „beruhigen“.
- Ein Betreuer habe sich mit einem Jugendlichen am Boden liegend „gekloppt“.
- Zur Deeskalation von Gewaltsituationen wurden Kinder und Jugendliche häufig von Betreuer*innen festgehalten.[1] Dies konnte mehrere Minuten, aber auch bis zu einer Stunde dauern.
- Wenn Kinder abends nicht schlafen gehen wollten, wurden sie ins Bett gezogen und dort festgehalten.
- Zumindest von einem Kind mit Behinderung wird berichtet, dass es nachts im Bett fixiert wurde. Dies sei medizinisch indiziert gewesen und von der Kinderkrankenschwester veranlasst worden.
- Kleinere Kinder wurden in Stresssituationen zu fest an der Hand gepackt.
- Es wurden Maßnahmen des Freiheitsentzugs in unterschiedlicher Intensität angewandt. Vom einfachen „Ins-Zimmer-Schicken“ bis hin zum Zwang, über mehrere Tage hinweg die freien Zeiten im Zimmer verbringen zu müssen. Dass Kinder in ihr Zimmer gehen mussten, wird als „gängiges Erziehungsmittel“ bezeichnet. Zudem wurden auch andere Formen des „Arrests“ praktiziert wie Hausarrest, (Wasch)küchenarrest, Hausmeisterarrest. Es wird auch berichtet, dass Kinder in einer Kammer oder in ihrem eigenen Zimmer eingesperrt wurden.
- Ein überforderter Betreuer lieferte zwei Jungen nachts zu Hause in ihrem Elternhaus ab.
- Eine Erzieherin plante, einen in ihren Augen besonders anstrengenden Jungen im Rahmen einer Freizeitfahrt an einem Pflock anzubinden und nahm dafür ein Seil mit. Das Vorhaben wurde aber tatsächlich nicht umgesetzt.

[1] Auch wenn in den Interviews ohne weitere Ausführungen und selten der Begriff „Festhaltetherapie“ fällt, wirkt es so, als dass die von Martha Welch entwickelte und von Jirina Prekop in Deutschland verbreitete „Festhaltetherapie“ einen starken Einfluss auf die Arbeit im St Augustinusheim hatte. Obwohl das Festhalten als erzieherische Praxis häufig erwähnt wird, wird es in den meisten Interviews nicht kritisch reflektiert. Daher kann vermutet werden, dass diese spezielle Form der Intervention auch während des Untersuchungszeitraums nicht in der erforderlichen Differenziertheit reflektiert wurde. Die „Festhaltetherapie“ ist keine anerkannte Form der Psychotherapie und wurde für Kinder mit Bindungsstörungen entwickelt, bei der durch intensives „aggressionsfreies“ Festhalten Bindungsstörungen aufgelöst werden sollen. Hier ist nicht der Ort, um genauer auf die Auseinandersetzungen zur „Festhaltetherapie“ einzugehen. Jedoch gibt es Positionen, wonach das Festhalten als Gewalt gegenüber Kinder qualifiziert wird, die traumatisierend wirken kann und unter Umständen einen Straftatbestand (Körperverletzung, Misshandlung von Schutzbefohlenen, Nötigung) darstellt. (vgl. https://de.wikipedia.org/wiki/Festhaltetherapie).

- Da sich ein Mädchen gegen eine Impfung wehrte, wurde ihr die Luft abgedrückt, bis sie schwach geworden sei. Dasselbe Mädchen wurde beim Fiebermessen in ihr Bett gedrückt, worauf ihr das Thermometer gewaltvoll anal eingeführt wurde. Ebenfalls gewaltvoll wurde ihr ein Inhalationsgerät an den Mund gedrückt, sodass sie kaum atmen konnte. Alle Maßnahmen waren medizinisch indiziert. Ihre Widerstände gegen diese unangenehmen Behandlungen wurden mit Gewalt übergangen.
- Es wird mehrfach berichtet, dass Kinder von Betreuer*innen kalt abgeduscht wurden, damit sie sich beruhigen.

Physische Gewalt durch Kinder/Jugendliche

- Mehrere Interviewpartner*innen berichten von häufigen Streitigkeiten, Konflikten und auch körperlichen Auseinandersetzungen zwischen den betreuten Kindern/Jugendlichen. Auch von Gewaltexzessen und heftigen Prügeleien ist in diesem Zusammenhang die Rede. Kinder/Jugendliche haben andere zusammengeschlagen und dabei auch verletzt.
- In unspezifischer Weise wird von Kindern/Jugendlichen mit hohem Aggressionspotenzial berichtet, die „austickten“, „tobten“ und „randalierten“.
- Ehemalige Betreuer*innen berichten, dass es immer wieder notwendig war, jüngere Bewohner*innen vor älteren zu schützen.
- Da sie ihn beleidigt hatte, schleifte ein Jugendlicher eine Mitbewohnerin an den Haaren durch die Gruppenräume.
- Als zwei Jungen den Tisch decken sollten, begannen sie mit Messern und Gabeln um sich zu werfen. Von einer Gabel wurde ein Mädchen am Kopf getroffen, sodass sie massiv blutete und medizinisch versorgt werden musste.
- Nachdem ein Jugendlicher zwei Kinder geärgert und geschlagen hatte, wurde er von einem anderen Jugendlichen gezwungen, sich selbst einen Stift anal einzuführen.
- Ein Jugendlicher stand mit einem Messer in der Gruppe und drohte, jemanden „abzustechen“. In weiterer Folge kam es zu einem Handgemenge mit einem Erzieher.
- Kinder/Jugendliche haben die Grenzen ihrer Betreuer*innen verletzt, indem sie sie geschubst, gestoßen, angespuckt, getreten und geschlagen haben.
- Im Rahmen einer Auseinandersetzung schubste ein Jugendlicher einen Betreuer gegen eine Glastür, die dadurch zu Bruch ging. (Es wird auch von einer Situation berichtet, in der ein Jugendlicher einen Betreuer gestoßen habe, worauf dieser „blöd gefallen“ sei und sich verletzt habe. Es ist unklar, ob es sich dabei um dieselbe Situation handelte).

- Ein Jugendlicher schlug eine Betreuerin und trat mit seinem Knie in ihren Magen. Sie drückte ihn dann für längere Zeit zu Boden und sperrte ihn schließlich in sein Zimmer.
- Ein Jugendlicher habe ein Messer nach einem Erzieher geworfen.
- Ein Jugendlicher warf einem Betreuer „riesige Holzdinger" hinterher.
- Ein Jugendlicher verfolgte eine Betreuerin, die in höchster Not in das Büro eines männlichen Kollegen flüchtete.
- Als der Vater eines Mädchens zu Besuch kam, flüchtete dieses gerade vor einem Angriff eines Jungen. Daraufhin schlug dieser Junge auf den Vater ein.

6.2.2 Psychische Gewalt

Psychische bzw. emotionale Gewalt zielt direkt auf die Persönlichkeit und den Selbstwert eines Menschen ab. Betroffene werden von Täter*innen (dauerhaft) verächtlich behandelt bzw. verspottet, indem ihre Persönlichkeitseigenschaften und/oder ihr Äußeres abgewertet werden, indem sie unter (Erfolgs-)Druck gesetzt werden, sie in ihrer Leistungsfähigkeit überfordert werden, ihnen mit (körperlicher) Gewalt oder Ausgrenzung gedroht wird, indem sie isoliert oder in ihrer Freiheit/Selbstbestimmung eingeschränkt werden und/oder indem sie und ihre Bedürfnisse ignoriert oder nicht wahrgenommen werden.

Psychische Gewalt durch Personal

- Überforderte Betreuer*innen brüllten Kinder/Jugendliche wiederholt laut an.
- Ein Mädchen sollte das Essen, das sie mittags verweigert hatte, zu Abend essen. Weil sie sich wieder weigerte, wurde ihr dasselbe Essen am nächsten Morgen vorgesetzt. Während der gesamten Zeit wurde ihr jegliches anderes Essen vorenthalten.
- Während einer Ferienfahrt wurde ein Junge von einer Betreuerin gezwungen sein Essen aufzuessen. Andernfalls durfte er nicht zu den anderen nach draußen.
- Es wurde mit „kleinen Erpressungen" gearbeitet, indem z. B. mit dem Entzug angenehmer Aspekte des Alltags (Fernsehen, Nachtisch, …) gedroht wurde. Eine Sanktion bestand im Einbehalten des Taschengelds. Einem Kind wurden seine Musik- bzw. Hörspielkassetten weggenommen, damit nachts Ruhe herrscht.
- Betreuer*innen sprachen manchmal unangemessene Sanktionen aus, z. B. sechs Wochen Fernsehverbot. Ihr Erziehungshandeln erschien zuweilen unberechenbar.

- Ein Junge mit Behinderung, der sich gegen medizinische Maßnahmen wehrte, wurde von Betreuenden massiv unter Druck gesetzt, um seinen Widerstand zu brechen.
- Kinder wurden von Betreuer*innen verbal niedergemacht. Es gab auch abschätzige verbale Äußerungen gegen Kinder wie „Ich hab‘ keinen Bock mehr“, „Verschwind‘ jetzt!“ oder „Geh‘ ins Zimmer“.
- Einem Erzieher wurde „überbordende Strenge“ und das „Ausleben von Machtphantasien“ nachgesagt. Von diesem Betreuer wird zudem berichtet, dass er Kinder beleidigt, beschämt, ausgelacht und sie lächerlich gemacht habe.
- Auf bestimmte Betreuer*innen reagierten Kinder mit erkennbarer Angst (unter dem Tisch verschwinden, zusammenzucken, erstarren, still stehen).
- In einer Gruppe wurde das Vorenthalten von zu viel Zuwendung und Aufmerksamkeit als Erziehungsprinzip propagiert. Dort herrschte eine Atmosphäre von Kälte und Unnahbarkeit, weil absichtlich auf eine Beziehungsebene zu den Betreuten verzichtet wurde. Man beschränkte das erzieherische Handeln bewusst darauf, Ordnung in der Gruppe herzustellen.
- Ein Mädchen wurde sowohl von anderen Bewohner*innen als auch vom Personal geschimpft, weil sie weinte.
- Ein Zivildienstleistender habe einen Jungen – zum Spaß – „Hurensohn“ genannt.
- Kinder/Jugendliche wurden zum Teil in schlecht ausgestatteten Räumlichkeiten betreut. Dabei wurden ihnen z. B. gemütliche Möbel, Spielsachen, Bücher und Musik vorenthalten.
- Jugendlichen wurde das Ausüben einer selbstbestimmten Sexualität innerhalb der Einrichtung verboten.

Psychische Gewalt durch Kinder/Jugendliche

- Unspezifisch wird davon gesprochen, dass Kinder psychische Gewalt gegen andere Kinder ausübten. Einzelne Kinder hätten ganze Gruppen komplett „gesprengt“.
- Es wird von machtfähigen, gestörten Jugendlichen gesprochen, die andere Jugendliche benutzt hätten, um ihre eigenen Interessen durchzusetzen.
- Von einem Jugendlichen wird berichtet, dass er eine besondere Fähigkeit zur Manipulation anderer Bewohner*innen besaß und dadurch in der Gruppe eine ausgeprägte Machtfülle anhäufte. Er habe andere Kinder/Jugendliche erpresst und unter Druck gesetzt.
- Jugendliche, die schon seit längerer Zeit in der Einrichtung waren, organisierten sich, um andere unter Druck zu setzen.
- Kinder hatten Angst vor anderen Kindern oder Jugendlichen.

- Kinder haben sich häufig gegenseitig angeschrien und einander beschuldigt.
- Kinder/Jugendliche aus den Jugendhilfegruppen hätten Kinder/Jugendliche mit Behinderung „nicht wertgeschätzt".
- Kinder/Jugendliche hänselten einander, werteten einander ab, bezeichneten andere wiederholt als „dumm". Über einen Bewohner, der Windeln tragen musste, machten sich die anderen gerne lustig.
- Es sei leicht zu übersehen gewesen, wenn einzelne Bewohner*innen von anderen absichtlich ignoriert wurden.
- Ein Jugendlicher habe die Puppen einer jüngeren Mitbewohnerin kaputt gemacht.
- Sehr häufig kam es zu Bedrohungen und Androhungen von Gewalt. Eine schwangere Mitarbeiterin wurde von einem Bewohner mit den Worten „Ich trete dir in den Bauch!" bedroht.
- Insbesondere weibliche Interviewpartnerinnen berichten, dass sie damals oft Angst davor hatten, ihre Dienste anzutreten.
- Weibliche Mitarbeiterinnen wurden mit Begriffen wie „Hure", „Nutte" oder „Fotze" regelmäßig sexistisch beleidigt.
- Kinder/Jugendliche haben Betreuer „in die Ecke gestellt" und „fertiggemacht".

6.2.3 Vernachlässigung

Vernachlässigung beinhaltet eine offensichtliche und beharrliche Missachtung elementarer körperlicher und seelischer Bedürfnisse eines Menschen. Heranwachsende werden z. B. vernachlässigt, wenn sie von ihren Bezugspersonen unzureichend ernährt, gesundheitlich versorgt und gepflegt werden. Ebenso, wenn sie einen Mangel an positiver affektiver Kommunikation erleben, eigene Bedürfnisse unterdrücken und sich vorrangig an äußere Anforderungen anpassen müssen. Vernachlässigt werden Heranwachsende darüber hinaus, wenn sie mangelhaft beaufsichtigt und/oder nicht vor Gefahren und Gewalt geschützt werden. Aufgrund von Mangelversorgung erleben vernachlässigte Heranwachsende sowohl emotionale als auch körperliche Gewalt in passiver Form und werden unzureichend in ihrer Entwicklung gefördert.

Bevor weiter unten Vernachlässigungsphänomene aufgelistet werden, die sich auf den Untersuchungszeitraum beziehen, folgen an dieser Stelle einige Bemerkungen zu den 1960er und 1970er-Jahren, als das St. Augustinusheim ein von Klosterschwestern geführtes Säuglings- und Mutter-Kind-Heim war. Die Berichte interviewter Zeitzeuginnen ergeben hierzu ein einheitliches Bild massiver Vernachlässigung der untergebrachten Säuglinge und Kleinkinder. Verstärkend kommt aus den Recherchen im Generallandesarchiv Karlsruhe der Befund einer von der Heimaufsicht oftmals beanstandeten Überbelegung hinzu, die bis zu einer Verdopplung der vereinbarten Heimplätze ging.

Eine ehemalige Mitarbeiterin berichtet von einer kargen, sterilen und funktionalen Einrichtung. In den Räumen hätten sich nur Betten, ein Wickeltisch und ein Schrank für Kleider und Windeln befunden. Die Kinder hätten auf einem Linoleumboden ohne Teppich, ohne kindgerechte Stühle und Möbel gespielt. Zum Schlafen seien sie an ihre Matratze gebunden worden. Sie seien morgens und abends wie am Fließband mit einem schlecht riechenden Brei gefüttert worden. Man sei nur mit bevorzugten Kindern und nur selten nach draußen gegangen.

Ehemalige Bewohnerinnen bestätigen dieses Klima der Vernachlässigung. Kinder hätten Besucher*innen angefleht, von diesen mitgenommen zu werden. Über eine Interviewpartnerin ist bekannt, dass sie damals ein deutliches Hospitalismus-Syndrom entwickelt habe. Nach der Adoption mit ca. drei Jahren habe sie noch nicht altersgerecht kauen können und sei mangelernährt gewesen. Kleidung und Schuhe waren völlig unzureichend. Da sie Hämatome am Körper hatte, nahm ihre Adoptivmutter an, dass sie auch geschlagen worden sei.

Eine andere frühere Bewohnerin habe lange Zeit nicht laufen und nur wackelig stehen können, da die Kinder tagsüber häufig in ihren Bettchen gewesen seien. Sie erwähnt ebenfalls das Festbinden ans Bett. In den ersten Jahren sei sie häufig krank gewesen, wobei sie nachts immer wieder mit Atemnot aufwachte, da sie stark verschleimt war. Ihre Grundschulzeit war von einem tiefen Panikgefühl und einer Angst vor Verlassen-Werden geprägt. Auch ihr seien zum Zeitpunkt der Adoption keine Kleider mitgegeben worden.

Die hier in komprimierter Form wiedergegebenen Berichte über das St. Augustinusheim der 1960er und 1970er-Jahre vermitteln den Eindruck einer Kleinkinderverwahranstalt mit dem Ziel einer Übergabe der Kinder in eine Pflege- oder Adoptivfamilie. Dabei wurde aufgrund mangelhafter Personalressourcen, eines von Lieblosigkeit geprägten Pflege- und Erziehungsverständnisses und einer chronischen Überbelegung keine entwicklungsgerechte individuelle Förderung realisiert.

Bezogen auf den Untersuchungszeitraum (1985–1997) werden folgende Aspekte von Vernachlässigung berichtet:

- Die Entwicklungsförderung der betreuten Kinder/Jugendlichen wurde primär an Einrichtungen außerhalb des St. Augustinusheimes delegiert. In den Gruppen der Kinder/Jugendlichen mit Behinderung wurde vor allem darauf geachtet, dass die Kinder sauber und gepflegt waren. Heilpädagogische oder pädagogische Förderung wurde – zumindest in bestimmten Phasen – vernachlässigt.

- Von schwerst behinderten Kindern/Jugendlichen wird berichtet, dass sie in ihrer eigenen Welt lebten und keine Interaktion mit anderen Kindern/Jugendlichen gefördert wurde.
- Schwerst behinderte Kinder/Jugendliche wurden im obersten Stockwerk untergebracht, sodass es besonders kompliziert war, mit ihnen nach draußen zu gehen.
- Eine frühere Bewohnerin berichtet, dass sie meistens Angst hatte und sich von den Betreuer*innen nicht wahrgenommen und gesehen gefühlt habe. Gerade dadurch, dass sie ihrer vertrauten familiären Umgebung entrissen worden war, hätte sie mehr Zuwendung und Sicherheit gebraucht.
- Betreuer*innen haben sich nicht ausreichend für das Befinden der Kinder/Jugendlichen interessiert und auf entsprechende Nachfragen weitgehend verzichtet.
- Eine ehemalige Bewohnerin berichtet, dass Betreuer*innen nichts dagegen unternahmen, dass sie von anderen Kindern/Jugendlichen geschlagen wurde.
- Eine Bewohnerin sei in der Einrichtung nicht gegen wiederholten sexuellen Missbrauch durch einen Jugendlichen geschützt worden.
- Eine ehemalige Bewohnerin berichtet, dass sich ihre Oma um eine geeignete Unterbringung für ihr Enkelkind bemühte, während sich das Personal im St. Augustinusheim offenbar hauptsächlich für einen reibungslosen Ablauf des Alltags interessierte.
- Ehemalige Bewohner*innen beklagen, dass sie vollkommen fremdbestimmt zwischen Elternhäusern und Einrichtungen „hin- und hergeschoben“ wurden.
- Es gab in der Einrichtung kaum Spielflächen.
- Viele Kinder waren in zu kleinen Mehrbettzimmern mit gemischtgeschlechtlicher Belegung untergebracht. Nur ältere Bewohner*innen hatten ein Einzelzimmer.
- Die Wohngruppen seien vom Treppenhaus aus einsehbar gewesen. Eine Wohngruppe sei als Durchgangsraum benutzt worden, obwohl dies eigentlich untersagt war.
- Eine Bewohnerin berichtet, dass sie schon früh zu rauchen begonnen habe, da ein Erzieher gerne seinen Tabak auf dem Balkon liegen ließ. Sie habe schon in jungen Jahren zunehmend Kontakt zu kriminellen Kreisen außerhalb des Heims bekommen. Mit vierzehn sei sie nachts um die Häuser gezogen und habe begonnen Drogen zu konsumieren. Anfangs habe sie deswegen noch Ärger mit den Betreuer*innen bekommen; diese hätten aber bald nichts mehr von ihren nächtlichen Ausflügen mitgekriegt bzw. sich nicht mehr darum gekümmert.
- Wenn junge Menschen aufgrund ihrer Volljährigkeit aus dem Heim ausziehen mussten, erhielten sie keine ausreichende Begleitung. Eine frühere Bewohnerin berichtet eindringlich davon, wie sie sich von einem Tag auf den anderen alleine gelassen fühlte, nachdem sie aus der Einrichtung, die zu ihrer „zweiten Familie“ geworden war, entlassen worden war.

6.2.4 Sexualisierte Gewalt

Sexualisierte Gewalt dient der Befriedigung emotionaler und sexueller Bedürfnisse der Täter*innen, wie z. B. sexuelle Stimulation, Nähe, Macht, Dominanz unter Ausnutzung eines Machtungleichgewichts zum Schaden der Betroffenen. Üben Erziehende sexualisierte Gewalt gegen Heranwachsende aus, so nutzen sie deren Bedürfnisse nach Zuwendung und Nähe, deren Vertrauen, Neugier, Abhängigkeit, Unwissenheit und deren eingeschränkte Fähigkeit zur sexuellen Selbstbestimmung aus. Dadurch beinhaltet sexualisierte Gewalt auch Handlungen, bei denen es nicht zu körperlicher Gewaltanwendung kommt. Sexuelle Peer-Gewalt beinhaltet sexuelle Handlungen, die von Kindern/Jugendlichen gegen andere Kinder/Jugendliche unter Einsatz von Manipulationen, Zwang, Erpressung und/oder ebenfalls unter Ausnutzung von Machtasymmetrien initiiert werden.

Sexualisierte Gewalt und Verletzungen der sexuellen Selbstbestimmung durch Personal

- Ein jugendliches Mädchen, das sexualisierte Gewalt durch ihren Vater erfahren hatte, sei beim Wecken von einem männlichen Betreuer am Gesäß berührt worden. In einer anderen Situation habe sich dieser Betreuer – als Strafmaßnahme, weil sie etwas angestellt hatte – mit diesem Mädchen in der Toilette eingeschlossen, was für sie äußerst irritierend und unangenehm war.
- Ein Junge mit schwerem Autismus schrieb einer Betreuerin mithilfe gestützter Kommunikation, dass ihm ein Betreuer „immer Öl auf seinen Popo tat“ und dass dies weh getan habe. Dieser Betreuer arbeitete zu diesem Zeitpunkt schon seit mehreren Jahren nicht mehr in der Einrichtung.
- Ein Mitarbeiter habe Jungen sehr explizit gezeigt, wie sie sich am Penis waschen sollten. Die Schilderung dazu ist aber unklar und mit starken Zweifeln behaftet.
- Berichten zufolge habe ein männlicher Kollege mit einem Kind geduscht. Zum Kontext gibt es keine näheren Angaben.
- Ein jugendliches Mädchen, bei dem der Verdacht auf sexuellen Missbrauch im familiären Kontext bestand, habe sich darüber beschwert, dass sie von einem Mitarbeiter abends gestreichelt würde. Dieser gab an, dass er sie nur am Arm gestreichelt hätte.
- Trotz der klaren Mitteilung eines Mädchens habe ein Betreuer nicht damit aufgehört sie mit einem Igelball zu massieren.
- Ein Erzieher versuchte, in eine körperliche Auseinandersetzung zwischen zwei Bewohnerinnen einzugreifen. In diesem Zusammenhang rutschte einem der

beiden Mädchen (ca. 14/15 Jahre alt) das T-Shirt ihres Schlafanzugs hoch, sodass sie sich gegenüber dem männlichen Betreuer entblößt gefühlt habe. Das Mädchen gibt an, dass es sich hier nicht um bewusste Gewalt gehandelt hat, dass es ihr aber sehr unangenehm gewesen wäre, von einem erwachsenen Mann so gesehen worden zu sein.

- Im Album einer Gruppe für Kinder/Jugendliche mit Behinderung gab es zwei auffällige Fotos: Auf einem sieht man einen Jungen mit halb erigiertem Penis im Badezimmer; auf dem anderen Foto ist ein Junge abgebildet, der auf der Toilette sitzt.
- Aus Sorge, dass sie schwanger werden könnte, wurde einer jugendlichen Bewohnerin mit Behinderung eine 3-Monats-Verhütungsspritze verabreicht, was als Einschränkung gegen ihre sexuelle Selbstbestimmung aufgefasst werden kann.
- Von dem Verwaltungsleiter des St. Augustinusheimes war bekannt, dass er mehrfach junge Kolleginnen in sexualisierter Weise „anmachte".
- Es gab mehrere sexuelle Beziehungen zwischen Mitarbeitenden. In einem Fall ist bekannt, dass diese im Rahmen eines deutlichen Abhängigkeitsverhältnisses zwischen Gruppenleiter und Praktikantin stattfand.
- Es werden sexuelle Handlungen zwischen Mitarbeitenden in den Räumlichkeiten des St. Augustinusheimes berichtet, von denen die Kinder/Jugendlichen Kenntnis hatten.

Sexualisierte Gewalt und Verletzungen der sexuellen Selbstbestimmung durch Kinder/Jugendliche

- Mehrere Interviewpartner*innen geben an, dass sie davon ausgehen, dass es ein größeres Ausmaß an sexuellen Handlungen und sexuellen Grenzverletzungen zwischen Kindern/Jugendlichen gegeben habe, dass Vieles davon aber im Verborgenen geblieben ist.
- Generell wird davon gesprochen, dass es Kinder in der Einrichtung gab, die sexualisiertes Verhalten gezeigt haben.
- Ein Jugendlicher mit Behinderung beging mehrfach schweren sexuellen Missbrauch an einem Mädchen aus einer der Jugendhilfegruppen.
- Mehrere Kinder verbarrikadierten sich in ihrem Zimmer, um „sexuelle Spiele" zu spielen, die ein Mädchen als extrem belastend empfand.
- Ein pubertierender Junge habe vor anderen Jungen onaniert. Dies geschah häufig auch hinter verschlossenen Türen, sodass davon ausgegangen wird, dass sich mehrere Jungen an vielfältigen sexuellen Handlungen beteiligt haben.

- Ein etwa 10-jähriger Junge sei dadurch aufgefallen, dass er sich in emotionalen Erregungszuständen häufig die Hose heruntergezogen und seinen Penis so stark gerieben habe, bis dieser blutete.
- Ein 8-jähriges Mädchen zeigte aufgrund eigener sexualisierter Gewalterfahrungen ein hochsexualisiertes Verhalten, versuchte sich häufig auf den Schoß männlicher Mitarbeiter zu setzen und sich an ihnen zu reiben.
- Ein Kind, von dem bekannt war, dass die Mutter zu Hause als Prostituierte arbeitete, fiel in der Einrichtung dadurch auf, dass es sexuelle Handlungen nachgestellt/nachgespielt habe.
- Ein acht- oder neunjähriges Kind habe sich „sehr" an einem anderen Kind gerieben.
- Ein hoch auffälliger Junge, der in der Einrichtung nicht dauerhaft tragbar war, habe sich häufig zu anderen Kindern ins Bett gelegt.
- Ein als „freizügig" bezeichnetes Mädchen habe in der Einrichtung und in der Öffentlichkeit immer wieder mal ihren Pullover hochgezogen (um ihre Brüste zu zeigen).
- Wenn kein Personal im Raum war, kam es zu sexuellen Handlungen/Grenzverletzungen zwischen Bewohner*innen im Wohnzimmer. Über die Art der Handlungen sowie Alter und Geschlecht der Beteiligten ist nichts bekannt.
- Es wird von sexuellen Anspielungen berichtet, die jugendliche Bewohner gegenüber als attraktiv bezeichneten Mitarbeiterinnen machten.
- Ein jugendliches Mädchen habe einen Mitarbeiter beschuldigt, einen sexuellen Übergriff gegen sie begangen zu haben. Jahre später erzählte sie einem anderen ehemaligen Mitarbeiter, dass ihre damalige Beschwerde keine reale Grundlage hatte.

Die in diesem Kapitel geschilderten Gewaltvorkommnisse, Grenzüberschreitungen und Gefährdungen waren Teil des Sozialisationsmilieus im St. Augustinusheim zwischen 1985 und 1997, aber sie waren nicht konstitutiv für das pädagogische Klima in den meisten Gruppen. Unsere Interviewpartner*innen und die meisten ihrer Kolleg*innen vertraten schon damals eine prinzipiell grenzachtende und wertschätzende Pädagogik, sodass es eine gewisse Parallelität zwischen Gefährdungen und positiven Erfahrungen in der Einrichtung gab. Das Argument, dass die geschilderten Gewaltvorfälle in ähnlicher Weise wahrscheinlich auch in den meisten anderen stationären Einrichtungen der Kinder- und Jugendhilfe (und Behindertenhilfe) vorkamen, macht es umso notwendiger, sich mit den Hintergründen dieser Probleme eingehend zu beschäftigen. Entsprechende Analysen werden im folgenden Kapitel vorgenommen.

Risikofaktoren

7

Inhaltsverzeichnis

P. Caspari et al., *Die pädagogische Praxis und der Umgang mit Gewalt im St. Augustinusheim des SkF Freiburg e.V. zwischen 1985–1997*, Sexuelle Gewalt in Kindheit und Jugend: Forschung als Beitrag zur Aufarbeitung,
https://doi.org/10.1007/978-3-658-51513-3_7

7.1 Personalbezogene Risikofaktoren

7.1.1 Überforderung

Anhand der vorliegenden Daten lässt sich mit einiger Berechtigung feststellen, dass die Überforderung des Personals im Zentrum jener Risikokonstellationen stand, die für das St. Augustinusheim sowohl für den Untersuchungszeitraum als auch zumindest noch für die ausgehenden 1990er-Jahre nachgewiesen werden können. Das Phänomen der Überforderung ist hierbei nicht isoliert zu betrachten. Es hat seinen Ursprung in institutionellen Rahmenbedingungen und interagiert mit den Bedarfen und Verhaltensmanifestationen der in der Einrichtung untergebrachten Kinder und Jugendlichen. Vor diesem Hintergrund lässt sich zeigen, in welcher Weise die Überforderung des Personals zur Entstehung von Gewalt beigetragen hat.

Im ersten Teil dieses Kapitels werden daher die institutionellen Strukturbedingungen dargestellt, die für die Überforderung des Personals verantwortlich gemacht werden können. Daran anschließend wird Überforderung sowohl als Folge der spezifischen Problemlagen der Betreuten als auch als Einflussfaktor für die Verschärfung dieser Problemlagen dargestellt. Dies leitet zu dem Nachweis über, dass das Personal nicht nur pädagogische Fehlentscheidungen traf, sondern in Überforderungssituationen auch anfällig war für das Überschreiten von Grenzen und die Ausübung von Gewalt.

Institutionelle Strukturbedingungen

Eine kaum überschaubare Vielzahl von Berichten legt die Erkenntnis nahe, dass die Überforderung des Personals im Wesentlichen aus zwei Strukturbedingungen resultierte, die für den gesamten Untersuchungszeitraum nachweisbar sind: Überbelegung und Personalmangel. Die Persistenz dieser Bedingungen führte zu einem relevanten Ausmaß an Personalfluktuation und zu der Anforderung an alle neuen Mitarbeiter*innen, innerhalb relativ kurzer Zeit ein hohes Maß an Verantwortung zu übernehmen und sich unter riskanten Arbeitsbedingungen bewähren zu müssen. In der Gesamtschau der Interviewdaten zeigt sich, dass es in Bezug auf diese Probleme zwar gewisse zeitliche Schwankungen gab, dass aber kein Trend in Richtung einer grundlegenden Entspannung grundsätzlich prekärer Arbeitsbedingungen zu erkennen ist, die durch die Kombination aus Überbelegung und Personalmangel charakterisiert waren. Erkennbare Versuche, für diese strukturellen Probleme tragfähige Lösungen zu finden, sind nicht nachweisbar.

Ehemalige Mitarbeitende berichten, dass die Gruppen „voll bis zur Oberkante“ (M_Interview 8) waren, wobei es vorkam, dass drei oder vier Kinder mehr in der jeweiligen Gruppe betreut wurden als eigentlich vorgesehen war:

> „Da wurde halt noch ein Etagenbett rein gestellt oder so“ (M_Interview 29).

Im Extremfall ist von einer Gruppenbelegung von 13 oder 14 Kindern/Jugendlichen (bei einer festgelegten Obergrenze von neun) die Rede. Es erstaunt daher kaum, dass Mitarbeitende ihre Arbeit in diesem Kontext mit einem „Hamsterrad“ vergleichen oder gar von „Horror“ sprechen (M_Interview 9). Man hatte „hammerhart viel Arbeit und Verantwortung“ (M_Interview 9) zu tragen, die „inhaltlich eigentlich so nicht zu vertreten“ war, die man aber „irgendwie hingekriegt“ habe (M_Interview 24). Ein ehemaliger Zivildienstleistender glaubt sich zu erinnern, dass er „zwei oder drei Monate am Stück frei“ hatte, um die bis dahin angesammelten Überstunden abfeiern zu können (M_Interview 5). Immer wieder wird auf die tragende Bedeutung von Zivildienstleisten und Praktikant*innen für die Aufrechterhaltung der Funktionalität der Einrichtung hingewiesen, z. B. auch, um den besonderen Anforderungen der Arbeit mit Kindern/Jugendlichen mit Behinderung einigermaßen gerecht werden zu können:

> „Und ich habe dann relativ schnell auch alleine gearbeitet, also mit einem Zivi zusammengearbeitet. Und, ähm, ja, weil ganz alleine konnte man das gar nicht packen, die ganze Arbeit, das war echt schwierig. Da war schon sehr viel Pflegerisches zu tun“ (M_Interview 7).

Diese Schilderung verweist prägnant auf strukturell angelegte Überforderungspotenziale, da die Interviewpartnerin nicht nur ihre Abhängigkeit von der Arbeit des Zivildienstleistenden zur Sprache bringt, sondern zudem berichtet, dass sie „relativ schnell alleine gearbeitet“ hat, d. h. als unerfahrene Fachkraft mit einem hohen Maß an Verantwortung belastet wurde. Vor diesem Hintergrund ist die Feststellung nicht weiter erklärungsbedürftig, dass man „das ganz alleine gar nicht packen konnte“.

In Bezug auf strukturell bedingte Überforderung unterscheiden sich die Interviewpartner*innen darin, ob sie dieses Phänomen als gleichsam zur stationären Jugendhilfe gehörig naturalisieren oder aber den spezifischen Kontext des St. Augustinusheimes in ihren diesbezüglichen Überlegungen berücksichtigen. Einige Befragte stellen einen Zusammenhang zwischen der andauernden Überbelegung und den wirtschaftlichen Interessen der Einrichtung her, die – wie sich im Nachhinein herausstellte – wesentlich von den kriminellen Ambitionen des Heimleiters kontaminiert waren. Berichte deuten darauf hin, dass die Überforderung des

Personals nicht nur vom Heimleiter, sondern offenbar von der gesamten Leitungsebene als alternativlos konstruiert und kommuniziert wurde: Man musste überbelegen, um den ökonomischen Zwängen des „Jugendhilfegeschäfts" gerecht zu werden.

> „Das war nicht gut. Also das ging auf Kosten der Mitarbeiter dort, das wurde, auf deren Rücken irgendwie wurde da Geld rein geholt" (M_Interview 29).

> „Da wir latent angehalten waren, die Gruppen eigentlich mindestens voll zu besetzen mit Kindern. Es waren immer finanzielle Nöte in der Einrichtung – was sich ja im Nachhinein als heftiges (lacht), wie soll ich sagen, äh, Ausnützen von Macht herausgestellt hat" (M_Interview 24).

Die per se verhängnisvolle Logik, wonach die Kombination möglichst geringer Personalkosten und hoher Belegung mit wirtschaftlichem Erfolg belohnt wird, erfuhr durch die kriminellen Machenschaften des Heimleiters eine zusätzliche Verschärfung: Geld wurde nicht nur für den Einrichtungsträger erwirtschaftet, sondern auch für die persönliche Bereicherung des Heimleiters. Die Wirkmächtigkeit des wirtschaftlichen Arguments ergibt sich aus der mit ihm verbundenen Suggestion der Existenzbedrohung. Indem darauf hingewiesen wird, dass die Einrichtung nicht überleben könne, wenn die Mitarbeitenden nicht zur Selbstüberforderung bereit seien, werden Handlungsspielräume a priori eingeschränkt. Die Rahmenbedingungen, unter denen Fachkräfte und Zivildienstleistende zu arbeiten hatten, konnten von diesen daher kaum beeinflusst werden. Die folgende Schilderung mutet daher nicht nur moderat, sondern auch durchaus resignativ an:

> „Die normale Gruppengröße war so acht bis neun, hab ich im Kopf, vielleicht auch mal zehn. Aber ich weiß schon, dass es manchmal auch viel war einfach. Und dann haben wir schon sehr drauf gedrungen zu sagen, man braucht Doppeldienste, das geht nicht anders. Die Verantwortung kann einer allein gar nicht übernehmen für so einen großen Haufen von Kindern. Aber das gab's auch immer wieder, dann mussten wir es halt dementsprechend organisieren" (M_Interview 22).

Nichts deutet darauf hin, dass man sich auf Leitungsebene für die Veränderungswünsche interessierte, auf die die Fachkräfte „schon sehr gedrungen" hatten. In den im Rahmen dieser Studie geführten Interviews findet sich kein Hinweis darauf, dass zur Entlastung der Mitarbeiter*innen Personal aufgestockt und/oder die Belegung mit Kindern/Jugendlichen im vorgesehenen Rahmen gehalten wurde. Vielmehr sei – den Ausführungen einer ehemaligen Mitarbeiterin zufolge – „immer mit dem Minimum gerechnet" worden (M_Interview 29). Dieses Minimum bezieht sich auf eine Personaldecke, die das Risiko für Überforderungssituationen strukturell produzierte. Das knappe personelle Kalkül konnte im besten Fall nur dann aufgehen, wenn die vorhandenen Personalressourcen auch tatsächlich verfügbar waren. Dass dies nicht der Fall war, ist wiederum auf die Rahmenbedingungen zurückzuführen, unter denen im St. Augustinusheim pädagogische Arbeit geleistet wurde. Viele Erzählungen aus den Interviews weisen nämlich darauf hin, dass der Umgang mit den Manifestationen dieser aversiven Arbeitsbedingungen an die Subjektebene delegiert wurde: Entweder man war in der Lage, sich in diesem beruflichen Umfeld zu bewähren oder man sah sich gezwungen, dem Modus der Überforderung irgendwann Tribut zu zollen: Man arbeitete nicht mehr mit der nötigen pädagogischen Sorgfalt, wurde krank und/oder kündigte.

Da also die Strukturbedingungen aufgrund wirtschaftlicher Notwendigkeiten als alternativlos naturalisiert wurden, bestand die Variable, die über Gelingen oder Nicht-Gelingen des Arbeitsauftrages entschied, in der persönlichen Kompetenz der Mitarbeitenden: Entweder man war gut, stark, hart und widerstandsfähig genug oder man musste kapitulieren. Der Erfolg der Arbeit wurde zu einer Angelegenheit, die man sich persönlich wahlweise zurechnen musste oder durfte. Daraus entstand eine Gruppendynamik, die implizit auf die strukturellen Defizite der Einrichtung verwies, aber auf der Handlungsebene die Aktivierung individueller Lösungspotenziale notwendig machte. Dies war vor allem dann der Fall, wenn Kolleg*innen – nicht zuletzt aufgrund der überfordernden Arbeitsbedingungen – krank wurden. In den folgenden Schilderungen zeigt sich eindrücklich, wie Mitarbeiter*innen durch die Arbeitsbedingungen im St. Augustinusheim an die Grenzen ihrer Belastbarkeit gebracht wurden. Die kurzfristige Lösung des jeweiligen Problems bestand in Gesten einer Art paternalistischen Fürsorglichkeit auf Seiten von Leitungspersonen:

> „Also ganz explizit habe ich eine Situation in Erinnerung, wo ich, ähm, da hatte ich einen kranken Kollegen/Kolleginnen und ich habe ziemlich viel allein Dienste gehabt und habe ziemlich viel gearbeitet auch, wenig frei gehabt. Und dann bin ich irgendwann zusammengekracht und war da heulend auf der Gruppe. Und da kam sie [Erziehungsleitung, Anm. d. A.] dann einfach und hat dann, hat das aufgefangen tatsächlich, ja – zum Beispiel" (M_Interview 17).

Die Erzählung einer anderen Interviewpartnerin spiegelt ein ähnliches Muster wider:

> „Wir haben zu dritt diesen Laden geschmissen. Ich war dann nach, ich weiß nicht wie vielen Diensten, dann so am Ende, ähm, dass ich dann irgendwann auch krank geworden bin und mein Gruppenleiter dann irgendwie an irgendeinem Tag mit einem Blumenstrauß zu mir nach Hause kam und gesagt hat, es tut ihm echt leid, einfach um sich zu entschuldigen für diese Belastung, die eigentlich war" (M_Interview 8).

Frappierend erscheint die Parallelität wesentlicher Aspekte der hier zum Ausdruck gebrachten Überforderungsdynamiken. Da es an Personal fehlte, gerieten diejenigen Fachkräfte, die noch in der Lage waren, ihren Dienst zu erfüllen, mit Fortdauer der Zeit immer stärker in Bedrängnis – bis zu jenem Punkt, an dem die Widerstandskräfte zusammenbrachen und eine Fortsetzung ihrer Arbeit nicht mehr möglich war. Es lässt sich mithin konstatieren, dass die Krankheit der Kolleg*innen früher oder später zur eigenen Erkrankung führen musste – ein untrügliches Symptom gravierender struktureller Defizite. In dieser Situation verrieten die Reaktionen der jeweils zuständigen Leitungskräfte den offenbar omnipräsenten Modus der personalen Attribution: Anstatt die strukturellen Bedingungen zu ändern, die allein zur Entschärfung der Arbeitssituation beitragen hätten können, wurden die heulenden Mitarbeiterinnen „aufgefangen“ oder mit einem Blumenstrauß besänftigt – verbunden mit einer Entschuldigung, deren zynischer Charakter so lange verdeckt blieb, solange nicht das überdauernde Prinzip von Überbelegung und Personalknappheit als konstitutiv für diese Einrichtung entlarvt wurde. Es gibt zudem Hinweise, dass die Leitungsebene selbst im Modus der Überforderung, den sie produzierte und reproduzierte, agierte. So ist von einer Erziehungsleitung die Rede, die in übergeordneter Position die Zuständigkeit für die gesamte Elternarbeit, für Hilfeplangespräche und Berichterstellung für alle in der Einrichtung untergebrachten ca. 40 Kinder/Jugendlichen für sich reklamierte. Zudem bestand ihre Aufgabe darin, das Vakuum zu füllen, das durch den häufig abwesenden Einrichtungsleiter entstand. Ein anderer Typus von Überforderung wird im Zusammenhang mit den als inkompetent erlebten Vorstandsfrauen geschildert, die nicht in der Lage waren, die Folgen der Aufdeckung der Betrugsdelikte des Einrichtungsleiters innerhalb der Einrichtung zu managen und eine verlässliche Kommunikationsebene mit der Belegschaft aufzubauen.

Es entsteht insgesamt das Bild einer unzureichend organisierten Einrichtung, in der strukturelle Defizite durch individuelles Agieren im Modus der Überforderung ausgeglichen werden sollten. Die institutionsgebundenen Ursachen der hier berichteten Zusammenbrüche blieben aber verborgen, obwohl sie von den Interviewpartner*innen unmissverständlich beim Namen genannt werden: Grenzenlose Arbeitsüberlastung aufgrund einer viel zu dünnen Personaldecke. Um diesen zentralen Sachverhalt eindringlich zu belegen, sei im Folgenden die Schilderung eines weiteren ehemaligen Mitarbeiters wiedergegeben, die ebenfalls die kaum kontrollierbaren Dynamiken zum Ausdruck bringt, die durch strukturelle Ressourcenverknappung freigesetzt werden:

> „Ich war sehr früh gefordert alleine zu arbeiten und auch alleine da zu sein mit, alleine Nachtbereitschaften zu machen. Obwohl es nicht so gewollt war, das ging einfach aus

> Krankheits-, wir hatten viele Krankheitsfälle im Team. Die eine Kollegin war, bin ich mir relativ sicher, auch Alkoholikerin, die war gar nicht mehr lange da, die ist auch weggebrochen, die konnte nicht mehr. Dann ging's wieder um die Einarbeitung einer neuen Kollegin. Das war einfach ein massiv hoher Stundenstand dann auch. Das war aber schon auch über ein, das war aber auch die drei Jahre so, das war längere Zeit so, dass immer wieder, und auch später so, es gab immer wieder mal Phasen, wo man 200, 300 Überstunden hatte. Das gab's immer wieder mal" (M_Interview 2).

Erneut zeigt sich die belastende Kettenreaktion, die durch Krankheitsfälle im Team ausgelöst wird. Man muss immer den Gesamtzusammenhang sehen: „Viele Krankheitsfälle", eine Kollegin, die dem Alkohol anheimfällt, Überforderung durch alleinige Nachtbereitschaften („obwohl es nicht so gewollt war") und das Kulminieren von Überstunden. Man bekommt den Eindruck einer zirkulären Dynamik, die sich vor dem Hintergrund persistierender Strukturdefizite immer wieder aufs Neue generiert. Es entstehen Überforderungsschleifen, in denen der Zusammenbruch einzelner Mitarbeiter*innen zum gefährlichen Risikofaktor für deren Kolleg*innen wird. Unter diesen Bedingungen muss sich eine ausgeprägte Personalfluktuation entwickeln, die ihrerseits wieder zur nachhaltigen Schwächung der Stabilität des Arbeitsumfelds beiträgt: Da eingearbeitete Fachkräfte die Einrichtung verlassen, entstehen für die übrig Gebliebenen zwangsläufig Phasen der Mehrbelastung, die durch die Notwendigkeit der Einarbeitung neuer Kolleg*innen noch zusätzlich verschärft werden. Zudem sehen sich die Neuen mit der Anforderung konfrontiert, bereits in einer frühen Phase ihrer Anstellung ein Übermaß an Verantwortung zu übernehmen, Dienste allein zu bewältigen und das Fehlen erkrankter Kolleg*innen zu kompensieren.

Aus den Berichten unserer Interviewpartner*innen kann nicht der Schluss gezogen werden, dass sich ein Großteil der Mitarbeitenden die meiste Zeit in den hier dargestellten Überforderungssituationen befunden hat. Die pädagogische Gruppenarbeit im St. Augustinusheim funktionierte häufig auch unter Normalbedingungen. Es besteht aber kein Zweifel darin, dass in die Struktur dieser Einrichtung während des Untersuchungszeitraumes erhebliche Eskalationsrisiken eingelagert waren, deren destruktive Auswirkungen auf die Mitarbeitenden und die Betreuten sich unübersehbar manifestierten. Die zur Anwendung gebrachten Lösungsstrategien können nur als mehr oder weniger gelingende Versuche einer Symptombehandlung verstanden werden: Leitungskräfte versuchten mit netten Gesten ihre verzweifelten Mitarbeiter*innen zu besänftigen und Kolleg*innen sprangen aufopferungsvoll füreinander ein. Das ist aus menschlicher Sicht zu würdigen, aber aus professioneller Sicht unzureichend, da die pädagogische Arbeit mit schwer belasteten jungen Menschen nicht unter ökonomisch motivierten Risikobedingungen praktiziert werden darf. In Bezug auf die emotionale Verfügbarkeit des Betreuungspersonals konnten die Kinder/Jugendlichen Glück oder Pech haben – je nachdem wie sich die personelle Ausstattung gerade gestaltete. Eine Interviewpartnerin berichtet, dass es ihr „in der Regel" gelang, einen Zugang zu den ihr anvertrauten Kindern zu bekommen – allerdings mit der Einschränkung:

> „... wenn die Bedingungen gestimmt haben, wenn man nicht völlig gestresst war durch die Arbeitssituation, also sprich, sehr viele Kinder, sehr wenig Betreuer..." (M_Interview 22).

Diese „sehr vielen Kinder" stellten neben den strukturellen Defiziten der Einrichtung einen weiteren wesentlichen Risikofaktor für die Überforderung des Personals dar.

Belastete Kinder/Jugendliche – belastetes Personal

Auf die besonderen Bedarfslagen der im St. Augustinusheim betreuten Kinder und Jugendlichen wird an anderer Stelle dieses Berichts noch genauer eingegangen. In diesem Abschnitt geht es vor allem darum zu zeigen, dass die Überforderung des Personals auch aus den Anforderungen resultierte, die mit dem Leid, der biografischen Belastung und den Verhaltensmanifestationen der Klientel in Zusammenhang standen. Dieser Aspekt kann nicht ohne die im vorherigen Abschnitt beschriebenen Strukturprobleme gedacht werden, wird aber aus Darstellungsgründen hier extra behandelt. Der Zusammenhang zwischen Einrichtungsstruktur und individuellen Belastungsfaktoren wird mit Blick auf das Problem der Überbelegung unmittelbar evident: Die vielfältigen Dynamiken, die sich daraus ergeben, wenn Kinder/Jugendlichen mit hohen Betreuungsbedarfen nur beiläufig und unter Stressbedingungen versorgt werden können, resultieren in sich verschärfenden Risikobedingungen sowohl für die jungen Menschen als auch für das Personal.

Die Analyse der Interviews mit den Fachkräften legt die Annahme nahe, dass deren Überforderung vor allem durch Verhaltensmanifestationen der Kinder/Jugendlichen hervorgerufen wurden und weniger durch die Konfrontation mit dem Leid und der Not der Betreuten. Die Kontur dieses Befundes wird durch einen der äußerst seltenen Hinweise geschärft, der als Ausnahme fungiert, die die Regel zu bestätigen scheint. Eine Fachkraft, die nicht im Gruppendienst arbeitete, sondern Einzelsitzungen mit Kindern/Jugendlichen durchführte, beschreibt den zentralen Grund für die Beendigung ihrer Tätigkeit folgendermaßen:

> „Und das war für mich dann nach [Anzahl der Jahre] Jahren [Art der Tätigkeit] auch ein Grund aus diesem Bereich rauszugehen, weil ich das nicht – irgendwann nach [Anzahl der Jahre], ich konnte es nicht mehr ertragen. Also ich konnte nicht mehr haben – boah, dass mir da irgendwelche Kinder in den Puppenhaus Vergewaltigungsszenen oder so vorgespielt haben" (M_Interview 29).

Diese Fachkraft erläutert auch in ihren weiteren Darstellungen ausführlich die subjektive Belastung, die durch die persönliche Auseinandersetzung mit den Lebensgeschichten der Kinder und Jugendlichen entsteht. Erklärungsbedürftig ist, wie gesagt, der Umstand, dass solche Hinweise in den anderen Interviews mit Fachkräften auffällig unterrepräsentiert sind. Dies verleitet zu der Annahme, dass hier eine überdauernde Form der Abwehr zum Ausdruck kommt, die darin bestehen könnte, das biografische Leid der jungen Menschen nicht zu nah an sich herankommen zu lassen. Möglicherweise konnte man sich dies angesichts der riskanten institutionellen Bedingungen nur in begrenztem Umfang leisten, da andernfalls die Funktionalität der alltäglichen Arbeitsabläufe gefährdet gewesen wäre. Es ist einer ehemaligen Bewohnerin der Einrichtung vorbehalten, genau diesen Aspekt der Überforderung durch das Leid der anderen Kinder mit aller Deutlichkeit zum Ausdruck zu bringen:

> „Ich habe immer mir gedacht oder da habe ich auch schon öfter drüber nachgedacht, aus dem, wie ich das so mitgenommen habe, wirklich so eine Überforderung. Eine Überforderung mit der Situation, eine Überforderung mit dem Leid auch und mit den schweren Schicksalen, die die Kinder und Jugendlichen auch mitgebracht haben. Also auch die, die mich verprügelt haben, die hatten auch heftige Biografien und auch heftige Erlebnisse, aber hatten kein anderes Ventil" (B_Interview 12).

Diese Schilderung wirkt wie ein Indiz dafür, dass sich die Bewohner*innen gezwungen sahen, sich die von den Fachkräften abgewehrte emotionale Überforderung selbst aufzubürden. Nur hier und in dem oben zitierten Hinweis der in der Einzelarbeit tätigen Fachkraft wird das Problem der emotionalen Überflutung durch die Konfrontation mit schweren biografischen Schicksalen deutlich zum Ausdruck gebracht. Die meisten befragten Fachkräfte rekurrieren auf Verhaltensmanifestationen der Kinder/Jugendlichen als Auslöser für Überforderung. Nicht das „ordentliche Paket" (B_Interview 12), das die Betreuten aus ihrer bisherigen Biografie mitgebracht haben, erschüttert die Mitarbeiter*innen, sondern das, was daraus resultiert. Hier ist dann eher allgemein von Situationen die Rede, die „dann nicht so ganz einfach waren" (M_Interview 15) oder davon, dass Kinder in andere Einrichtungen verlegt wurden, weil „wir das nicht mehr händeln konnten" (M_Interview 17). Ein anderer ehemaliger Mitarbeiter stellt den Zusammenhang zwischen Strukturproblemen und problematischen Verhaltensweisen der Kinder/Jugendlichen prägnant dar:

> „Also schon mit, das waren zehn Kinder, glaube ich auch, die drin waren. Eine dünne Personaldecke. Weil die waren jetzt auch nicht so, dass die Kinder so, äh, nicht auch eine ganze Menge Herausforderungen geliefert hätten so" (M_Interview 6).

Es gibt aber auch konkretere Schilderungen, die die jeweilige Überforderungsdynamik unmittelbar nachvollziehbar werden lassen. Eine ehemalige Fachkraft berichtet beispielsweise davon, wie ein Kind nachts eingekotet hat und auch die Wände seines Zimmers mit Kot verschmierte. Morgens musste diese Mitarbeiterin, die alleine Dienst hatte, sowohl dieses Kind als auch noch sechs weitere Kinder versorgen und sich zugleich um die Reinigung des Zimmers kümmern. Eine andere Schilderung, die sich auf die 2000er-Jahre bezieht, ist unter mehreren Gesichtspunkten interessant:

> „Aber da hab ich an die Gruppen im Augustinus Heim jetzt nimmer wirklich viel Erinnerung. Also ich weiß in einer Gruppe, in der [Name Gruppe], in der ich dann ab [Jahreszahl] war, da waren zwei Jungs, mit denen ich es richtig schwer hatte. Das waren zwei Brüder, vielleicht sechs und acht oder so. Und da – also grad der ältere von beiden, mit dem hatte ich auch Auseinandersetzungen. Also so ein Junge, der – wir hatten da auch viele Supervisionen und Beratungen dann gemacht – letztendlich war's so, dass er dann die Gruppe verlassen musste. Also es war irgendwie klar, es geht nicht mehr. Der hat mich attackiert, ich konnte mich nicht mehr wehren in irgendeiner Form. Ich weiß, dass der mir mal riesige Holzdinger hinterhergeworfen hat, oder wo ich in seinem Zimmer war, auf mich geworfen hat. Und es war dann erklärbar vieles so, also ich war – bin ihm sicher auch sehr nahegekommen durch Gespräche, durch mich Kümmern um ihn und so. Der hatte eine heftige Mutter, das waren extrem schwierige Verhältnisse. Aber das weiß ich noch, das war so eine meiner Geschichten im Augustinus Heim auch, wo ich gemerkt hab, da sind Grenzen so (M_Interview 22).

Es handelt sich hier um eine prototypische Schilderung einer Überforderungssituation, deren Auslöser mit problematischen Verhaltensmanifestationen der Betreuten in Zusammenhang gebracht wird. Eher beiläufig werden zwei Aspekte zur Sprache gebracht, die zu diesen Verhaltensweisen geführt haben könnten, nämlich die „heftige Mutter" und der Umstand, dass die Fachkraft diesem Jungen durch Gespräche und Sich-Kümmern „sicher auch sehr nahegekommen" war. Wichtig erscheint zudem die implizite Information, dass die Ursache für die Eskalation nicht in Strukturproblemen der Einrichtung zu suchen ist, da die Fachkräfte „viele Supervisionen und Beratungen" in Anspruch genommen haben. Allerdings ohne Erfolg. Die Überforderung wurde schließlich strukturell gelöst, indem der Junge aus der Gruppe (und der Einrichtung?) entlassen wurde. Die Erzählung wird eingeleitet mit dem Hinweis, dass sich die ehemalige Fachkraft nicht mehr so genau erinnern könne und sie wird abgeschlossen mit der Feststellung, dass es „so Grenzen" in der Arbeit gab. Man könnte auch hier die Aktivierung von Abwehrmechanismen unterstellen, die möglicherweise einer institutionellen Kultur entsprach: Man lässt das biografische Leid der Kinder nicht zu nahe an sich herankommen und agiert die Überforderung auf der Verhaltensebene aus: Die Überforderung des kleinen Jungen zeigt sich darin, dass er mit Gegenständen wirft; die Überforderung der Einrichtung findet ihren Ausdruck in seiner Entlassung. Die erwähnten Grenzen werden von dem Erzähler als ihm zugehörig individualisiert; aber es könnte sich auch um Grenzen handeln, die durch institutionelle Strukturdefizite produziert worden waren.

Das hier berichtete Werfen eines Gegenstandes war insofern kein Einzelfall, als gewalttätige Angriffe von Kindern und Jugendlichen gegen Mitarbeitende von mehreren Interviewpartner*innen berichtet werden. Auf dieses Problem wird weiter unten noch näher eingegangen. An dieser Stelle genügt der Hinweis, dass solche gewalttätigen Angriffe in der Regel zu massiven Überforderungen auf Seiten des Personals führten. Körperliche Attacken mussten auch körperlich abgewehrt werden, indem die jeweiligen Kinder/Jugendlichen festgehalten oder zu Boden gedrückt wurden. Im besten Fall konnten Kolleg*innen um Hilfe gerufen werden; im ungünstigen Fall war man beim Versuch der Deeskalation auf sich alleine gestellt. Wenig überraschend wird von einzelnen Kolleg*innen berichtet, die in unmittelbarer Folge solcher Gewaltsituationen ihre Stelle kündigten bzw. in einen anderen Bereich wechselten. Eine andere Form der Gewalt, von der hauptsächlich weibliche Fachkräfte berichten, bestand in verbalen Beleidigungen und sexuellen Anspielungen. Einzelnen Schilderungen zufolge, wurden dadurch ausgelöste Überforderungsgefühle durch Gewöhnung abgewehrt. Wenn man ständig als „Fotze" oder „Hure" bezeichnet wurde, nahm man dies irgendwann gar nicht mehr wahr. Im folgenden Zitat bringt eine ehemalige Mitarbeiterin zum Ausdruck, dass Belastungen nicht nur durch konkrete Gewalterfahrungen ausgelöst wurden, sondern durch die Erkenntnis, dass man in dieser Einrichtung grundsätzlich mit dem Auftreten von Gewalt rechnen musste:

> „Also ich kann mir schon auch, also ich bin schon auch, ähm, manchmal wirklich mit Angst dort hingegangen, ähm, mit – es gab auch Auseinandersetzungen, körperliche tatsächlich. Also Angriffe gegenüber auch den Erziehern, Pädagogen. Ähm, also dass man den Gruppendienst auch nicht so gerne allein gemacht hat" (M_Interview 8).

Hier schließt sich wieder der Kreis zu den Strukturdefiziten, die zur Verschärfung von Überforderungskonstellationen beitrugen. Angesichts der spürbaren Möglichkeit von Gewalt erscheint der Hinweis allzu verständlich, dass die Betreuerin „den Gruppendienst auch nicht so gerne alleine gemacht hat". Soweit erkennbar bestanden Lösungsversuche für diese Probleme in der Kündigung der Mitarbeitenden, in der Entlassung der Kinder/Jugendlichen oder in der emotionalen Abstumpfung gegenüber gewaltförmigen Verhaltensweisen. Die Gewährleistung einer verlässlichen Personalstruktur gehörte offenbar nicht zu den Strategien, die zur Abmilderung von Überforderungskonstellationen zur Anwendung gebracht wurden. Dies ist ein weiterer Beleg für den oben skizzierten Befund, wonach der Umgang mit Problemen, die auf der Strukturebene produziert worden waren, an die Subjektebene delegiert wurden. Besonders deutlich zeigt sich dieser Mechanismus auch dort, wo das Risiko der Überforderung mit pädagogischem Heldentum abgewehrt wurde, wie dies exemplarisch im folgenden Zitat eines ehemaligen Mitarbeiters zum Ausdruck kommt:

> „Das war herausfordernd natürlich, aber es war natürlich auch eine super Schule für mich so. Es waren zehn Kinder, allein im Dienst als 18jähriger. Da war ich auch sehr jung, ich war teilweise nur ein Jahr älter wie die Leute, die da gewohnt haben. Aber es war so die Schule, so das zu organisieren" (M_Interview 2).

Die hier präsentierte Form der Bewältigung anspruchsvoller pädagogischer Aufgaben geht implizit mit einer persönlichen Hypothese einher, warum es manchmal auch zu Überforderung, Eskalation und Resignation kommen kann. In solchen Fällen könnte es sein, dass die eingesetzten Fachkräfte nicht gut genug (man möchte fast präzisieren: nicht hart genug) waren. Zumindest drängt sich die Befürchtung auf, dass die „super Schule" des Mitarbeiters zugleich zu einer biografischen Tragödie der von ihm betreuten jungen Menschen werden kann. Entsprechende institutionelle Risikobedingungen lagen jedenfalls unzweifelhaft vor. Während die oben zitierte Kollegin ihre Angst davor äußerte, Gruppendienste alleine machen zu müssen, proklamiert dieser ehemalige Mitarbeiter:

> „Ich habe immer lieber alleine gearbeitet auch, weil ich es eher im Griff hatte" (M_Interview 2).

Hier scheint es sich um einen Fall zu handeln, in dem persönliche Vorlieben ohne größere Spannungen in die defizitäre Struktur der Institution integrierbar waren. Es hat zumindest den Anschein, dass individuelles pädagogisches Heldentum die Einrichtung von der anspruchsvollen Aufgabe entlastete, Bedingungen zu schaffen, unter denen selbiges gar nicht nötig wäre. Dies wäre nicht nur für das Personal wichtig gewesen, sondern auch für die jungen Menschen, die im St. Augustinusheim betreut wurden.

Folgen der Überforderung

Entgegen der Einschätzung eines Interviewpartners, wonach Überforderungsphänomene „eigentlich nie zu Lasten der Kids [gingen], sondern das zu Lasten der Mitarbeitenden [ging]" (M_Interview 24), finden wir genügend Hinweise darauf, dass die Betreuten häufig die Leidtragenden der strukturellen Defizite waren. Zahlreiche Berichten weisen darauf hin, dass pädagogische Fehlentscheidungen unter der Bedingung der Überforderung getroffen wurde. Dies bezieht sich sowohl auf unmittelbare pädagogische Interventionen im Kontakt mit einem betreuten jungen Menschen als auch auf Entscheidungen im Zusammenhang mit der Belegungspolitik.

Einzelne ehemalige Mitarbeiter*innen berichten, dass sie sich aufgrund von Stresssituationen zu pädagogischen Handlungen gezwungen sahen, die sie im Nachhinein als durchaus problematisch bewerten. Eine Interviewpartnerin erinnert sich an eine Situation, in der sie im Rahmen einer Ferienfreizeit einem Jugendlichen nach einem Streit verboten habe, mit den anderen rauszugehen, solange er nicht seinen Teller aufgegessen habe. Diese antiquierten Erziehungsmethoden standen im Widerspruch zu ihrer eigentlichen pädagogischen Haltung, aber

> „… es gab solche Situationen, wo man hinterher denkt ‚Ja, da bin ich selber auch ausgerastet oder hatte keine andere Lösung oder war einfach sauer‘, ich weiß gar nicht, wie man es nennen soll, und wo man dann über diese Grenze geht“ (M_Interview 4).

Eine solche Diskrepanz zwischen den eigenen professionellen Ansprüchen und der tatsächlich praktizierten Erziehungspraxis kann, auch wenn sie nur situativ auftritt, als Hinweiszeichen für strukturelle Defizite betrachtet werden, da diese auf Seiten der Mitarbeitenden offensichtlich zu Überforderungskonstellationen führen, die Entwicklungsrisiken für die betreuten jungen Menschen in sich bergen. Sehr deutlich kommt dies auch in der retrospektiven Betrachtung eines anderen ehemaligen Mitarbeiters zum Ausdruck:

> „Also es war auch so ein bisschen wie so ein Überlebensmodus so, dass man also die Oberhand behält und die Gruppe da nicht dadurch völlig eskaliert. Und das gab's immer wieder, dass irgendwas die Gruppe dermaßen aufgemischt hat, dass da ein Tohuwabohu war. Also, und da muss man tatsächlich gucken, man war ja häufig allein (lacht), da musste man einfach gucken, wie man diese Situation irgendwie handhabbar (lacht) kriegt – ja. Also Kinder ins Zimmer, Zimmer abschließen, solche Dinge gab's, ja. Habe ich auch gemacht, also – ja“ (M_Interview 18).

In dieser Gruppe schienen Risikokonstellationen nicht nur punktuell aufzuscheinen, sondern für das Alltagsgeschehen beinahe konstitutiv zu sein. Der angesprochene „Überlebensmodus“ wird hier erneut mit der Tatsache in Zusammenhang gebracht, dass man in einer anforderungsreichen Gruppe häufig alleine arbeiten musste. Um die „Oberhand zu behalten“ musste sich die Fachkraft eines erzieherischen Stils bemächtigen, von dem sie offenbar nicht überzeugt ist. Aber die Überforderung brachte es mit sich, dass einzelne Kinder in ihre Zimmer eingesperrt werden mussten. Auch die oben erwähnte ehemalige Mitarbeiterin spricht nicht nur von singulären Situationen kritischen Verhaltens, sondern davon, dass es sich „im Alltag eingeschliffen“ habe, einen problematischen Jugendlichen zu fixieren, wobei man immer wieder mal „im Haltegriff eine Stunde beschäftigt“ war. Im Interview kommentiert sie dies mit folgender nachdenklicher Bemerkung:

> „Heute würde ich mir denken, wir hätten echt viel mehr nach anderen Lösungen nochmal schauen müssen“ (M_Interview 4).

Man ist geneigt hinzuzufügen, dass es unter Bedingungen der Überbelegung und Personalknappheit schwierig gewesen sein dürfte, sich über „andere Lösungen“ in der nötigen Differenziertheit Gedanken zu machen. Diese Annahme wird auch von einer ehemaligen Bewohnerin bestätigt, die konstatiert, dass es zwischen Personal und Kindern „an Beziehung gefehlt“ habe und ein pragmatischer Erziehungsstil „auch praktischer ist im Alltag“ (B_Interview 12). Diese Einschätzungen münden in folgenden retrospektiven Befund:

> „Könnte eben für mich auch ein Anzeichen sein von Überforderung: ‚Wir wissen nicht wie es geht, wir haben hier diesen Auftrag und wir machen das jetzt mit Zwang und mit Muss, egal, wie die Beziehung ist, es läuft hier so, fertig und Du musst spuren‘, ja“ (B_Interview 12).

Man kann aus dieser Schilderung herauslesen, dass sich die Überforderung der Erziehenden in einem pädagogischen Pragmatismus Ausdruck verschaffte, der sich von eventuell existierenden pädagogischen Idealen und Grundhaltungen entfernte. Die retrospektive Einschätzung der früheren Bewohnerin wirkt komplementär zu dem oben erwähnten Befund der emotionalen Abwehr der Fachkräfte gegenüber dem biografischen Leid der Kinder und Jugendlichen. Nur wenn man das alles nicht zu nah an sich herankommen lässt, ist man in der Lage, die Alltagsfunktionalität aufrechtzuerhalten – allerdings um den Preis der Verminderung der eigenen pädagogischen Ansprüche. So konstatiert auch ein ehemaliger Mitarbeiter, dass man versucht habe, „das Beste zu geben“ und die Kinder auch bestmöglich zu betreuen, allerdings reichte dies nicht aus, um dem Auftrag der Einrichtung gerecht zu werden. Es wäre auch darum gegangen

> „das ein bisschen aufzuarbeiten, was für traumatische Erfahrungen die da gemacht haben. Dafür gab's auf der Gruppe, im Gruppenalltag kaum, kaum Gelegenheit, also das sicher nicht. Also man hat versucht sein Bestes zu geben, aber wenn ich nur aus Kinderperspektive, was das Kind gebraucht hätte, würde ich sagen – man hat halt genommen, klar, wenn eine Anfrage kommt ‚Also her mit!‘ (lacht)“ (M_Interview 18).

Diese Schilderung weist darauf hin, dass sich pädagogische Fehlentscheidungen nicht nur in konkretem, punktuellem erzieherischen Handeln manifestierten, sondern dass diese bis zu einem gewissen Grad auch in den Funktionsmodus der Einrichtung eingeschrieben waren. Drei zentrale Aspekte sind in diesem Zitat in komprimierter Weise zusammengefasst: Erstens die Abwehr gegenüber den biografischen Belastungen der Kinder/Jugendlichen, zweitens der von Stress geprägte Gruppenalltag, der kaum Gelegenheit zu vertieften Auseinandersetzungen bot und drittens die willkürliche, primär an ökonomischen Interessen orientierte Belegungspolitik. Letztere produzierte per se eine hohe Anfälligkeit für pädagogische Fehlentscheidungen, weil sie einen grundlegenden Widerspruch zwischen dem Auftrag der Einrichtung und ihren wirtschaftlichen Interessen perpetuierte. Dadurch begründet sich die Vielzahl von Berichten, wonach man Kinder und Jugendliche in einer Weise unterbrachte, die ganz offenkundig deren Wohlbefinden und der Erfüllung ihrer Entwicklungsaufgaben zuwiderliefen. So wurden Jugendliche nicht entlassen, obwohl längst klar war, dass das St. Augustinusheim nicht der richtige Ort für sie war. Es entstanden Gruppen mit einer extremen Altersspanne zwischen 3 und 18 Jahren, weil einigermaßen altershomogene Gruppen überfüllt waren und man die überzähligen Kinder irgendwo in der Einrichtung unterbringen musste. In einem Fall wurde eine gruppenbezogene Überbelegung dadurch produziert, dass man mehrere Geschwisterkinder zugleich aufnahm und sie nicht in verschiedene Gruppen aufteilen wollte. Immer wieder scheint in den Erzählungen ein ökonomischer Pragmatismus durch, der das Risiko in sich barg, in einen kollektiven pädagogischen Pragmatismus zu münden, der der Abwehr strukturell bedingter Überforderung diente. Im Effekt führte dies dazu, dass zu viele Kinder und Jugendlichen zuweilen auch in extrem altersheterogenen Settings betreut wurden, sodass Wechselwirkungen zwischen problematischen Verhaltensmanifestationen einerseits und pädagogischen Fehlentscheidungen andererseits vorprogrammiert waren. Wie die folgenden Ausführungen zeigen, konnten diese pädagogischen Fehlentscheidungen auch den Charakter von Gewalt annehmen.

In Interviews mit ehemaligen Fachkräften bildet sich an manchen Stellen ein inneres Ringen in Bezug auf eigenes grenzwertiges pädagogisches Verhalten ab. Auch die retrospektive Betrachtung führt nicht immer zum Erreichen einer eindeutigen ethischen Position. Vielmehr zeigen sich Symptome einer Sprache der Verdeckung, die die damaligen Sachverhalte nicht direkt beim Namen nennt. Exemplarisch und geradezu paradigmatisch dafür ist die folgende Schilderung, in der die Charakteristika der Klientel, der Personalmangel und die daraus resultierenden pädagogischen Schwierigkeiten komprimiert dargestellt werden:

„Ich sage jetzt einfach Sys-, ich mag den Namen nicht, ich habe so Systemsprengerkinder, die ganz schwierigen Kinder ins Bett zu bringen, die ADHS'ler, die dann vielleicht auch kein Ritalin bekommen haben mittags, alleine zu sein mit ‚Zehn Kinder müssen ins Bett und einer hält die ganze Gruppe wach so'. Da einfach Zeit zu haben so, ne, einfach Zeit zu haben und ‚Geh' doch schon mal ins Bett' (lacht). Dann hat man sie schon mal genommen, ins Bett gelegt und ein bisschen festgehalten. Was heißt festgehalten, weiß ich nicht. Ob das schon Gewalt ist, weiß ich nicht, aber man hat schon auch immer gesagt ‚Ich mache das, ich nehme jetzt Dich an die Hand, ich lege Dich jetzt ins Bett und ich halte Dich jetzt fest' und ‚Jetzt beruhig' Dich' und ‚Ich lese noch eine Geschichte vor oder ich mache Dir das Radio an'. Man hat schon probiert zu reden nebenher, was ich immer wichtig fand" (M_Interview 2).

Dass die beschriebene Stresssituation letztlich in das Vorlesen einer Geschichte mündet, erscheint erklärungsbedürftig. Eher wirkt der friedvolle Abschluss der Geschichte als weiterer Ausdruck des Versuchs einer sprachlichen Glättung pädagogischer Extremsituationen. Der Erzähler sah sich zu Handlungen veranlasst, zu denen er auch Jahrzehnte später zu keiner schlüssigen Einschätzung kommt, ob sie dem Bereich der Gewalt zuzuordnen sind. Es geht an dieser Stelle nicht darum, diese offene Frage zu beantworten, sondern zu erkennen, auf welche Weise Situationen zustande kamen, die der am Beginn dieses Abschnitts zitierten Meinung zuwiderlaufen, wonach sich die Überforderung des Personals „nie zu Lasten der Kids" ausgewirkt habe. Die Notwendigkeit, ein Kind „ein bisschen festzuhalten" ergab sich aus dem Umstand, dass das Bedürfnis, „ein bisschen Zeit zu haben" nicht erfüllt worden war. Die Formulierung „Was heißt festgehalten, weiß ich nicht" kann als Ausdruck eines persistierenden moralischen Dilemmas interpretiert werden, das in pädagogischen Extremsituationen entstand. Dieses muss beschwichtigt werden mit einem versöhnlichen Schluss, in dem die Kinder Radio hören und ihnen eine Geschichte vorgelesen wird. Es erhebt sich die Frage, ob diese erzählerische Bereinigung nicht symptomatisch ist für die Notwenigkeit, eine zweifelhafte pädagogische Praxis sich selbst gegenüber zu legitimieren. Auch andere Berichte bleiben entsprechend vage:

„Ich bin latent immer wieder an die Grenzen gestoßen, das gehört glaube ich zu dieser Arbeit dazu, dass man immer wieder sehr auf sich zurückgeworfen wird und auf sein eigenes Verständnis vom sozialen Umgang, der dann sehr häufig natürlich grenzwertig, äh, beansprucht wurde" (M_Interview 24).

„Wobei man wirklich sagen muss, das war ja das größte Problem eigentlich, dass man natürlich immer am Limit arbeitet und natürlich auch sieht, was wäre möglich, wenn, ja, jetzt gar nicht unbedingt von den räumlichen Gegebenheiten, sondern von den Konstellationen der Kids, vom Umfeld – das muss man schon sagen, das muss man aushalten" (M_Interview 24).

Das Problem schien phasenweise nicht nur darin zu bestehen, dass man den betreuten Kindern und Jugendlichen nicht nur nicht gerecht werden konnte, sondern dass die pädagogischen Fachkräfte aufgrund eskalierender Überforderungssituationen selbst zur Gefahr für die jungen Menschen wurden. Dies zu benennen fällt den Interviewpartner*innen auch nach vielen Jahrzehnten noch sehr schwer. Eher wird darauf verwiesen, dass Kollegen und Kolleginnen zuweilen Gewalt ausübten. Hierzu gehören beispielsweise Berichte von häufigem Anschreien von Kindern, das – wie eine ehemalige Fachkraft konstatiert – „nie aus Böswilligkeit, immer aus Überforderung" (M_Interview 29) geschah. Der folgende Bericht eines ehemaligen Mitarbeiters ist ein seltenes Beispiel für das Ausüben von Machtmissbrauch aus der retrospektiven Innensicht des unmittelbar Beteiligten:

> „Also ich hab den sicher auch festgehalten, keine Frage. Aber das sind ja dann auch so Situationen, wo man dann irgendwie her guckt, wo ich dann raus bin, zu einem Kollegen bin oder so und gesagt hab, ich muss jetzt da raus. Also dann ist ja noch gut, wenn man sich selber ausreichend reflektiert kriegt oder runtergefahren kriegt oder so. Aber das war halt – ich weiß es nimmer, ich weiß auch, ich hab die zwei auch mal nachts heimgefahren. Das war dann auch so, wo ich gesagt hab, ihr könnt nicht mehr auf der Gruppe sein. Das war eigentlich absolut nicht okay, dass ich das gemacht hab, aber es war mir völlig egal, weil irgendwie klar war, ich brauch eine Lösung jetzt. Und hab das dann einfach entschieden, dass das die Lösung ist" (M_Interview 22).

Wieder wird das Ringen um eine moralische Position sichtbar. Das Eingeständnis des Erzählers, dass er sich gezwungen sah, den Jungen festzuhalten, wird mit einem „Aber …" relativiert, das die Darstellung einer sehr voraussetzungsvollen Entschärfung des eigenen Verhaltens einleitet: Man muss sich runterfahren, sich ausreichend reflektieren und einen Kollegen holen. Dass diese Voraussetzungen nicht immer gegeben waren, wird in der unmittelbar anschließenden Episode erkennbar, in der das Thema der Überforderung in aller Deutlichkeit zutage tritt. Die Fachkraft kapituliert vor den drängenden pädagogischen Anforderungen und liefert die Jungen zu Hause ab. Der Punkt, an dem ihm dies „völlig egal" ist, kennzeichnet den Verlust jener Schwelle, die Machtmissbrauch und die Anwendung von Gewalt verhindert. Angesichts der vorliegenden Berichte besteht kein Zweifel daran, dass Mitarbeitende im pädagogischen Alltag immer wieder an diese Schwelle herangedrängt wurden. Es ging ihnen in den meisten Fällen nicht darum, ihre Macht auszuspielen oder Gewaltgelüste auszuleben. Ihre pädagogische Haltung und ihr Professionsverständnis liefen dem zuwider. Aber sie mussten in manchen Situationen die Erfahrung machen, dass sie ihren eigenen professionellen Ansprüchen nicht gerecht werden konnten. Dies ging dann durchaus „zu Lasten der Kids". Und dies erzeugt auch mehr oder weniger bewusste Suchbewegungen nach den Ermöglichungsbedingungen grundlegend ich-dystoner Verhaltensweisen: Liegt es an mir? Oder liegt es an den Systemsprengern und ADHS'lern? Die erhobenen Daten legen eine andere Begründung nahe: Es liegt an einer aus Überbelegung und Personalknappheit erzeugten Risikostruktur, die zu Überforderungskonstellationen und -situationen führte. Zu Lasten der Mitarbeitenden und „zu Lasten der Kids".

7.1.2 Mangelnde Qualifikation

Unter dem Themenbereich der mangelnden Qualifikation werden in den folgenden Ausführungen mehrere Aspekte zusammenfassend dargestellt, die nicht nur auf die formale Qualifikation der Mitarbeiter*innen des St. Augustinusheims, sondern auch auf Fragen der Einarbeitung, Fortbildung, Konzepttreue und des Professionsverständnisses rekurriert. In der Gesamtschau lässt sich feststellen, dass die uns vorliegenden Berichte zu diesen Themenfeldern sehr heterogen sind. Dies spricht zum einen dafür, dass es tendenziell eine Verbesserung des Qualifizierungsniveaus des Personals im Verlaufe des Untersuchungszeitraumes gegeben hat und zum anderen für Unterschiede zwischen den Mitarbeitenden in den einzelnen Gruppen. Exemplarisch für die Uneinheitlichkeit der uns vorliegenden Berichte sind die beiden folgenden Einschätzungen zweier Fachkräfte, die im selben Jahr zu Beginn der 1990er-Jahre ihre Tätigkeit im St. Augustinusheim begonnen haben. Ein ehemaliger Mitarbeiter berichtet, dass zwar kritische Vorfälle in Teamsitzungen (unter Beteiligung der Erziehungsleitung und des Heilpädagogen) besprochen werden konnten, es aber an einem grundlegenden pädagogischen Orientierungsrahmen mangelte:

> „Aber dass es dadurch Überlegungen gab ‚Wie kann man da konzeptionell mit arbeiten?', ‚Wie kann man da präventiv oder so?', das war echt da – man ist sozusagen rein gegangen (lacht) und hat einfach dann halt gearbeitet so, das war irgendwie ‚Ja, irgendwie geht das schon' – ‚Jeder kann das', so ungefähr. Also da war wenig, dass man dann überlegt – und ich glaube, so was ich am Rande mitkriege, ist das heute schon anders, dass man da auch mehr konzeptionell oder auch diese Themen mehr transparent macht und damit arbeitet" (M_Interview 18).

Eine Kollegin, die ungefähr zeitgleich in der Einrichtung zu arbeiten begann, hebt insbesondere die Möglichkeiten der gemeinsamen Reflexion besonders positiv hervor:

„Also immer in beiden Teams, ob ich unten oder oben, das war immer so, dass, ähm, also auch in der Einarbeitungszeit zum Beispiel, also ich habe immer Ansprechpartner gehabt, die sozusagen speziell zuständig waren für die Einarbeitung und mit denen man so Sachen auch gut besprechen konnte. Pädagogisch also sowieso. Also wir haben sozusagen uns wirklich, wie ich es in Erinnerung habe, sehr gut da immer wieder abgesprochen. Und diesen Ort gab es" (M_Interview 4).

In diesen beiden Zitaten kommen unterschiedliche Aspekte der Qualitätssicherung pädagogischer Arbeit zur Sprache, nämlich zum einen die Verfügbarkeit konzeptioneller Grundlagen und zum anderen die Reflexion der eigenen Arbeit. Dass beides nicht notwendigerweise in einem korrelativen Zusammenhang steht, machen mehrere Berichte unserer Interviewpartner*innen deutlich. Die meisten Antworten auf die Frage nach einem damals existierenden pädagogischen Konzept deuten darauf hin, dass es ein solches nicht gab oder dass dieses zumindest nicht in der Wahrnehmung der Mitarbeitenden repräsentiert war. Beispielhaft hierfür ist der Versuch einer Interviewpartnerin, sich an das Vorliegen eines Konzepts während ihrer Zeit im St. Augustinsuheim zu erinnern:

„Und ich bin mir ziemlich sicher, dass es da, ja, ein Grundlagenkonzept auf jeden Fall gab. Ob das jetzt so tief geht, dass man sich da pädagogisch wirklich orientieren kann, das glaube ich eher nicht, das war ja eher formaler früher" (M_Interview 4).

Dieser nicht greifbare konzeptionelle Rahmen spiegelt sich in einer zuweilen aufkeimenden Ungewissheit wieder, worin überhaupt der übergeordnete Auftrag der Arbeit im St. Augustinusheim bestand. Einzelne Fachkräfte, vor allem solche, die nicht in der Gruppenarbeit tätig waren, stellen beispielsweise in Frage, ob es unter den jeweiligen Bedingungen überhaupt möglich war, eine erzieherische Arbeit zu leisten, die als solche wirksam hätte werden können. Eigentlich hätten die meisten Kinder in erster Linie einen therapeutischen Bedarf gehabt, der aber nicht annähernd erfüllt worden ist. Die oben zitierte flapsige Formulierung, wonach man „einfach reingegangen" ist und „dann halt so gearbeitet" hat, findet ihren Widerhall in dem Unwissen, ob es überhaupt ein pädagogisches Konzept gab und in der Unmöglichkeit, retrospektiv darauf in irgendeiner Weise zu rekurrieren. Interviewpartner*innen formulieren vage Einschätzungen, dass es nichts Schriftliches gab oder mögliche konzeptionelle Grundlagen unausgesprochen blieben, d. h. nicht als solche expliziert wurden. Ein ehemaliger Mitarbeiter bringt dies folgendermaßen zum Ausdruck:

„Also fachlichen Input zum Beispiel gab es recht wenig. Nee, also fachlich war da nicht viel sozusagen. Also es wurde, anders gesagt, es wurde nicht argumentiert mit, ähm, Theorie-Praxisinhalten eigentlich, also dass eine Verbindung, dass man sagt ‚Da steht der und der Gedanke dahinter, dass wir das so und so machen, weil wir wissen, dass die Entwicklung von dem Kind, wenn man das und das Setting hat, dass es wahrscheinlich am besten funktionieren könnte‘. Das habe ich in anderen Häusern schon auch anders erlebt gehabt, also dass gewissermaßen eine Haltung, eine Philosophie auch mit vertreten wurde, davon habe ich nichts gehört“ (M_Interview 6).

Er fügt hinzu, dass man auch keine Settings schuf, in denen man sich Gedanken über die Ursache von Konflikten machte. Man arbeitete allein auf der Symptomebene. Eine andere Mitarbeiterin vertritt die optimistische These, dass der pädagogische Orientierungsrahmen prozesshaft im Team entwickelt wurde. Sie habe keine Vorstellung von der Existenz eines schriftlichen Konzepts, aber:

„Ich glaube, das Konzept ist so im Laufe unserer Teambesprechungen einfach entstanden, mit Absprachen, aber ohne dass es, glaube ich, irgendwie verschriftlicht wurde. Ich kann das jetzt so nicht sagen“ (M_Interview 8).

Es lässt sich anhand dieser Schilderungen nicht durchgängig konstatieren, dass es im St. Augustinusheim zumindest während des Untersuchungszeitraumes an einer tragfähigen konzeptionellen Idee mangelte. Aus den vorliegenden Berichten lässt sich aber das Risiko ableiten, dass die anspruchsvolle Arbeit mit schwer belasteten Kindern und Jugendlichen nicht zu jeder Zeit und nicht in allen Gruppen konzeptionell gerahmt wurde. Im Effekt konnte dies dazu führen, dass es keine klare Konturierung pädagogischer in Abgrenzung zu therapeutischen Zugängen gab und dass spezifische Aufgabenstellungen wie die Arbeit mit Kinder/Jugendlichen mit Behinderung, Nähe-Distanz-Regulierung, Sexualpädagogik, Genderfragen und die Prävention von (sexualisierter) Gewalt nicht hinreichend in Augenschein genommen wurden. Entsprechende Konzepte fehlten jedenfalls. Die Transformation solcher Themen in Teambesprechungen und Supervisionen ist sinnvoll, aber unzureichend, wenn es keinen verschriftlichten konzeptionellen Orientierungsrahmen gibt, der von den Mitarbeitenden als handlungsleitend erlebt wird. Aufgrund dieser systeminduzierten Unverbindlichkeit entstanden heterogene Erziehungssettings, die teilweise ihren eigenen Gesetzen folgten: Autoritäre Erziehungsstile, Tabuisierung von Sexualität, Gewalteskalationen und das Fehlen einer traumasensiblen Pädagogik waren daher in einzelnen Segmenten des St. Augustinusheims während des gesamten Untersuchungszeitraumes möglich.

Ein Gesamtüberblick über die Berichte unserer Interviewpartner*innen erweckt den Eindruck, dass die fehlende konzeptionelle Fundierung durch eine relativ ausgeprägte Reflexionspraxis kompensiert werden sollte. Zumindest ab den 1990er-Jahren kann man im Großen und Ganzen von einer zeitgemäßen Reflexionskultur sprechen, die zumindest formal in Form regelmäßiger Teamsitzungen und Supervisionen realisiert wurde. Immer wieder wird darauf hingewiesen, dass Probleme zur Sprache gebracht werden konnten und dass kritische Vorfälle und Eskalationen zumindest im Nachhinein diskutiert wurden. Man sprach viel miteinander, aber es bleibt weitgehend unklar, inwieweit der Diskurs der Mitarbeitenden in eine sich weiterentwickelnde pädagogische Praxis mündete, die den Kindern und Jugendlichen spürbar zugute kam. Ebenfalls erklärungsbedürftig bleibt die in der Einrichtung kursierende Vorstellung von Supervision. Während nur punktuell darauf hingewiesen wird, dass diese von externen Personen durchgeführt wurden, legen die meisten diesbezüglichen Schilderungen nahe, dass es sich dabei um ein rein internes Setting handelte, in dem die heilpädagogischen Fachkräfte und/oder die Erziehungsleitung die Gruppenerzieher*innen zu pädagogischen Fragen und zum Umgang mit einzelnen Kindern/Jugendlichen berieten. Der Begriff Supervision kann hierfür aber nicht zur Anwendung gebracht werden, sondern es handelte sich wohl um kollegiale Fall- oder Fachberatungen. Im eklatanten Widerspruch zu der positiven Selbsterzählung der ausgeprägten Reflexionskultur steht der Hinweis einer Fachkraft, die mit den Kindern/Jugendlichen einzeln arbeitete, wonach ihr trotz mehrfachen Wunsches in den langen Jahren ihrer anspruchsvollen Tätigkeit keine Supervision gewährt wurde. Möglicherweise bildet sich in der Uneinheitlichkeit der retrospektiven Betrachtung der Reflexionskultur im St. Augustinusheim die Uneinheitlichkeit dieser Reflexionskultur selbst ab. Es wurde viel reflektiert – aber nicht überall und vermutlich nicht professionell genug. Bestehende fachliche Defizite, die sich auf die oben angesprochenen pädagogischen Bereiche bezogen, konnten jedenfalls auf diese Weise nicht „weggeredet“ werden.

In Bezug auf die formale Grundqualifikation sind im St. Augustinusheim zu Beginn des Untersuchungszeitraumes noch die Ausläufer von Entwicklungen nachweisbar, die ein Experte im Interview folgendermaßen skizziert:

> „Es gab aber viel zu wenig Fachschulen für Erzieherinnen, so dass noch in den ganzen 80er Jahren völlig unausgebildete Leute überwiegend in der Heimerziehung arbeiteten. Und diese besser qualifizierten oder professionalisierten, die – also entweder sind sie in diesen Initiativen-Bereich gegangen, oder sie haben es allmählich geschafft, in die Leitungsfunktionen zu kommen. Aber in die traditionelle Heimerziehung sind die nicht gegangen. Da wurden die auch kaum reingelassen“ (E_Interview 27).

Probleme der mangelnden Qualifizierung des Personals in der Heimerziehung waren also bis in die 1980er-Jahre keineswegs spezifisch für das St. Augustinusheim (vgl. Wapler, 2010). Allem Anschein nach hat man sich dort im Gegenteil spätestens zu Beginn des Untersuchungszeitraumes sehr aktiv um ein ausreichendes Qualifikationsniveau des Personals bemüht. Dies führte zu Konflikten mit Mitarbeiterinnen, die schon seit längerer Zeit ohne pädagogische Grundqualifikation im St. Augustinusheim gearbeitet hatten. Dabei wird vor allem die Rolle von „alteingesessenen" Mitarbeiterinnen Ende der 1980er-Jahre problematisiert, die in der Inobhutnahme-Gruppe gearbeitet haben. Ohne jegliche pädagogische Ausbildung waren sie offenbar davon überzeugt, dass sie eine Art erzieherisches Gewohnheitsrecht ausüben durften, das weitere Qualifizierungen überflüssig machte. Ebenfalls Ende der 1980er-Jahre arbeiteten zwei Kinderpflegerinnen in der „Harlekin"-Gruppe (für Kinder/Jugendliche mit Behinderung). Auch diese wurden von der Heimleitung zu Nachqualifizierungen und zur Teilnahme an Supervisionen aufgefordert. Nachdem sie sich beharrlich weigerten, landete der Fall vor dem Arbeitsgericht, wo die Kinderpflegerinnen Recht bekamen. Während ein ehemaliger Zivildienstleistender die Arbeit der unqualifizierten Kolleginnen in der Inobhutnahme-Gruppe als katastrophal charakterisiert, äußert sich ein anderer ehemaliger Zivildienstleistender über jene Kolleginnen in der „Harlekin"-Gruppe, die sich gegen Fortbildungen und Supervisionen wehrten, folgendermaßen:

> „Und dann ging es halt bis hin zur Qualifikation, ne, dass die Kinderpflegerinnen nicht, eigentlich nicht geeignet sind für den Job. Und aus meiner Sicht oder aus unserer Sicht waren halt gerade die Kinderpflegerinnen (lacht), die, die es, ja, fast am besten gemacht haben, ne? Also Weiterqualifikation hin oder her, ne, auf jeden Fall haben sich da die Fronten verhärtet" (M_Interview 11).

Diese Fälle belegen, dass die Einrichtungsleitung des St. Augustinusheims ab Mitte der 1980er-Jahre ein starkes Interesse an der Erfüllung formaler Qualifizierungsstandards hatte. Offensichtlich war es dafür notwendig, mit einer gewissen Tradition der Unterqualifizierung zu brechen, die bis dahin in der Heimerziehung generell weit verbreitet war. Die meisten von uns interviewten Personen geben an, dass sie zwar einerseits über formale Qualifizierungsanforderungen der Heimerziehung verfügten, dies aber nicht automatisch bedeutete, dass sie sich für die anspruchsvolle Arbeit im St. Augustinusheim hinreichend vorbereitet fühlten. Nur solche Personen, die bereits zuvor an ähnlichen Arbeitsstellen tätig waren oder durch Praktika im Rahmen ihrer Ausbildung die Arbeit in der stationären Jugendhilfe kennengelernt hatten, fühlten sich zu dieser Tätigkeit befähigt. Viele Interviewpartner*innen konstatieren, dass ihnen allein der praktische, nicht aber der theoretische Teil ihrer Ausbildung beim Einstieg in die Arbeit im Heimkontext geholfen habe. Themen wie Machtmissbrauch, Sexualität oder der Umgang mit (sexualisierter) Gewalt waren bei nahezu allen Interviewten zum Zeitpunkt ihres Einstiegs in die Tätigkeit im St. Augustinusheim unterrepräsentiert. Ein ehemaliger

Mitarbeiter äußert sich zu seiner Ausbildung in einer Fachschule für Sozialpädagogik in den 1980er-Jahren folgendermaßen:

> „Was da in der Schule auch durchgenommen und drangenommen wird, muss ich sagen, war das ziemlich arm gewesen so in der Zeit. Also keine Vorbereitung da drauf, das, was ich in der Praxis eben auch nicht erlebt habe, keine Vorbereitung darauf, dass man wirklich sehr sorgfältig auch mit, ähm, mit Sexualität umgehen muss, auch mit Beschämungsmomenten oder Scham insgesamt, da sensibel zu sein, dass man, ähm, ja, dass man da sorgfältig mit umgeht" (M_Interview 6).

Aufgrund des Fehlens einer gezielten Qualifizierung, die auf die besonderen Erfordernisse der Heimerziehung, insbesondere auch der Arbeit mit Kindern/Jugendlichen mit Behinderung vorbereitet hätte, sahen sich die meisten Fachkräfte in der Praxis auf das Prinzip des „Learning by doing" zurückgeworfen (M_Interview 11; M_Interview 17). Eine ehemalige Fachkraft führt dazu aus:

> „Wenn ich aber an meine eigene Geschichte zurückdenke, ähm, dann war ich, war die Ausbildung schon gut, also es hat schon vorbereitet, aber, ähm, gerade in dem Feld, wo es um Beziehungen geht, um Grenzsetzung geht, wo es auch um die eigene Person, also ich glaube fast inzwischen, dass man als gestandene Person auftritt, ja, dass man zu seinen Schwächen stehen kann, zu seinen Stärken stehen kann, das ist ja was, das lernt man erst über die Praxis. Und da muss man, finde ich schon, durch eine harte Schule gehen in der Heimerziehung. Und deswegen glaube ich vorbereitet nur bedingt, weil das andere entsteht wirklich in der Arbeit" (M_Interview 4).

Das Problem, dass die meisten Mitarbeitenden ihre berufliche Ausbildung als nicht spezifisch genug für die Bedarfe der Heimerziehung (und speziell der Arbeit mit Kindern/Jugendlichen mit Behinderung) erachteten, verschärfte sich durch das oben beschriebene Fehlen einer verlässlichen konzeptionellen Orientierung in der Einrichtung. Diese Konstellation erzeugte das Risiko, dass sich in den einzelnen Gruppen idiosynkratische pädagogische Kulturen etablierten, die auf den Erfahrungen derer, die schon länger da waren, und dem „Learning by doing" derer, die neu hinzukamen, beruhten. Den Schilderungen unserer Interviewpartner*innen zufolge funktionierte dies in einzelnen Gruppen einigermaßen gut, während in anderen Gruppen gravierende Überforderungsphänomene und gefährliche Eskalationsdynamiken entstanden.

Symptomatisch für diese riskante Qualifizierungspolitik war der Einsatz von Zivildienstleistenden, die im besten Fall bereits eine pädagogische Ausbildung absolviert hatten oder diese anstrebten, in anderen Fällen aber über keinerlei pädagogischen Kenntnisse verfügten. Mehrere Berichte weisen darauf hin, dass ohne diese jungen Männer eine Aufrechterhaltung des pädagogischen Betriebs im St. Augustinusheim gar nicht möglich gewesen wäre. Aufgrund der durchgängig prekären Personalsituation wurde ihnen zumeist bereits in einer frühen Phase ihres Einsatzes ein hohes Maß an Verantwortung übertragen, was den Eindruck verstärkt, dass es keiner besonderen pädagogischen Fähigkeiten bedarf, um mit schwer belasteten Kindern und Jugendlichen (mit und ohne Behinderung) im Heimkontext zu arbeiten. Angesichts dessen, was über den damaligen Heimleiter bekannt ist, kann sein Beharren auf das Vorliegen einer formalen Qualifizierung seiner Mitarbeiter*innen nicht automatisch mit einem gesteigerten Interesse an der Verfügbarkeit einer tatsächlichen pädagogischen Kompetenz gleichgesetzt werden. Es lag ihm vor allem an einer einwandfreien Außendarstellung. Diese vertrug sich durchaus mit einer dünnen Personaldecke unter der Bedingung persistierender Überbelegung, wobei reale Qualifizierungsdefizite auf Seiten des hauptamtlichen Personal durch das Engagement von Zivildienstleistenden kompensierbar erschienen. Auf die Frage, ob er auf die Arbeit mit besonders vulnerablen Kindern/Jugendlichen mit Behinderungen entsprechend vorbereitet wurde, antwortet ein ehemaliger Zivildienstleistender:

> „Also nicht dass ich wüsste, dass da, äh, dass da irgendwas, also das irgendwo – also es war wirklich das, was ich halt da in der Gruppe da von den Kolleginnen da, was mir da gezeigt wurde oder erklärt wurde. Aber dass ich da jetzt irgendwo auf einem Kurs oder so gewesen wäre, das war nicht der Fall" (M_Interview 15).

Während der oben zitierte ehemalige Mitarbeiter vom Umgang mit Sexualität und „Beschämungsmomenten" spricht, sieht dieser ehemalige Zivildienstleistende sein Anforderungsprofil in der Umsetzung pflegerischer Handlungen weitgehend erfüllt. Risiken entstehen dann, wenn das Thema der persönlichen und körperlichen Grenzen nicht bewusst reflektiert und diskutiert wird, sondern die unabweisbare Beziehungsarbeit vorwiegend auf die Erledigung pflegerischer Tätigkeiten reduziert wird. Die offene Frage, wer hier eigentlich was mit welchem konzeptionellen Hintergrund und unter welchen Arbeitsbedingungen machte, erfasste auch die Zivildienstleistenden. Einzelne Berichte suggerieren jedenfalls eine mangelnde Trennschärfe ihres Anforderungsprofils von jenem der hauptamtlich Tätigen.

In der Gesamtschau der Interviews lässt sich ein gewisser Trend nachvollziehen, wonach es spätestens im Laufe der 1990er-Jahre Bemühungen gab, erkennbare Kompetenzlücken, die aus unspezifischen Grundqualifikationen resultierten, durch Fortbildungen zu schließen. Eine Leitungskraft, die schon vor ihrer Tätigkeit im St. Augustinusheim zum Thema sexualisierte Gewalt gearbeitet hatte, beschreibt dies anhand einer zunehmenden Sensibilisierung in Bezug auf sexualisierte Grenzverletzungen innerhalb der Einrichtung:

> „Und als ich [Anfang der 1990er Jahre] angefangen habe, war das auch noch nicht so Thema bei allen Erziehern und Erzieherinnen. Das hat sich im Laufe der Zeit total verändert, weil wir da viel daran gearbeitet haben, dass es Fortbildungen gab für Erzieher, dass die Mitarbeiter, die Gruppenleiter dafür sensibilisiert wurden ‚Wo muss ich wie hingucken?'. Aber das war am Anfang immer noch eher das Thema ‚Was bringen die Kinder von zu Hause mit?'. Und erst so mit der Zeit war klar, dass man auf jeden Fall auch hingucken muss ‚Wo werden Erzieher übergriffig?', ‚Und in welcher Form?', ‚Was heißt überhaupt Missbrauch?'" (M_Interview 26).

Diesem und anderen Hinweisen zufolge begnügte man sich also ab den mittleren 1990er-Jahren nicht mehr nur damit, dass Gruppenerzieher*innen von den heilpädagogischen Fachkräften beraten wurden, sondern es lassen sich Indizien für eine zunehmende Professionalisierung der pädagogischen Arbeit im Sinne themenspezifischer Nachqualifizierungen finden. Die im Zitat verwendete Formulierung, wonach sich „das im Laufe der Zeit total verändert" habe, erscheint aber angesichts eines noch in den späteren 1990er-Jahren existierenden Dunkelfelds sexualisierter Grenzverletzungen im St. Augustinusheim etwas zu optimistisch. Mehrere Interviewpartner*innen bringen die Verbesserung der Qualität der pädagogischen Arbeit im St. Augustinusheim mit der neuen Erziehungsleitung, die Anfang/Mitte der 1990er-Jahre ihre Tätigkeit aufnahm, in Verbindung. Diese habe selbst über eine hohe fachliche Kompetenz verfügt und die professionelle Entwicklung ihrer Mitarbeiter*innen gefördert.

> „Und das waren auch, das waren einfach gute pädagogische Leitungen, die eben auch systemisch ausgebildet waren zum Beispiel, viele hatten eine systemische Ausbildung. Und das, was ich am Anfang auch gesagt habe, da wurde schon auch geschaut, welche Talente hat man und es wurde unterstützt. Weil ich habe mehrere Zusatzqualifikationen, wo das Heim auch wesentlich mitfinanziert hat zum Beispiel. Also solche Sachen wurden einfach unterstützt. Und das war schon mehr als, ich denke in manch anderen Einrichtungen, ähm, also da gab's einfach diese Offenheit" (M_Interview 4).

Solche positiven Schilderungen stammen zumeist von Personen, die noch lange nach unserem Untersuchungszeitraum im SkF Freiburg e.V. gearbeitet haben, wobei zuweilen nicht klar ist, auf welche Zeiträume sie die beschriebenen Entwicklungen beziehen. Ohne Zweifel verbesserte sich die Qualität der pädagogischen Arbeit im Laufe der 2000er-Jahre, insbesondere auch nach dem Umzug der Einrichtung und der Schaffung weiterer Angebote. Dies trifft exemplarisch auf die Gestaltung der Elternarbeit und der fortschreitenden Umsetzung eines systemischen Verständnisses in Jugendhilfemaßnahmen zu. Wichtige Grundlagen für diese Entwicklungen wurden während der 1990er-Jahre gelegt, ohne dass man jedoch sagen kann, dass das Personal des St. Augustinusheims bereits in dieser Zeit einen in jeder Hinsicht ausreichenden Qualifizierungsgrad erreicht hatte.

Die teilweise positiven Beschreibungen in Bezug auf die 1990er-Jahre verweisen implizit auf die Notwendigkeit der Überwindung eines Professionsverständnisses, das die Heimerziehung bis weit in die 1980er-Jahre noch prägte. Ein Experte formuliert dies folgendermaßen:

> „Viele Träger, also z.B. auch der Sozialverband der katholischen Frauen und so, die auf der einen Seite, was Frauen in der sozialen Arbeit anbetraf, durchaus so einen emanzipatorischen Ansatz hatten, die haben sich aber aus finanziellen Gründen irgendwie damit arrangiert. Hauptsache, die waren richtig motiviert. Also die wollten helfen. Katholisch und protestantisch, die wollten helfen. Aber die hatten von Tuten und Blasen keine Ahnung. Die sind auch mit diesem Helfen-Wollen ganz schnell gescheitert und haben dann also irgendwie ihre Enttäuschung auf die Jugendlichen und auf die Kinder niedergeschlagen. Weil die wollen ja nicht" (E_Interview 27).

Diese Darstellung verweist darauf, dass eine formale Qualifizierung auch die Entwicklung eines geeigneten Professionsverständnisses beinhaltet. Tatsächlich erfüllt sich dieses nicht einfach in einer hohen Motivation des „Helfen-Wollens". Dass das St. Augustinusheim auf jeden Fall noch in den ausgehenden 1980er-Jahren mit unzureichenden Professionsauffassungen zu kämpfen hatte, belegen zahlreiche Berichte ehemaliger Mitarbeitender, die noch Jahrzehnte später erstaunt sind über das fachliche Niveau einzelner früherer Kolleg*innen.

> „Und, ähm, die zwei Heilerziehungspflegerinnen, die eben noch da waren, die waren auch eher so ‚Hauptsache die Kinder sind gepflegt und sauber'. Also das war so das, das war schon eines der obersten Gebote. Ich muss sagen, die Wäsche war immer top gewaschen. Also es gab so eine hauseigene Hauswirtschaftsabteilung, die das Essen gemacht, die Wäsche gemacht hat, da konnte man nie, also da gab nichts zu mäkeln, das war 1a, aber, ja, es hat halt nichts mit, weder mit Heilpädagogik noch mit Pädagogik zu tun" (M_Interview 9).

Solche fachlichen Defizite begründen eine Risikostruktur, die dazu führt, dass „sich die Kinder natürlich auf den Kopf hauen" und „ich natürlich auch mal ein Kind greif und es her zieh und es auf den Stuhl setz. Ja klar. Logisch" (M_Interview 5). Symptomatisch sind die Schilderungen eines ehemaligen Zivildienstleistenden, der sich angesichts der beobachteten Erziehungspraxis genötigt fühlte, gemeinsam mit seinem Kollegen einen anderen pädagogischen Stil in der Gruppe zu etablieren. Die Tatsache, dass Kinder von den erfahrenen Mitarbeitenden gedemütigt und bedroht wurden, veranlasste die Zivildienstleitenden zu dem Versuch, wenigstens im Rahmen ihrer Möglichkeiten Elemente einer zeitgemäßen Pädagogik umzusetzen.

> „Das hat uns – ich weiß noch, dass der [Name des anderen Zivildienstleistenden] und ich damals schon entsetzt waren über das Niveau und halt gesagt haben, ja, wir müssen irgendwie die Fahne hochhalten oder so. Müssen es halt bessermachen" (M_Interview 3).

An diesem Punkt lässt sich konstatieren, dass die Transformation von pädagogischem Dilettantismus in ein modernes Professionsverständnis im St. Augustinusheim nicht linear verlief. Ohne Zweifel hat sich der ab 1985 eingesetzte Heimleiter – auch vor dem Hintergrund eines sich verändernden Führungsverständnisses des Diözesan-Caritasverbandes – um Weiterentwicklungen in Richtung einer moderneren Heimerziehung bemüht. Aber diese Versuche wurden ihrerseits durch die kriminellen Ambitionen des Heimleiters und eine inkonsequente Sanktionierung überholter Erziehungspraktiken in gravierender Weise kontaminiert. Zu der Frage, ob der Heimleiter fachlich überhaupt dazu in der Lage war, diese notwendige Transformation umzusetzen, gibt es stark divergierende Aussagen. Während sich einige Interviewpartner*innen von seinen fachlichen Qualitäten überzeugt zeigen, gibt es auch Stimmen, die darauf verweisen, dass er damals „frisch von der Hochschule kam", „schon motiviert war", aber „eigentlich keine Ahnung gehabt" habe (M_Interview 6). Exemplarisch beschreibt eine Mitarbeiterin eine Situation, in der der Heimleiter auf ihre Forderung nach Einzelförderungen für bestimmte Kinder mit Down-Syndrom und Autismus-Spektrum-Störung mit dem Einsatz einer Kollegin reagierte, die die Verhaltensprobleme der Kinder mittels Bachblüten-Therapie lösen wollte.

Es lässt sich bilanzieren, dass erkennbare Qualifizierungsdefizite und ein unausgegorenes Professionsverständnis insbesondere noch in den 1980er-Jahren (aber auch – zumindest noch in einzelnen Segmenten des St. Augustinusheims – in den 1990er-Jahren) Risikobedingungen für die betreuten Kinder und Jugendlichen begründeten. Eine interviewte Schlüsselperson fasst diese Problematik auf der Grundlage ihr zugetragener Zeitzeugenberichte folgendermaßen zusammen:

> „Da waren irgendwie engagierte Menschen unterwegs, die schon wirklich was Gutes wollten, die nicht unbedingt fachlich, also die nicht unbedingt das Instrumentarium hatten oder das Werkzeug oder die Methoden, um wirklich gut zu arbeiten, und die sich dann halt irgendwie geholfen haben – ja. Und schon auch eine gute Zeit miteinander hatten und auch mit den Kindern und Jugendlichen" (S_Interview 21).

Die „gute Zeit“, die die Mitarbeitenden sowohl untereinander als auch mit den Kindern und Jugendlichen hatten, verweist auf ein weiteres Risikopotenzial, nämlich auf einen nicht hinreichend reflektierten Umgang mit Nähe und Distanz.

7.1.3 Umgang mit Nähe und Distanz

Bei der Analyse des Umgangs mit Nähe und Distanz im St. Augustinusheim während des Untersuchungszeitraumes ist es wichtig, alle Probleme, die im Zusammenhang mit Überforderung und mangelnder Qualifizierung diskutiert wurden, im Blick zu behalten, da die Nähe-Distanz-Regulation sowohl durch institutionelle Strukturdefizite als auch durch ein nicht hinreichend entwickeltes Professionsverständnis in negativer Weise beeinträchtigt wurde.

Aus den erhobenen Daten kristallisiert sich ein dominantes Narrativ heraus, demzufolge im St. Augustinusheim der 1980er- und 1990er-Jahre eine ausgeprägte Atmosphäre der Familialität herrschte. Der Leitungsebene lag an einer guten Kollegialität zwischen den Mitarbeitenden, die beispielsweise durch die regelmäßige Veranstaltung von Festen innerhalb der Einrichtung gefördert wurde. Fast der gesamte Diskurs über diese Einrichtungskultur ist von einer gewissen Verunsicherung im Hinblick auf die Legitimität einer solchen engen Verbundenheit innerhalb des Personals geprägt. Interviewpartner*innen berichten mit einer Mischung aus Skepsis und Wehmut davon, dass jenes Ausmaß an Nähe, das damals zwischen den Mitarbeitenden herrschte, in der heutigen Zeit nicht mehr denkbar wäre. Implizit wird damit zumeist suggeriert, dass es eines Professionalisierungsschubes in der Kinder- und Jugendhilfe bedurfte, um die inzwischen kritisch beäugte und belächelte Einrichtungskultur der 1980er- und 1990er-Jahre zu überwinden. Einige Interviewpartner*innen lassen aber auch durchblicken, dass durch diese Professionalisierung etwas verloren gegangen ist, nämlich die damals sehr stark ausgeprägte emotionale Komponente des Ausübens der beruflichen Tätigkeit.

> „Dass es sehr familiär war. Jeder kannte jeden – also in der Anfangszeit, ne, das hat sich ja jetzt, also grundlegend verändert, aber Anfang der 90er Jahre, Ende der 80er Jahre war das so. Jeder war per Du, ähm, jeder konnte überall aushelfen. Ich kannte, also jeder kannte jedes Kind aus dem Heim mit Namen, mit Geschichte, mit, also. Und das hat die Arbeit sehr persönlich gemacht und ja, sowas sorgt dann dafür, dass so eine Arbeit wie so ein zweites Zuhause wird“ (M_Interview 29).

Das Empfinden eines „zweiten Zuhauses“ konnte unter anderem auch dann entstehen, wenn man – wie eine Interviewpartnerin erwähnt – sieben Nachtbereitschaften hintereinander absolvieren musste. In viele retrospektive Erzählungen fließt der sich gerade in den vergangenen zehn Jahren rasant entwickelnde Diskurs über Grenzverletzungen im institutionellen Kontext deutlich ein. Abläufe und Konventionen, die noch vor der Jahrtausendwende als normal und wichtig erachtet wurden, werden inzwischen auch kritisch gesehen. Aber das Narrativ der Familialität wird zumeist auch mit einem gewissen Gestus der positiven Verklärung vorgetragen.

Im Folgenden werden kritische Perspektiven auf diese Einrichtungskultur geworfen – und zwar nicht zuletzt deshalb, weil der Anlass für die vorliegende Studie in unmittelbarem Zusammenhang mit dieser Kultur steht: Der Vorwurf des sexuellen Missbrauchs gegen den früheren Heimleiter erscheint bei genauerer Betrachtung als etwas, das ins Bild passt, nämlich in ein Bild des Verlusts professioneller Grenzen, der die Einrichtungskultur in beträchtlichem Umfang mitprägte.

Fast durchwegs scheint bei den Berichten über die positive Einrichtungsatmosphäre zugleich auch ein umfangreiches Spektrum potenzieller oder realer Kehrseiten derselben durch (vgl. Wittfeld & Bittner, 2019). Darin kommt auch zum Ausdruck, dass das wiederholten Insistieren auf Familialität nur unter Ausblendung der Tatsache möglich ist, dass Familien nicht zwangsläufig ideale Orte des Zusammenlebens sein müssen. Da aber genau dies suggeriert wurde, entwickelte sich eine gewisse Naivität in der Alltagsbetrachtung, die vermutlich zur Entstehung von Risikobedingungen beitrug. Noch bevor einige hochproblematische Implikationen dieser Gemengelage in Bezug auf die pädagogische Arbeit mit biografisch schwer belasteten Kindern und Jugendlichen erörtert werden, ist es wichtig darauf hinzuweisen, dass auch die immer wieder beschworene positive Kollegialität zwischen den Mitarbeitenden ihre Schattenseiten hatte. Mindestens vier Aspekte sind hier – zunächst unabhängig von der Qualität der pädagogischen Arbeit – erwähnenswert: Erstens ein gewisser Gruppenzwang, der es einzelnen Mitarbeitenden schwer machte, sich von den häufig inszenierten Treffen innerhalb der Teams fernzuhalten. So wird aus der Gruppe „Harlekin" berichtet, dass es zu einer Art Routine wurde, dass man sich nicht nur im St. Augustinusheim zum Weintrinken nach Feierabend zusammensetzte, sondern dass man sich auch darüber hinaus – die Rede ist von zweimal wöchentlich – auch noch in der Kneipe treffen sollte.

> „Was trinken gehen abends. Das waren einfach Leute, die hatten Zeit (lacht), die hatten die Arbeit, die hatten sich und sonst nicht mehr. Das war über Jahre da. Also das fand ich immer krass. Ich fand das dann richtig krass so. (…) Und damals war es schon auch erwartet, dass man dann auch abends dazu kommt ‚Wir gehen heute in die Kneipe', ‚Ok, machen wir Teamabend', ‚Du hast Dienst bis zum 21.30 Uhr, komm' doch danach vorbei'. Und irgendwann habe ich da auch gesagt ‚Hey, ich habe eine Freundin, ich habe ein Privatleben und ich sehe euch doch morgen früh wieder bei der Arbeit, ich muss doch jetzt nicht abends ab 21.30 Uhr noch über die Arbeit sprechen'" (M_Interview 2).

Zweitens war die Etablierung von Alkohol als Bestandteil des „netten" Zusammenseins im St. Augustinusheim nicht nur aus Gründen der Aufsichtspflicht nicht zu vertreten, sondern auch aufgrund von Hinweisen, dass einzelne Mitarbeiter*innen ein manifestes Alkoholproblem hatten, das mit als harmlos markierten Teamritualen nicht mehr vereinbar war.

> „Auch die alten Kollegen, die jetzt auch schon teilweise in Rente sind, haben immer gesagt – das ist auch heute noch so ein Spruch ‚Der SkF feiert gerne', so, ne? Es gibt so einen geflügelten Satz und – und damals war das halt wirklich freier, heute ist es nicht mehr so frei wie früher. Da ist man zusammengesessen hat ein Weinchen getrunken. Also Kollegen von mir haben noch ganz andere Sachen erzählt, mit Schnaps und so dann, ne, also Korn in der Wasserflasche und so. Das habe ich nie mitbekommen. Ich habe eine Kollegin mitbekommen, die Schnaps getrunken hatte, sie war aber nicht mehr lange da, die habe ich nur ganz am Anfang kurz mitbekommen. Die hatte auch wirklich dann eine richtige Alk-Fahne. Das war aber die einzige Kollegin, die ich mitbekommen habe, die wirklich zittrig war, war weg, Alk-Fahne, war ruhig, das habe ich am Anfang mitbekommen, danach nicht mehr" (M_Interview 2).

Drittens führte die offenbar über Jahre praktizierte Kultur des halbprivaten Miteinanders zu Geklüngel innerhalb des Kollegiums. Es bildeten sich Fraktionen aus Mitarbeitenden, die sich besonders nahe standen und zu Fragmentierungsprozessen innerhalb der Organisation beitrugen. Als besonders wirkmächtiges Beispiel wird der Zusammenhalt zwischen dem Heimleiter und den meisten fest etablierten (männlichen) Gruppenleitern beschrieben.

> „Diese Gruppenleitungen untereinander waren sehr eng miteinander und die wiederum sehr eng mit dem Heimleiter. Also man hatte da als einfache Mitarbeiterin, sag ich mal, wenig Chancen" (M_Interview 16).

Dass der Heimleiter zugleich Patenonkel der Kinder eines besonders problematischen Gruppenleiters war, trug dazu bei, dass autoritäre Erziehungspraktiken im St. Augustinusheim über lange Zeiträume geduldet wurden.

Viertens gab es sexuelle Beziehungen zwischen Mitarbeitenden, die zum einen deshalb als problematisch betrachtet werden müssen, weil es zu sexuellen Handlungen in der Einrichtung kam, von denen offenbar auch dort untergebrachte Kinder Kenntnis hatten. Zum anderen gab es mindestens eine Beziehung im Rahmen eines deutlichen Hierarchiegefälles (Gruppenleiter und Praktikantin), die vor allem auf Seiten der Praktikantin zu einer schweren persönlichen Krise führte, nachdem es zur Trennung gekommen war. In der Einrichtung selbst waren solche Beziehungen offenbar hauptsächlich in Form von Gerüchten repräsentiert.

Die hier skizzierten Faktoren machen deutlich, dass der enge Zusammenhalt zwischen den Kolleg*innen zwar einerseits als sozial und emotional bereichernd erlebt wurde, andererseits aber Risiken produzierte, von der die Arbeit im St. Augustinusheim keineswegs unbeeinträchtigt blieb. Jeder der hier aufgezählten Aspekte kann für sich genommen als relativ harmlos betrachtet werden: Man kann sich als Arbeitsteam auch privat treffen. Fraktionsbildungen innerhalb von Belegschaften sind üblich. Auch der Umstand, dass man in der Einrichtung immer wieder mal eine Flasche Wein gemeinsam getrunken hat, kann als vertretbar betrachtet werden, wenngleich dies heutzutage aus guten Gründen nicht mehr erlaubt ist. Und sexuelle Beziehungen zwischen Kolleg*innen sind zunächst einmal als deren Privatsache zu betrachten. Der problematische Charakter der beschriebenen Einrichtungskultur ergibt sich aber unter Berücksichtigung des institutionellen Gesamtzusammenhangs, der in relevantem Ausmaß auch von strukturellen Problemen und Professionalisierungsdefiziten geprägt war. Und er offenbart sich mit deutlichen Konturen, wenn man in Betracht zieht, wie dieser bestimmte Typus der zwischenmenschlichen Beziehungsgestaltung (der von einem Verschwimmen interpersonaler Grenzen gekennzeichnet ist) auf die pädagogische Arbeit mit Kindern und Jugendlichen übertragen wurde.

Im Zusammenhang mit dieser pädagogischen Arbeit wird von vielen Interviewpartner*innen erneut die Metapher der Familialität beschworen. Darin drückt sich ein Professionsverständnis aus, das auf der Fantasie gründet, dass die Heimgruppe die „bessere Familie" sei als die reale Herkunftsfamilie der betreuten Kinder und Jugendlichen. Ein solches Verständnis drückt sich exemplarisch in der folgenden Schilderung aus. Der Interviewpartner nimmt zunächst auf die Angst Bezug, die Kinder aus Alkoholikerfamilien äußerten, wenn sie mit Alkoholkonsum ihrer Betreuer*innen konfrontiert wurden.

> „Also Angst habe ich schon gesagt, das ist schon gewesen. Dann eher Lautstärke ‚Habt ihr wieder Fest?'. Aber irgendwie hat es mich eher dran erinnert, ich sage mal wirklich, das ist so ein emotionales Erinnern so, dass ich eher das Gefühl hatte, dass es für die Kinder schön war zu sehen, dass die Leute sich da treffen und Spaß haben miteinander ‚Die Leute, die für uns da sind, die sind da'. Und die Kinder, die dann runterkamen nochmal zum ‚Gute Nacht-Sagen', das war auch immer Thema, ja, es war so, man hat sich gefreut, wenn die Kinder kamen. Das war so eine, ein stückweit auch schon so, wie wenn jetzt irgendwo ein Familienfest ist und die Kinder kommen dann zum ‚Gute Nacht-Sagen', so kam mir das auch vor. So, nicht problematisiert, nicht ‚Hey, hau' ab, jetzt sauf' ich' oder sonst was – nicht. Ich habe das schon als wertschätzend erlebt – zu meiner Zeit" (M_Interview 2).

Ein schwerwiegendes Risiko bestand darin, dass die Kinder und Jugendlichen darauf angewiesen waren, dass die Vorstellungen der Betreuer*innen über das, was

Familie ist oder sein soll, mit ihren eigenen Entwicklungsanforderungen korrespondierten. An keiner Stelle wird problematisiert, worin diese Vorstellungen genau bestanden und welche biografischen Erfahrungen der Mitarbeitenden dazu führten, dass sie ihre jeweils persönlichen Bilder von Familie entwickelten. Es wird auch nicht in Betracht gezogen, dass sie den Kontext des Heimes benutzten, um ihre eigenen familiären Paradiesfantasien zu verwirklichen. Persönliche Vorstellungen zu Familie gingen auch mit unhinterfragten Konzepten von Normalität einher, die Eingang in die pädagogische Arbeit fanden:

> „Das war völlig klar, dass man auch, ich sage mal so versucht hat, eine sehr persönliche Ebene und auch so eine persönliche Beziehung zu den Kindern aufzubauen, dass durchaus auch solche Situationen mit inne hatte, dass ein Kind einem auf dem Schoß gesessen ist und – ich kann es jetzt zumindest von mir sagen, ich fand das irgendwie normal, ich kannte das aus dem Zivildienst so, ich fand das auch da normal, aus dem Verständnis raus, ja, doch, irgendwie so eine Ersatzfamilie zu sein und da so einen familiär geborgenen Rahmen zu geben" (M_Interview 18).

Vor dem Hintergrund der Fantasie von Familialität wird „Beziehungsarbeit" von einigen ehemaligen Mitarbeiter*innen als strategisches Substitut für den oben diskutierten Mangel an konzeptionellen Orientierungen zur Sprache gebracht.

> „Und ich würde mal sagen, das war auch ein hohes Engagement, eine hohe Identifikation von den Leuten, die da gearbeitet haben, die alle, in meiner Wahrnehmung zumindest so gesagt haben ‚Mir ist das wichtig mit den Kindern zu arbeiten und ich gebe mich da wirklich auch nicht nur rein professionell rein, sondern auch persönlich – ich gehe in diese Beziehungsarbeit' usw., das schon" (M_Interview 18).

Immer wieder finden sich Hinweise auf besonders enge Beziehungen zwischen Mitarbeitenden und einzelnen Kindern, wobei das handlungsbezogene und emotionale Engagement dieser Kolleg*innen hervorgehoben wird. Unwillkürlich tritt in solchen Schilderungen das Problem hervor, dass die Definition von „Beziehungsarbeit" offensichtlich häufig dem Gutdünken der einzelnen Kolleg*innen überlassen war. Auch wenn man sich, wie einzelne Berichte bezeugen, zumindest ab den 1990er-Jahren in Teamsitzungen mit Fragen der Nähe-Distanz-Regulation beschäftigte, so wird von vielfältigen Konstellationen berichtet, in denen die besonderen Erfordernisse in der Beziehungsgestaltung zu traumatisierten und bindungsgestörten Kindern/Jugendlichen nicht hinreichend berücksichtigt wurden (vgl. Gahleitner et al., 2017). Wenn man Kinder in den Arm genommen hat oder von diesen in den Arm genommen wurde, habe man „sich wenig Gedanken drüber gemacht" (M_Interview 3). Ein früherer Mitarbeiter, der nicht im Gruppendienst tätig war, skizziert diese besonderen Erfordernisse und weist zugleich darauf hin, dass man diese zumindest in seinem Wirkungsbereich auch thematisiert habe.

> „Dass es klar war, dass Kinder mit diesen Störungen, häufig Bindungsstörungen, äh, dass da eine zu große emotionale Nähe eher Ängste und Aggressionen auslöst und dass eine Pragmatik und Klarheit im Umgang wichtig war. Ähm, so dass der körperliche Aspekt zum Beispiel eher zurückhaltend stattgefunden hat. Im Zuge von Fußballspielen oder so, logisch, ja, aber ansonsten war das eher ein, wie soll ich sagen, nicht so körperlich betonter Umgang auf jeden Fall, wenn wir jetzt die körperliche Nähe nehmen. Und in der psychischen Nähe musste man auch sehr gut dosieren, weil sonst löste das eher massive Aggressionen aus bei den Kids" (M_Interview 24).

Eine Leitungsperson, die zur selben Zeit in der Einrichtung tätig war, kommt – erneut unter Bezugnahme auf die Metapher der Familialität – in ihrer Erinnerung zu einer gegenteiligen Einschätzung:

> „Es hat auch was Familiäres gehabt im St. Augustinusheim und da war auch relativ viel körperliche Nähe da. Also ein Kind auf den Schoß zu nehmen, es zu trösten, abends das Kind ins Bett zu bringen und zu streicheln und so, ohne jetzt überhaupt dabei zu denken, es könnte jetzt übergriffig sein" (M_Interview 26).

Die Einschätzung, wonach man in Bezug auf körperliche Nähe „zurückhaltend" arbeitete und psychische Nähe „dosiert" habe, lässt sich mit Sicherheit nicht auf alle Zeitphasen und auch nicht auf alle Gruppen durchgängig generalisieren. Einen Beleg dafür liefert die folgende Erzählung über einen ehemaligen Mitarbeiter, die auf die mittleren oder späten 1990er-Jahren zu datieren ist:

> „Und in dieser Gruppe war es üblich und das war, fand ich eigentlich auch eine schöne Idee, die hatten so Igelbälle zum Massieren und wenn das ein Kind wollte, wenn das abends ins Bett gegangen ist, dann hat die Erzieherin oder der Erzieher auch den Igelball genommen, über dem Schlafanzug und das Kind massiert. Und das mochten manche Kinder gerne. Und da war ein Mädchen, die mochte das nicht. Und der Erzieher, es war ein Mann, der da gearbeitet hat an dem Abend, hat gesagt ‚Das tut dir gut. Das ist doch schön von so einem Ball massiert zu werden'. Und die wollte das nicht und er sollte aufhören. Und er sagte ‚Komm' jetzt lass' und ich mach' das so'. Das war jetzt für mich ein absoluter Übergriff" (M_Interview 26).

Ein deutlicher Ausdruck einer unzureichenden Nähe-Distanz-Regulierung ist der Umstand, dass die mangelnde Trennung zwischen beruflicher und privater Sphäre, wie sie im Umgang zwischen Kolleg*innen ubiquitär war, immer wieder auch auf den Kontakt zu den Betreuten übertragen wurde. Hier fällt vor allem auf, dass es offensichtlich nicht unüblich war, dass Mitarbeiter*innen des St.

Augustinusheimes Kinder aus der Einrichtung bei sich zu Hause unterbrachten. Anlass dafür war beispielsweise, dass zu Weihnachten oder an Wochenenden nur wenige Kinder in der Einrichtung waren und diese dann zu den Familien der Mitarbeitenden mitgenommen wurden. Eine Mitarbeiterin berichtet zudem davon, dass sie ihre eigenen Kinder mit ins Heim nahm, wenn es zu Hause einen Betreuungsengpass gab. Eine Interviewpartnerin verweist darauf, dass es im St. Augustinusheim offenbar lange Zeit kein kritisches Bewusstsein in Bezug auf diese Vermischung zwischen beruflicher und privater Sphäre gab:

> „Also es wurde wirklich dann so – ich mein, man hat die Leute ja gekannt. Also wenn's mal Thema war, dann fanden wir es eigentlich eher so – war so der Konsens, na ja, ist doch nett, wenn die Person bereit ist, das zu machen, halt die Kinder mit heim zu nehmen und mit ihrer Familie mitfeiern zu lassen. Also ich für mich hätte es nicht gemacht. Aber es war eher so, wurde positiv bewertet" (M_Interview 16).

Diese per se problematischen Praktiken erscheinen unter einem besonders zweifelhaften Licht, wenn man den Vorwurf gegen den ehemaligen Heimleiter in Betracht zieht, dass er einen Jungen aus dem Heim zeitweise bei sich zu Hause aufnahm und dort möglicherweise sexuelle Übergriffe gegen diesen verübte. Nachdem dieser Junge Jahre später aus dem Heim entlassen worden war, tauchte er dort dennoch immer wieder auf und wurde vom Heimleiter weiterhin zeitweise bei sich zu Hause in Obhut genommen. Dies gilt auch für einen anderen Mitarbeiter, der diesen jungen Mann zwei- oder dreimal bei sich zu Hause übernachten ließ. Diese Überschreitung der Grenze zwischen beruflicher und privater Sphäre ist der augenfälligste Beleg dafür, dass eine verantwortungsbewusste Dosierung der emotionalen Nähe zu den Betreuten keinesfalls immer gegeben war, sondern diese im Gegenteil zeitweise aus dem Ruder lief. Diese Praxis passt zu einem unzureichend entwickelten Professionsverständnis, das mit idiosynkratischen Vorstellungen von „Beziehungsarbeit" und emotionalem Engagement aufgeladen und in der Einrichtung offenbar auch gern gesehen wurde. Angesichts dieser Schilderungen fühlt man sich an das oben angeführte Zitat eines interviewten Experten erinnert, der das „Helfen-Wollen" als alleinige Grundlage für die Arbeit im Heim ausmachte.

Aus einigen Schilderungen geht zudem hervor, dass es bei solchen unprofessionellen Verhaltensweisen nicht nur um die (emotionale) Versorgung der Kinder und Jugendlichen ging, sondern dass auch eine gewisse Bedürftigkeit auf Seiten einzelner Mitarbeitenden eine wichtige motivationale Grundlage für Probleme in der Nähe-Distanz-Regulation darstellten. Deutlich wird das vor allem in den Beschreibungen zu den Treffen zwischen den Kolleg*innen nach Feierabend im und außerhalb des St. Augustinusheimes. Wenn sich ein größerer Teil des sozialen Lebens auf das Arbeitsumfeld beschränkt, entsteht unwillkürlich das Risiko, dass auch die betreuten Kinder und Jugendlichen in einem Ausmaß emotional besetzt werden, das ausbeuterisch wirken kann. Indem man sich voll und ganz mit seiner Arbeit identifiziert, erhöht sich die Gefahr destruktiver Projektionen: Man wird dann zum Vaterersatz oder zur Freundin einzelner Kinder oder Jugendlicher im Heim.

> „Damals gab's, die Erzieher, es gab viel Beziehung damals, es wurde viel über Beziehung geregelt. Vielleicht ist es genau das Thema. Da ging's viel über Beziehung, ne ‚Wer hat zu wem eine gute Beziehung?'. Und auch ein stückweit, klar, ein stückweit als Mann eh ein stückweit so Vater, nicht Ersatz, aber man ist so in einer Rolle drin, die schwierig ist" (M_Interview 2).

Es wird berichtet, dass eine Kollegin, die keine eigenen Kinder hatte, die Patenschaft für ein Kind übernommen hat und diesem „immer so viele Klamotten gekauft" habe (M_Interview 9). Eine frühere Bewohnerin äußert sich euphorisch über ihre Bezugserzieherin, die „mir gegenüber auch so mütterliche Gefühle [hatte], weil sie sich eine Zeit lang auch überlegt hatte, mich zu adoptieren" (B_ Interview 12). Von einem Verwaltungsmitarbeiter wird berichtet, dass er mit seinem Motorrad brillieren wollte und immer wieder auch Kinder mitnahm. Den Aussagen eines Interviewpartners zufolge war dieser Verwaltungsmitarbeiter „ein schräger Vogel, aber ich glaube nicht, dass von dem sexualisierte Gewalt ausging" (M_Interview 2). Allem Anschein nach handelte es sich hier um denselben Mitarbeiter, der häufig barfuß in der Einrichtung unterwegs war, gerne mal zu viel Alkohol beim geselligen Zusammensein trank und Kolleginnen im Rahmen von Festen sexuell belästigte. Man wird annehmen müssen, dass es für Kinder ein hohes Risiko darstellte, von diesem Kollegen, der keine pädagogische Funktion hatte, auf spontane Ausflüge mitgenommen zu werden. Überall Zeichen emotionaler Bedürftigkeit: Eigene mütterliche Gefühle, die auf die untergebrachten Kinder projiziert werden; sich vor den Jungs als Held mit Motorrad aufspielen, die private Welt in die berufliche Sphäre integrieren, um in dieser zu bekommen, was in jener fehlt.

Die Frage der körperlichen Nähe insbesondere zu jüngeren Kindern wurde spätestens durch den Diskurs über Gewalt in Institutionen und die Notwendigkeit von Schutzkonzepten in den 2010er-Jahren aus dem harmlosen Bereich des individuellen Empfindens in die Sphäre einer systematischen professionellen Selbstverständigung transformiert. Ein Mitarbeiter stellt rückblickend seinen Umgang mit diesem Thema dar:

> „Und das war schon für mich auch ein Thema, auch eine persönliche Beziehung zu den Kindern und Jugendlichen aufzubauen, die auch körperlich sein durfte, also so Berührung im Sinne von Streicheln oder mal in den Arm nehmen oder so was. Gerade bei den Kleineren war das auch immer wieder Thema. Ähm, das war schon Thema. Oder nicht Thema, sondern das war mir was Wichtiges" (M_Interview 18).

Gerade die letzten Passagen dieses Zitats sind implikationsreich. Indem sich der Erzähler selbst korrigiert und betont, dass es „nicht Thema", sondern dass ihm die körperliche Nähe zu den Kindern wichtig war, wird nur implizit die Frage aufgeworfen, ob sich diese Wichtigkeit aus professionellen Erwägungen oder einer persönlichen Bedürftigkeit ergab. Genau diese Frage aber müsste zum Thema gemacht werden, um Risiken der emotionalen oder körperlichen Ausbeutung der Kinder zu reduzieren. Immer stellt sich die Frage, worin der emotionale Profit der Fachkräfte bestand, wenn sie sich um Kinder und Jugendliche kümmerten, die in ihrem Elternhaus vernachlässigt wurden oder Gewalt erfuhren. Zu erinnern ist an dieser Stelle an die Bemerkung des interviewten Experten, wonach die Enttäuschung der motivierten Helfenden zu einer Quelle der Gewalt werden kann.

Sieht man den Gesamtzusammenhang einer Kultur, in der die Nähe-Distanz-Regulation häufig auf der Basis des persönlichen Gutdünkens einzelner Mitarbeiter*innen gestaltet wurde, erscheinen verschiedene Formen von Grenzüberschreitungen in einem hochproblematischen Licht (siehe hierzu Kap. 6 zu Gewalt im St. Augustinusheim). Wenn Mitarbeiter auf Freizeiten gemeinsam mit den betreuten Jungs duschen oder Bilder von nackten Jungen angefertigt und mit „lockeren" Sprüchen kommentiert werden, dann handelt es sich nicht einfach nur um „Ausrutscher" einzelner Kollegen. Ebensowenig gilt dies für die folgende Schilderung einer früheren Bewohnerin über eine körperliche Auseinandersetzung mit einer Mitbewohnerin, in die ein männlicher Erzieher eingriff. Der Vorfall dürfte sich ungefähr Anfang/Mitte der 1990er-Jahre abgespielt haben:

> „Und, äh, er hatte mich dann so festgehalten, ich hatte sie festgehalten, sie lag auf dem Boden, ich war auf dem Boden, er hat mich festgehalten so. Und ich war da schon, ich weiß nicht, ich muss da schon vierzehn, fünfzehn so in dem Alter gewesen sein. Und er hat mich so festgehalten, dass mir das T-Shirt hochgerutscht ist, also im Schlafanzug. Ich war ja dann unten drunter ohne Oberteil. Und das fand ich dann, glaube ich nicht so toll, weil das war für mich dann so ‚Äh, er ist ein erwachsener Mann, der hat mich nicht so zu sehen'. Für mich war das so, bei ihm so dieses, ja, dieses Körperliche, aber es war jetzt nicht so Gewalt, bewusst Gewalt, sondern er wollte mich halt von ihr wegziehen. Aber ich wollte nicht und dann gab's da diese Situation, an die ich mich erinnere. Und seitdem habe ich, äh, konnte ich mit ihm nichts mehr anfangen, also da fand ich gab's nur Ärger mit uns. Wenn er da war, war ich am liebsten weg. Weil ich fand das sehr unangenehm damals. Ich kann mich erinnern, dass ich da ihn angeschrien habe und geschlagen habe – ja" (M_Interview 10).

Auf direkte Nachfrage stellen fast alle Interviewpartner*innen klar, dass es im St. Augustinusheim keine systematische Kultur der Grenzüberschreitung gab; vielmehr betonen sie, dass man in Teamsitzungen und Supervisionen auch Fragen der Nähe-Distanz-Regulation thematisiert und kritische Situationen reflektiert habe.

Diese beschwichtigende Selbsterzählung erscheint bis zu einem gewissen Grad insofern funktional, als sie den Aspekt des Risikos auszublenden scheint. Man hat insbesondere im Vergleich mit der traditionellen Heimerziehung Vieles besser und richtig gemacht. Aber man hat nicht durchgängig verstanden, dass sich unter dem Primat der so genannten „Beziehungsarbeit" mit schwer belasteten Kindern und Jugendlichen sehr anspruchsvolle Fragen der Nähe-Distanz-Regulierung stellen, die nicht einfach nur durch Engagement, „Learning by doing" und interne Reflexion zu lösen waren (vgl. Dörr, 2018). Dies zeigt sich im Besonderen auch in Zusammenhang mit der Arbeit mit pflegebedürftigen Kindern und Jugendlichen in den Gruppen „Harlekin" und „Grashüpfer". Man erfährt in den Interviews wenig darüber, wie Probleme der Intimität und Privatsphäre im Pflegesetting bearbeitet wurden. Ehemalige Zivildienstleistende berichten, dass das Waschen von Kindern, „die auch schon älter waren" als „Umstellung" und „neue Erfahrung" wahrgenommen wurde, zumal die „vollen Windeln so gestunken haben", da die Kinder ja auch Medikamente bekamen (M_Interview 15). Es macht den Eindruck, als wäre es primär um das Erledigen der pflegerischen Aufgaben gegangen, ohne sich gleichzeitig bewusst zu machen, dass damit zentrale Fragen der Nähe-Distanz-Regulation und somit erhebliche Risiken für Grenzüberschreitungen verbunden waren. Ein ehemaliger Mitarbeiter konstatiert, dass es zumindest in diesem Bereich an der häufig beschworenen Reflexionskultur mangelte:

> „Da war es schon, also mir war das eher wichtig, dass dann um die [Name weibliche Bewohnerin] sich die Erzieherinnen kümmern usw., wenn es dann gerade um so körperliche, wenn es ums Baden ging oder solche Dinge. Aber das war eher, also es war nicht, dass wir das groß thematisiert haben oder – also ich kann mich zumindest nicht dran erinnern, sondern es war einfach so, dass man halt irgendwie geguckt hat, das hat man halt so gemacht irgendwie, das war so eine gewisse Selbstverständlichkeit" (M_Interview 18).

Vor dem Hintergrund dieser unreflektierten „Selbstverständlichkeiten" sind jene Übergriffe zu betrachten, die sich explizit gegen Kinder mit Behinderung richteten. Das erwähnte Beispiel der Fotos, die einen Anlass für die vorliegende Studie bildeten, ist Ausdruck eines Klimas, in dem offensichtlich gerade Menschen mit Behinderung ihr Recht auf Intimsphäre vorenthalten wurde. Eines der beiden Fotos zeigt einen auf der Toilette sitzenden Jungen. Auf der anderen Abbildung ist ein nackter Junge mit halb erigiertem Penis zu sehen, der sich offensichtlich in einer „spielerischen" Auseinandersetzung mit einem Betreuer befindet, von dem nur der Schuh zu sehen ist. Der Junge ist mit einer Plastikflasche und einem Schnürsenkel, der zu diesem Schuh gehört, beschäftigt. Das Bild ist mit dem handschriftlichen Kommentar „Na warte, dir zeig ich's" versehen. Beide Bilder stammen aus einem

Fotoalbum der Gruppe und waren daher einer Teilöffentlichkeit jederzeit zugänglich. Es existierte offensichtlich keinerlei Bewusstsein dafür, dass die abgebildeten Jungen ein Recht auf einen selbstbestimmten Umgang mit ihrem Körper und ihrer Privatsphäre haben. Sie wurden zumindest in dieser Hinsicht insofern einfach als „behindert" betrachtet, als ihnen keine Entscheidungsbefugnis über das Anfertigen der Fotos und deren Veröffentlichung im Gruppenalbum zugestanden wurde.

7.1.4 Verantwortungslosigkeit

Die bisher geschilderten Probleme der institutionellen Struktur und der Qualifizierungsdefizite beantworten noch nicht die Frage nach der professionellen Positionierung der pädagogisch handelnden Subjekte im St. Augustinusheim. Eine eingehende Analyse der Interviewdaten erlaubt eine zusammenfassende Charakterisierung dieser professionellen Subjektposition unter dem Begriff der Verantwortungslosigkeit. Diese begriffliche Bestimmung widerspricht zunächst der dominierenden Selbsterzählung des Einrichtungspersonals, wonach sich die meisten Mitarbeitenden engagiert für das Wohlergehen der betreuten Kinder und Jugendlichen eingesetzt haben. Im Folgenden werden aber auf der Basis des erhobenen empirischen Materials einige Aspekte herausgearbeitet, die zu einer Fundierung des übergeordneten Befundes der professionellen Verantwortungslosigkeit beitragen.

Personalpolitik

Man kann innerhalb des St. Augustinusheimes im Wesentlichen zwei Ebenen der Verantwortungslosigkeit unterscheiden. Die erste wurde implizit schon ausführlich behandelt und bezieht sich auf die Herstellung einer institutionellen Struktur, die zur Erzeugung von Entwicklungsrisiken für die betreuten Kinder/Jugendlichen beitrug. Wenn die Einrichtung zumeist überbelegt und die personelle Besetzung aus Kostengründen zugleich sehr knapp bemessen wurde, dann ist die damit zusammenhängende Verantwortungslosigkeit dem Träger und der Einrichtungsleitung zuzuweisen. Dies gilt auch für eine Personalpolitik, die die beschriebenen Phänomene der Überforderung, der Bildung von Fraktionen und der Akzeptanz gegenüber ungeeigneten und unzureichend qualifizierten Mitarbeiter*innen hervorbrachte. Auch die Verweigerung von Einzelsupervision für heilpädagogische Fachkräfte ist unter dem Aspekt der Verantwortungslosigkeit zu betrachten. Die erste Ebene der Verantwortungslosigkeit bezieht sich also auf das, was man als Personalmanagement oder spezifischer als Mitarbeiter*innenpflege bezeichnen könnte. Die oben beschriebenen Überforderungsphänomene sind der sichtbarste

Ausdruck entsprechender Defizite. Die zweite Ebene der Verantwortungslosigkeit ist von der ersten nicht unabhängig, bildet aber zugleich einen eigenständigen Phänomenbereich, nämlich den Umgang des Personals mit den ihm anvertrauten Kindern und Jugendlichen.

Unzureichende Versorgung von Kindern/Jugendlichen

Fast allen Erzählungen, die im Rahmen der vorliegenden Studie erhoben wurden, liegt ein mehr oder weniger diffuses Unbehagen zu der Frage zugrunde, inwieweit das St. Augustinusheim während des Untersuchungszeitraumes dem Anspruch gerecht wurde, förderliche Entwicklungsbedingungen für die dort untergebrachte Klientel zu ermöglichen. Dieser Frage wird weiter unten bei der Analyse der spezifischen Bedarfe dieser Klientel noch eingehender nachgegangen. An dieser Stelle sollen zunächst nur einige Symptome diesbezüglicher Verantwortungslosigkeit punktuell dargestellt werden. Ein wesentlicher Aspekt bezieht sich auf das weitgehende Vorenthalten einer spezifisch notwendigen psychotherapeutischen Versorgung der im Heim lebenden Kinder und Jugendlichen (vgl. Streeck-Fischer, 2023). Soweit rekonstruierbar schien die Einschätzung vorzuherrschen, dass die psychotherapeutischen Bedarfe dieser jungen Menschen durch die Arbeit der Heilpädagogi*innen abgedeckt werden könnten. Angesichts der Schwere der biografischen Belastungen muss diese Einschätzung als fahrlässig bezeichnet werden. Diese Bewertung beinhaltet kein Urteil über die Qualität der Arbeit der heilpädagogischen Fachkräfte, von denen eine sagt, sie habe „im weitesten Sinne“ auch Psychotherapie mit den Kindern/Jugendlichen gemacht, sondern sie problematisiert ein grundlegendes institutionelles Unverständnis über die gesundheitsbezogenen Erfordernisse zum Teil schwer traumatisierter Kinder (vgl. Fegert & Petermann, 2014). Dem entsprechend beinhaltet der Bericht einer früheren Bewohnerin über das, was sie bei ihren Pflegeeltern lernen konnte, implizit auch eine Aufzählung dessen, was ihr zuvor im St. Augustinusheim vorenthalten worden war:

> „Und erst mit ihnen habe ich auch so gelernt, auch Emotionen wahrzunehmen, zu zeigen und sie versuchen zu regulieren. (…) Und, ähm, da haben sie mir aber beide [Pflegeeltern, Anm. d.A.] auch sehr geholfen dann auf eine gute Art, damit dann auch umzugehen und Worte dafür zu finden und ein offenes Ohr zu haben und auch so praktische Sachen wie dieses Täschchen mit den Fotos – ja. Und da hatte ich endlich so diesen Schutzraum, den ich nie hatte, ja, dieses Dasein und gesehen werden und geliebt werden, so bedingungslos. Ja, das war schon eine sehr wichtige Zeit und Phase – generell, also von Anfang an, bis heute, ja“ (B_Interview 12).

Emotionsregulation, Erlernen von Skills, Verfügbarkeit eines sicheren Ortes, konzentriertes Wahrgenommen-Werden und zuverlässige Bindungen. Diese kurze

Sequenz bietet eine prägnante Aufzählung notwendiger Qualitäten, die als grundlegende Voraussetzungen für die Bewältigung früher Traumatisierungen gelten (vgl. Gahleitner, 2009). Es wird sofort deutlich, dass die Unterbringung in einer Heimeinrichtung mit heilpädagogischer Begleitung diesen Erfordernissen offensichtlich nicht gerecht werden konnte. So gelangt auch eine frühere Mitarbeiterin zu der fatalistisch anmutenden Einschätzung, dass es „in so einem Rahmen auch einfach gar nicht möglich war, das alles aufzufangen, was die so mitgebracht haben" (M_Interview 8). Ihrer Meinung nach sei aber „so eine Unterbringung für manche Kinder und Jugendliche sinnvoll und gut" gewesen. Es sei aber „egal" gewesen, ob diese Unterbringung im St. Augustinusheim oder in einer anderen Einrichtung erfolgt sei. In gewisser Weise spiegeln solche Einschätzungen einen gewissen Schicksalsglauben in Bezug auf die Entwicklungsbedingungen der Kinder und Jugendlichen wider. Für manche junge Menschen mag die Einrichtung geeignet sein, für andere nicht. Ihre biografischen Belastungen sind erstens nicht überschaubar und zweitens so schwerwiegend, dass Hilfe und Unterstützung eher symptomorientiert, aber nicht nachhaltig wirksam sein kann. Dieser pädagogische Fatalismus kommt auch in der oben erwähnten Selbstkonstruktion als bessere Ersatzfamilie zum Ausdruck. Indem angesichts der Begrenztheit der institutionellen Möglichkeiten die tatsächlichen Hilfebedarfe der anvertrauten Klientel geleugnet werden, wehren die Mitarbeitenden zugleich ihre eigene Verantwortung für die Gesundheit und die Entwicklungsbedingungen der jungen Menschen ab. Dazu passen Berichte über eine fehlende Aufnahmediagnostik bis in die 1990er-Jahre hinein, eine Unterbringung von Babys und sehr jungen Kindern in einer auf der Basis von Heimstrukturen funktionierenden Inobhutnahmestelle, ein Sich-selbst-Überlassen von Jugendlichen, die in riskante Milieus abdrifteten und ein fehlendes Konzept für Care Leaver. Für praktisch jede Entwicklungsphase der Betreuten lassen sich Versorgungsdefizite nachweisen. Ein Beispiel dafür, dass sich das Muster der Verantwortungslosigkeit auch noch über die Zeit des Aufenthalts im Heim hinaus zeigen konnte, liefert eine ehemalige Bewohnerin, die früh in eine Adoptionsfamilie aufgenommen wurde. Diese berichtet, dass der Leiter des St. Augustinusheimes in den 1990er-Jahren ihre Kontaktdaten an ihre leibliche Familie weitergab, obwohl es diesbezüglich einen expliziten Sperrvermerk gab. Dies führte zu nachhaltigen und belastenden Verstrickungen mit Mitgliedern ihrer Herkunftsfamilie.

Die Kehrseite der in manchen Berichten durchscheinenden romantisierenden Verklärung des familiären Einrichtungsklimas bestand in einer weitgehenden Akzeptanz von Verantwortungslücken, da es eine Neigung zu geben schien, die eigenen Theorien über die Bedarfslagen der Kinder/Jugendlichen an die (begrenzten) pädagogischen Möglichkeiten der Einrichtung anzupassen. Innerhalb eines solchen Klimas mussten die Kinder unter anderem auch eine Betreuerin akzeptieren, die „einfach immer verschlafen hat“ (M_Interview 8) oder eine andere, die „im Dienst auch mal einen Wein trinkt“ (M_Interview 22) – mit Wissen der Leitung, die mit dieser Person befreundet war.

Das Problem der Verantwortungslosigkeit lässt sich aber nicht nur auf das Risiko einer inadäquaten Versorgung der Kinder/Jugendlichen beziehen, sondern auch auf die Unfähigkeit, diese jungen Menschen vor konkreten Gefährdungen zu schützen.

Unzureichende Risikoeinschätzung

Es liegen einige Berichte vor, die gravierende Defizite in der Behandlung von Kindeswohlgefährdungsfällen noch in den 1990er-Jahren im St. Augustinusheim aufzeigen. Man muss hier – auch eingedenk des damals noch unzureichend entwickelten Fachdiskurses – ein Ausmaß an Verantwortungslosigkeit konstatieren, das ebenfalls nicht vereinbar ist mit idealisierenden Selbsterzählungen, von der retrospektive Berichte zu dieser Einrichtung häufig geprägt sind. Im Folgenden wird diese Verantwortungslosigkeit anhand drei verschiedener Gefährdungslagen nachgewiesen, nämlich in Bezug auf Gewalt unter Kindern/Jugendlichen, Gewalt des Erziehungspersonals gegenüber Kindern/Jugendlichen sowie Gewalt im familiären Kontext der Betreuten.

Exemplarisch für die erste Fallkonstellation ist die Erzählung einer früheren Bewohnerin, die im Heim wiederholt sexualisierte Gewalt durch männliche Bewohner erlitt, ohne dass dies jemals vom Personal zur Kenntnis genommen worden wäre. Sie berichtet beispielsweise, dass sie sich nach einem sexuellen Missbrauch durch einen Jugendlichen in halb bekleidetem Zustand auf einen Schrank geflüchtet habe. Eine Fachkraft sei ins Zimmer gekommen, habe sie gefragt, was sie auf dem Schrank mache und ihr schließlich heruntergeholfen. Es habe mehrerer ähnliche Situationen gegeben, ohne dass man versucht hätte, diese zu verstehen und den Hilfebedarf des Mädchens zu erkennen. Später habe sie sich ihren Pflegeeltern gegenüber in Bezug auf die erlebte sexualisierte Gewalt anvertraut, wobei unklar bleibt, ob diese ihrerseits das Heim davon in Kenntnis setzten. Über das, was in der Einrichtung versäumt wurde, gibt die Interviewpartnerin in der Rückschau unmissverständlich Auskunft.

> „Aber vielmehr wie Nachfragen, glaube ich, hätte ich mir viel mehr gewünscht, dass Schutzraum irgendwie hergestellt worden wäre, irgendwie, dass so mehr auch, wie soll ich das gut sagen, dass sozusagen Sachen auch unterbunden worden wären, um eben, wie diese Übergriffe auch zu unterbinden und da auch mehr zu handeln. Weil ich hatte oft das Gefühl, es läuft halt einfach so jeden Tag irgendwie weiter“ (B_Interview 12).

Eine andere Variante der Verantwortungslosigkeit bezieht sich auf den Umgang mit Kolleg*innen, bei denen der Verdacht bestand oder klar war, dass sie sich gewalttätig oder grenzverletzend gegenüber Kindern verhielten. Mehrere Episoden deuten auf ein Klima hin, in dem man lieber wegschaute, als Konflikte mit Kolleg*innen oder Vorgesetzten zu riskieren (vgl. Teubert & Huber, im Druck 2024). Wenn man dennoch einmal die Erziehungspraktiken einzelner Kolleg*innen kritisierte, musste man mit Gegenwind rechnen – je nachdem, ob die kritisierte Person von machtvollen Fraktionen innerhalb der Einrichtung geschützt wurde. Nicht selten aber nahm man das kindeswohlgefährdende Verhalten hin, auch wenn dies zu inneren Konflikten im Sinne eines schlechten Gewissens führte. So wird von einer Kollegin berichtet, die Kinder im Rahmen einer Erziehungsstelle betreute. Diese Person machte kein Hehl aus ihrer autoritären Erziehungspraxis, was sich auch deutlich im angsterfüllten und eingeschüchterten Verhalten der Kinder abbildete, sobald diese mit ihr in Kontakt waren. Die Interviewpartnerin habe diese Kollegin aber nie „denunziert", weil allein das auffällige Verhalten der Kinder eine Intervention nicht gerechtfertigt hätte. Ähnliche Verhaltensweisen werden in Bezug auf einen jahrelang tätigen Gruppenleiter berichtet. Der Umstand, dass einzelne Interviewpartner*innen davon berichteten, dass sie sich über ihn beschwerten, eröffnet zugleich aber auch eine Perspektive auf jene Kolleg*innen, die sein kindeswohlgefährdendes Verhalten über lange Zeiträume mittrugen. Mehrere Berichte beziehen sich auch auf die offenbar von verschiedenen Kolleg*innen vollzogene Praxis des Kalt-Abduschens von Kindern. Ein Beispiel für den Umgang mit entsprechenden Informationen liefert die folgende Interviewpassage:

> „Es gab Geschichten über eine Erzieherin, die ich mir auch gut vorstellen konnte, das manchmal so ein bisschen in Richtung schwarze Pädagogik ging, irgendwie unter die Dusche stellen und kalt abduschen ein Kind, wenn sich's nicht so verhält, wie sie – aber das war nie was, was ich selber erlebt hab" (M_Interview 22).

Auf die Frage des Interviewers, ob man in der Supervision über diese „Geschichten" gesprochen habe, antwortet die frühere Mitarbeiterin:

> „Nee. Das wurde nicht veröffentlicht. Das war auch eine Freundin ein bisschen von der Erziehungsleitung, die glaub ich, da durchaus so ein bissel eine Sonderstellung hatte. Ja, aber man wusste ja auch nie so wirklich, ist da was dran oder so. Also das hat, glaub ich, nicht ausgereicht, dass man gesagt hat, das müssen wir jetzt gemeinsam angehen, das muss man veröffentlichen" (M_Interview 22).

Erneut tauchen hier die Motive der nicht hinreichenden Gewissheit und die Verbindung der Beschuldigten mit internen Machtstrukturen auf. Beide Aspekte tragen zur Aufrechterhaltung von Kindeswohlgefährdungen in der Einrichtung bei, relativieren aber nicht das Ausmaß an Verantwortungslosigkeit derer, die von entsprechenden Indizien Kenntnis hatten. Für die Kinder, die kalt abgeduscht wurden, wurde auf diese Weise die Situation der Ohnmacht und Ausweglosigkeit perpetuiert. Eine Expertin berichtet auf der Basis eigener Forschungen davon, wie anspruchsvoll die kritische Thematisierung des Fehlverhaltens von Kolleg*innen innerhalb pädagogischer Institutionen ist:

> „Du brauchst Leute, die Wissen haben, du brauchst die Arbeit in der Gruppe, und du brauchst Leute, die müssen die Rolle haben, die Dinge anzusprechen. Also schon alleine Grenzüberschreitungen anzusprechen, fällt den allermeisten Menschen total schwer, den Mitarbeitenden, weil sie Angst haben, die Harmonie ist gestört, weil sie Angst haben, nicht richtig zu liegen mit ihrer Beobachtung, weil sie die Sprache nicht haben dafür, weil es eine dominante Person im Team gibt, die bestimmt, wo die Grenzen liegen" (E_Interview 25).

Kolleg*innen, die sich gegenüber Betreuten grenzverletzend oder gewalttätig verhalten, erzeugen bei denen, die davon Kenntnis bekommen, einen erheblichen moralischen Druck, dem man sich zumindest partiell dadurch entziehen kann, dass man die entsprechenden Hinweise in Zweifel zieht: Vielleicht ist es ja gar nicht so schlimm. Der Umstand, dass man auf diese Weise tatsächlichen Kindeswohlgefährdungen Vorschub leistet, lässt sich durch psychische Manöver abwehren, die aber nicht nachhaltig wirken.

> „… dass ich bei dem Duschen nicht, ähm, deutlicher widersprochen habe. Ich glaube, das sind die Sachen, die mich wirklich heute ärgern" (M_Interview 4).

Die dritte Variante der Verantwortungslosigkeit bezieht sich auf jene Kinder und Jugendlichen, die nicht vor Gewalt im häuslichen Umfeld geschützt wurden.

> „Ja, doch, da fällt mir auch nochmal eine Geschichte ein mit einem Kind aus unserer Gruppe, ähm, da war die Mutter eine Prostituierte, sie war die Wochenenden auch immer mal wieder zu Hause. Die halt einfach zum Teil auch ein bisschen miterlebt, was zu Hause lief, wie die Freier nach Hause kamen. Und es war, das hat die auch mal wieder, immer wieder mit in die Gruppe gebracht. Und natürlich auch ein Stück weit so ein bisschen nachgestellt und nachgespielt" (M_Interview 8).

Der Versuch der sprachlichen Abwehr der damaligen Versäumnisse ist unübersehbar: Das Mädchen habe die sexuellen Handlungen zu Hause „ein bisschen miterlebt" und diese „ein Stück weit so ein bisschen nachgestellt und nachgespielt". Offensichtlich ist man in der Einrichtung (in Zusammenarbeit mit dem Jugendamt?) nicht zu der Einschätzung gekommen, dass das Kind regelmäßig Situationen sexualisierter Gewalt ausgesetzt wurde und die entsprechenden traumatischen

Belastungen im Kontext der Einrichtung reinszenierte. Da die Gefährdung dieses Kindes unterschätzt wurde, erkannte das Personal der Einrichtung auch nicht das Ausmaß der Verantwortung, das es in dieser Situation zu tragen hatte. Wiederum ist festzustellen, dass ein solches Verantwortungsvakuum zu einer persistierenden Situation der Ausweglosigkeit auf Seiten des betroffenen Kindes führte.

Wie sich solche Konstellationen aus der Subjektperspektive eines solchen Kindes darstellen können, erfahren wir aus dem Bericht einer früheren Heimbewohnerin, die über viele Jahre schweren sexuellen Missbrauch und körperliche Gewalt (Schläge) durch ihren Vater erlebte. Eindrucksvoll schildert diese Interviewpartnerin, wie sie ohne jegliche Einflussnahme zwischen Familie und Heimeinrichtungen hin- und hergeschoben wurde, ohne dass irgendeine Fachkraft erkannt habe, dass sie an den Wochenenden bei ihrem Vater regelmäßig sexualisierte und körperliche Gewalt erfuhr. Sie berichtet von persistierenden Belastungen und Spannungszuständen nicht nur aufgrund der Gewalt, sondern auch infolge von Demütigungen und Schweigegeboten, die ihr von ihrem Vater auferlegt wurden. Das Hilfesystem handelt offenbar ausschließlich reaktiv, ohne dabei das Mädchen vor den zerstörerischen Bedingungen ihres Aufwachsens zu schützen. Auch die Mitarbeitenden des St. Augustinusheimes kamen ihrer Verantwortung für dieses Mädchen nicht annähernd nach. Sie beteiligten sich vielmehr an einer intransparenten und für das Kind nicht zu beeinflussenden Unterbringungspraxis, die weder Schutz noch tragfähige Bindungen ermöglichte.

> „Und ich hab das nie verstanden, dass man Kinder, wo grade ankommen im Heim, rausgerissen werden, wieder zurück zu den Eltern oder dann ins andere Heim – das hat für mich vieles kaputtgemacht vom Vertrauen her auch“ (B_Interview 13).

Erst kurz vor Erreichen des Erwachsenenalters konnte sie ihrer Mutter den sexuellen Missbrauch und die Misshandlungen durch den Vater mitteilen. Und erst an diesem Punkt nahm das Hilfesystem seine seit Jahren bestehende Verantwortung wahr:

> „Und daraufhin ist halt alles andere in die Wege geleitet worden, was all die Jahre davor nicht gesehen wurde, was er mit mir gemacht hat“ (B_Interview 13).

Der Umstand, dass das Mädchen nur über ein Jahr im St. Augustinusheim untergebracht war und die weiteren Jahre ihrer Jugend in einer anderen Einrichtung verbrachte, mildert das Ausmaß der Verantwortungslosigkeit seitens des St. Augustinusheimes nur unwesentlich ab. Der Fall ist den 1990er-Jahren zuzuordnen, also einer Zeit, auf die sich zahlreiche positive Selbsterzählungen insbesondere im Hinblick auf die Qualität der fachlichen Arbeit beziehen. Das

Resümee der früheren Bewohnerin über das Hilfesystem, an dem das St. Augustinusheim in relevanter Weise beteiligt war, fällt hingegen höchst kritisch aus. Die jahrelangen Vergewaltigungen und körperlichen Misshandlungen wurden von den Fachkräften nicht wahrgenommen oder überhaupt in Betracht gezogen.

> „Es wurde halt nicht gesehen, dass ich daran kaputtgehe. Und das hat mich geärgert, und das ärgert mich heute noch, weil ich unter den Folgen dessen immer noch leide" (B_Interview 13).

Die frühere Bewohnerin macht deutlich, dass es genügend Indizien für das Vorliegen einer Kindeswohlgefährdung während ihrer Aufenthalte bei ihrem Vater gegeben hätte. Sie kam von dort mit blauen Flecken zurück und sendete in Form von selbstverletzendem Verhalten deutliche Appelle an die für sie zuständigen Fachkräfte, die nicht in der Lage waren, die Zusammenhänge zu verstehen.

> „Wenn ein Kind vom Umgang nach Hause kommt und total verstört ist oder sich zurückzieht und nicht mehr spricht und nicht mehr so fröhlich ist, wie es eigentlich gewesen ist, da wünsch ich mir, dass Betreuer oder Heimleiter hingehen und nachforschen und gucken, was ist der Grund. Warum will das Kind dort nicht hin? Oder was ist passiert, dass das Kind sich so unwohl fühlt und sich so zurückzieht? Das ist so der größte Wunsch, den ich eigentlich habe" (B_Interview 13).

In einer Zeit, in der man sich bereits eine avancierte Elternarbeit auf die Fahnen schrieb, waren die Fachkräfte des St. Augustinusheimes offenbar nicht in der Lage, Hinweiszeichen auf eine schwerwiegende Kindeswohlgefährdung zu erkennen und fachgerecht zu intervenieren. Man kann die Verantwortung für dieses Versäumnis an das zuständige Jugendamt oder an die Folgeeinrichtung abschieben, entkommt dadurch aber nicht der moralischen Last, ein jahrelanges Martyrium eines schutzbefohlenen Mädchens nicht rechtzeitig unterbunden zu haben. Angesichts des Hinweises einer Fachkraft, die mit den Kindern/Jugendlichen in Einzelarbeit tätig war, wonach ein relevanter Teil der untergebrachten Kinder von sexualisierter Gewalt betroffen war, erhebt sich die Frage, was das Heim zur konsequenten Unterbindung solcher Gefährdungen im häuslichen Umfeld unternommen hat. Die Fachkraft selbst sah jedenfalls ihre Aufgabe nicht darin, entsprechende Verdachtsmomente in der 1:1-Situation mit den jeweiligen Kindern zu thematisieren und verbat sich auch entsprechende Aufträge seitens des Jugendamtes. Nichts deutet auch darauf hin, dass Gruppenpädagog*innen im Untersuchungszeitraum eine Idee von einem systematischen Vorgehen bei einem Verdacht auf sexualisierte Gewalt im häuslichen Umfeld hatten. Eine Mitarbeiterin berichtet beispielsweise aus den frühen 1990er-Jahren, wie mit entsprechenden

Indizien umgegangen wurde. Ihre Schilderungen beziehen sich auf einen Jungen, der in der Einrichtung unter anderem durch exzessives sexualisiertes Verhalten auffiel.

> „Dieser Zivi hatte sich als Ziel gesetzt, diesem alkoholkranken Vater von diesem [Name des Jungen] zu ermöglichen, dass er einen Kontakt, also Vater und Sohn aufbauen können. Und der hatte zum Beispiel die Freiheit, der durfte sich dann den heimeigenen Bus reservieren und mit diesem [Name des Jungen] an den [Name Ort] fahren, Papa besuchen, drei, vier Stunden da verbringen und dann wieder zurückkommen" (M_Interview 9).

Auch wenn die Zusammenhänge unaufgeklärt geblieben sind, zeigt sich angesichts deutlicher Gefährdungszeichen ein gravierendes Verantwortungsvakuum. Es schien keine Instanz gegeben zu haben, die das Handeln des Zivildienstleistenden unter Kindeswohlgefährdungsaspekten betrachtete und diesem Einhalt bot. Eher fühlt man sich an das Muster naiver Familialität erinnert, das sowohl innerhalb als auch außerhalb der Einrichtung das pädagogische Vorgehen zu bestimmen schien. Angesichts einer solchen Auffassung von Professionalität konnten auch Zivildienstleistende ihre eigenen Projekte verfolgen, da das Ausmaß der Verantwortung, die die Einrichtung für die ihr anvertrauten Kinder trug, den Fachkräften offenbar nicht bewusst war.

Das Muster der Verantwortungslosigkeit ist nicht durchgängig. Aber angesichts der hier geschilderten Fallkonstellationen wird deutlich, dass die Abwendung potenzieller Kindeswohlgefährdungen innerhalb und außerhalb des St. Augustinusheimes während des Untersuchungszeitraumes keiner systematisierten und für alle Mitarbeitenden verbindlichen Handlungsroutine unterlag. Das Beispiel des autoritären Gruppenleiters, der psychische und auch körperliche Gewalt ausübte und die zahlreichen Schilderungen von Gewalt zwischen den Kindern/Jugendlichen legen die Annahme nahe, dass die Schädigung von Kindern und Jugendlichen bis zu einem gewissen Grad auch in Kauf genommen wurde. Der Grund dafür lag allem Anschein nach nicht in einer gewaltaffinen Einrichtungskultur, sondern in einem mangelnden Verständnis der Auswirkungen von Gewalt und im Fehlen eines systematischen Handlungsrepertoires zur Abwendung von Kindeswohlgefährdungen. Die Spur der Verantwortungslosigkeit, die sich während des Untersuchungszeitraumes durch das St. Augustinusheim zieht, verdichtet sich zu einer Negativfolie institutioneller Gewaltprävention, wie sie erst ab den 2010er-Jahren zum verbindlichen Standard der stationären Jugendhilfe erhoben wurde (vgl. Rörig, 2015). Zeitgemäße Gewaltpräventionskonzepte setzen an vielen Punkten an, in denen die Mitarbeitenden des St. Augustinusheimes während des Untersuchungszeitraumes ihrer Verantwortung nicht hinreichend gerecht geworden sind.

Dies betrifft zum Beispiel einen achtsamen Umgang der Kinder und Jugendlichen miteinander, ein reflektiertes, prinzipiell gewaltfreies und professionsethisch fundiertes Handeln des gesamten Betreuungspersonals sowie die Verfügbarkeit eines systematischen und verbindlichen Handlungsplans bei Verdacht auf Kindeswohlgefährdungen. Wenig überraschend stimmen die Interviewpartner*innen darin überein, dass es zur damaligen Zeit keine konzeptionelle Orientierung gab, die der heutigen Form eines institutionellen Schutzkonzepts entspricht. Entsprechend inkonsistent und inkonsequent stellt sich das professionelle Handeln in Bezug auf die Abwendung von Risiken und Gefährdungen in der Rückschau dar.

7.1.5 Umgang mit Sexualität: Zwischen Vermeidung und Entgrenzung

In den Umgang mit Sexualität im St. Augustinusheim während des Untersuchungszeitraumes fließen mehrere Aspekte zusammen, die oben bereits dargestellt wurden: Fehlen eines schriftlichen Konzepts zur Fundierung professionellen Handelns, unreflektierter Umgang mit Nähe und Distanz und fachliche Defizite bei der Einschätzung von Kindeswohlgefährdungen. Ähnlich wie in Bezug auf die institutionelle Gewaltprävention lässt sich auch hinsichtlich der professionellen Begleitung der sexuellen Entwicklung der im St. Augustinusheim betreuten Kinder und Jugendlichen ein Strukturdefizit feststellen, dessen vielfältige Manifestationen den Bedarf für klare und verbindliche konzeptionelle Orientierungen offenkundig werden lassen.

In der Gesamtschau auf das erhobene Interviewmaterial lässt sich die These aufstellen, dass der Versuch eines Übergangs von der traditionellen in eine moderne Heimerziehung im St. Augustinusheim gerade auch in jenen Bereichen nicht erfolgreich vollzogen wurde, die sich auf die Sexualität der betreuten Kinder und Jugendlichen beziehen. Zwar finden sich keine Hinweise auf ein erzieherisches Ausagieren einer repressiven katholischen Sexualmoral, aber es eröffnet sich ein eigenartiges pädagogisches Vakuum, wenn man nach dem „Statt dessen" fragt. Der daraus resultierende erzieherische Modus ist jener der Verunsicherung, der sich in den Interviews an einigen Stellen auch aktualsprachlich manifestiert. Auf die Frage, wie in den 1990er-Jahren mit dem Thema der Sexualität der Betreuten umgegangen wurde, antwortet eine ehemalige Mitarbeiterin:

> „Wir hatten auch unsere Teambesprechungen einmal wöchentlich, wir hatten auch, parallel kam auch jede Woche nochmal unsere Erziehungsleitung mit dazu, wir hatten auch einen Heilpädagogen, einen Heilpädagogen, der auch immer mit im Team saß.

Da hätte man diese Themen ansprechen können. Ich kann jetzt nicht sagen, ob es Thema war, aber gefühlt haben wir da, glaube ich alle, ähm, alle recht gut, ähm, mhm – auffangen können oder ein Stück weit vielleicht beobachtet. Ich glaube, es war jetzt nie das Gefühl, dass da irgendwas falsch laufen könnte. Aber ich glaube, es war nicht bewusst Thema. Ich kann mich, ich kann es aber nicht sagen. Ich muss gerade überlegen – Jahre später war auch nochmal, das Team hat sich ja ständig geändert (lacht) bei uns, ähm – mhm? Also was definitiv Thema war, ich weiß jetzt auch nicht genau, welcher Vorfall stattgefunden hatte, also die Anfrage damals von dieser Frau oder diesem Mann war, ähm, ob es um sexuelle Gewalt ging oder um körperliche oder psychische Gewalt, ähm, dass es Übergriffe gab auch tatsächlich, ob andersrum oder, ähm, ob unter den Jugendlichen, das hat man natürlich schon immer wieder thematisiert auch im Team" (M_Interview 8).

Die Art und Weise, wie der damalige professionelle Umgang mit Sexualität im Gedächtnis und sprachlich repräsentiert ist, lässt angesichts einer relevanten Zahl ähnlich lautender Darstellungen die Vermutung entstehen, dass es zu diesem Thema wenig Klarheit gab und man beim Versuch der Entwicklung eines pädagogischen Standards im Wesentlichen auf das eigene Gutdünken zurückgeworfen war. Der ideologische Hintergrund der katholischen Sexualmoral wirkte wenn auch nicht explizit, doch in latenter Weise durchaus noch nach. Es wird berichtet, dass nicht nur der Einrichtungsleiter, sondern auch mindestens ein Gruppenleiter die eigene homosexuelle Orientierung irgendwo zwischen Geheimhaltung und Tolerierung sozial organisieren musste. Es ist von der Bespitzelung missliebiger Mitarbeiterinnen die Rede, denen man ein Leben „in wilder Ehe" nachzuweisen versuchte, um sich ihrer entledigen zu können. Den vorliegenden Informationen zufolge gab es von Seiten des Trägers keine offizielle katholische Doktrin, die einen Lebenswandel jenseits eines heteronormativen Eheverhältnisses verurteilte. Aber es gab offensichtlich Spuren einer solchen Doktrin, die durchaus noch ihre Wirkung entfalteten.

Symptomatisch dafür, dass professionelle Leerstellen zumindest noch Ende der 1980er-Jahre bis zu einem gewissen Grad mit katholischen Kontaminationen gefüllt wurden, mag die Interviewpassage sein, in der eine frühere Mitarbeiterin auf die Frage, ob es damals ein Einrichtungskonzept gegeben hat, antwortet, dass man sich an einem christlichen Leitbild zu orientieren hatte. Im Vorstellungsgespräch sei sie unter anderem gefragt worden, ob sie bereit wäre, mit den Kindern das katholische Kreuzzeichen zu machen.

Da von einer aktiven, fachlich fundierten sexualpädagogischen Programmatik keine Rede sein konnte, war das diesbezügliche erzieherische Handeln vieler Kolleg*innen von Unbehagen, Abwehr und Verunsicherung gekennzeichnet. Ein sehr anschauliches Beispiel dafür, wie sich das aus Sicht der Kinder und Jugendlichen darstellte, liefert eine frühere Bewohnerin.

> „Ich kann mich nur an eine (lacht) Situation im Badezimmer erinnern mit der [Name Bezugserzieherin], die da eher etwas pikiert war, äh, weil wir waren, es war noch ein anderes Mädchen dabei und die hat uns gebadet, und sie hat dann, das andere Mädchen hat dann da angefangen über Selbstbefriedigung zu reden und wie das funktioniert und mhm, mhm. Und die [Name Bezugserzieherin] konnte da nicht wirklich drauf eingehen, das weiß ich noch. Und ich habe immer gedacht ‚Hä?'. Und dann habe ich so gedacht ‚Kennt die das nicht?', ‚Macht die das nicht?', ‚Das sollte sie mal ausprobieren' (lacht), so in die Richtung, also unter so einem Aspekt, weil das schon auch ein großes Thema irgendwie war – sich selber schöne Gefühle machen, anderen schöne Gefühle machen. Und ich war da teilweise so, wissen Sie, ‚Hey, was passiert hier eigentlich?' und ‚Warum ist das so?' und dann ‚Ja, ist doch normal, das machen ja irgendwie alle hier', ja. Und da war sie eher so ein bisschen, da hatte ich so das Gefühl, da konnte sie irgendwie gar nicht so drauf reagieren oder irgendwie drauf einsteigen. Und dass sie danach irgendwie nochmal das Gespräch gesucht hätte oder da nochmal nachgefragt, das gab's nicht. Aber das ist wieder auch nur so ein kleiner Ausschnitt, also ich kann es nicht – das ist das Einzige, was mir da gerade dazu, ja, so eingefallen ist, gekommen ist" (B_Interview 12).

Die besondere Aussagekraft dieses Zitats besteht darin, dass nicht nur die pädagogische Hilflosigkeit der Fachkraft zum Ausdruck gebracht wird, sondern zugleich auch auf die Alltäglichkeit der Sexualität der Bewohnerinnen verwiesen wird. Die Leugnung dieser Alltäglichkeit kann als gemeinsames Muster aus den Interviews mit nahezu allen früheren Mitarbeitenden herausgelesen werden. Vielmehr zeigt sich in fast allen diesbezüglichen Schilderungen der Modus einer Exotisierung der Sexualität der betreuten jungen Menschen: Entweder man hatte gar nichts damit zu tun oder man fühlte sich verunsichert, wenn man wider Willen damit konfrontiert wurde. Während einige Interviewpartner*innen darauf hinweisen, dass man sich im Bedarfsfall Unterstützung von externen Sexualpädagog*innen holte, äußert eine frühere Fachkraft ihre diesbezügliche Skepsis: Die Inanspruchnahme externer Spezialist*innen könne auch als weiteres Indiz einer Strategie verstanden werden, den pädagogischen Umgang mit Sexualität als etwas Besonderes zu markieren. Sehr pointiert wird diese Sichtweise im folgenden Zitat zum Ausdruck gebracht:

> „Also wenn Sexualität nicht im Alltag zur Erziehung gehört, dann ist die Sexualpädagogik ein Instrument, zu verhindern, dass sie das wird" (M_Interview 27).

Dies ist kein Argument gegen die Aneignung sexualpädagogischer Kompetenzen, sondern gegen die Exotisierung des Sexuellen im Sinne der Konstruktion einer besonderen Sphäre, die sich dem „normalen" pädagogischen Aufgabenbereich entzieht. Der Effekt einer solchen Exotisierung besteht in der erwähnten Verunsicherung im pädagogischen Handeln. Exemplarisch und am deutlichsten zeigte sich diese im St. Augustinusheim im Umgang mit Kindern/Jugendlichen mit Behinderung und bei der Einschätzung sexuellen Verhaltens zwischen Betreuten.

In Bezug auf Kinder/Jugendliche mit Behinderung fällt ein Erzählstil auf, in dem eine gewisse – unbehagliche – Verwunderung zum Ausdruck kommt, dass diese Klient*innen ab dem Pubertätsalter explizit sexuelles Verhalten zeigten. Dabei fällt auf, dass man wohl erst in den 1990er-Jahren damit angefangen hat, die Sexualität dieser jungen Menschen überhaupt als pädagogisches Thema zu entdecken. Dies wirft implizit die Frage auf, wie man in früheren Zeiten und damit auch noch in den 1980er-Jahren mit solchen Verhaltensmanifestationen umgegangen ist. Zumindest einer Interviewpartnerin zufolge bestand die Strategie wohl darin, dieses Aufgabenfeld in den Zuständigkeitsbereich der Nachtschwester zu delegieren, also als medizinisches Spezialgebiet zu behandeln. Dies wird beispielhaft an den Umgang mit einem Jungen, der exzessiv und selbstverletzend masturbierte und einem Mädchen mit Down-Syndrom, die ihre erste Periode bekam, dargestellt. In Bezug auf die 1990er-Jahre beinhaltet das erwähnte Narrativ der Überforderung eine Darstellung von Jungen, deren sexuelles „Erwachen" darin bestand, ihren Penis zu präsentieren oder gemeinsam zu masturbieren, während Mädchen dadurch Probleme machten, dass sie sich zu „freizügig" verhielten. Eine entsprechende Schilderung liest sich folgendermaßen:

> „Aber man muss ja auch ein bisschen sensibel trotzdem damit umgehen, ja, dass sie sich ja jetzt trotzdem selbst entdecken und weil, ja, wir auch Mädchen auf der Gruppe hatten. Wir hatten auch ein Mädchen, die, das habe ich ja erzählt, die sehr freizügig auch war, die auch mal ihren Pullover hochgezogen hatte einfach so zum Beispiel. Das waren so unsere Alltagsbegegnungen mit Sexualität auch, ja. Und vieles war tatsächlich auch so ein bisschen bedingt durch, vielleicht durch die geistige Behinderung auch, in dem man gar nicht wusste so richtig, wie man damit umgehen soll jetzt, wenn der Körper sprießt und wenn die Pubertät da ist und man nicht so richtig weiß, was los ist. Das ist ja so schon schwierig und das war für viele, also jetzt gerade wenn ich an dieses Mädchen denke zum Beispiel, einfach vom Verstand auch wirklich schwer, das nachzuvollziehen. Und da mussten wir wirklich wie üben, was man, also dass man den Pullover nicht beim Bäcker hochzieht zum Beispiel oder so, ja" (M_Interview 17).

Es ist nicht ganz klar, ob sich die hier geschilderte subjektive Verwirrung allein auf das beschriebene Mädchen bezieht oder zugleich auch auf das Personal, das offenbar auch „gar nicht so richtig wusste, wie man damit umgehen soll". Die diskursive Verortung des demonstrierten Verhaltens in den Bereich der geistigen Behinderung schränkt das Interventionspotenzial auf das „Einüben" sozial verträglicher Verhaltensweisen ein. Inwieweit man sich mit den diesen Verhaltensweisen zugrunde liegenden Bedürfnissen des Mädchens oder mit gefährdenden

Sozialisationsbedingungen beschäftigte, bleibt unklar. Bekannt ist aber ein Fall, in dem einem Mädchen mit Behinderung eine Drei-Monats-Verhütungsspritze verabreicht wurde, weil

> „die Leute Angst hatten, dass die unkontrolliert und auch Sex mit den Kindern haben könnte und sie wird dann schwanger“ (M_Interview 6).

Auch wenn sich hier in Bezug auf den „Sex mit den Kindern“ eine sprachliche Ungenauigkeit unterstellen ließe, so drückt sich in diesem Zitat wie auch in vielen anderen ein gravierendes Differenzierungsdefizit in Bezug auf einvernehmliche Sexualität zwischen jungen Menschen einerseits und Gefährdungen durch sexualisierte Grenzverletzungen oder Übergriffe andererseits aus.

Es gibt einige Indizien dafür, dass sich die Sexualität der Kinder/Jugendlichen im St. Augustinusheim unter Bedingungen unklarer pädagogischer Grenzen entwickelte. Dies bedeutet, dass deren Verhaltensmanifestationen nicht einfach „endogen“ entstanden, sondern auch mit der Art und Weise in Zusammenhang zu sehen ist, wie in den jeweiligen Gruppen mit Intimität und Privatsphäre umgegangen wurde. Zugespitzt könnte man daher folgende Hypothese formulieren: Wenn den Kindern/Jugendlichen keine persönlichen Grenzen zugestanden wurden, ist es nicht verwunderlich, dass sie selbst ein grenzenloses Verhalten an den Tag legten. Neben dem oben erwähnten Beispiel der Fotos von den beiden Jungen in intimen Situationen existieren einzelne nicht bestätigte Hinweise auf Mitarbeiter, die sich gegenüber Kindern/Jugendlichen mit Behinderungen sexuell grenzverletzend verhalten haben. Die gravierendste Anschuldigung kam von einem Jungen, der sich nur mithilfe gestützter Kommunikation verständigen konnte. Dieser habe den Informationen einer Interviewpartnerin geschrieben: „Der macht immer Öl an meinen Popo und das tut dann weh.“ Diese Aussage bezog sich auf einen Erzieher, der Jahre zuvor seine Arbeitsstelle im St. Augustinusheim gekündigt hatte. Nach Rücksprache mit der Erziehungsleitung wurde beschlossen, dieser Anschuldigung nicht mehr weiter nachzugehen. Ein weiterer Fall bezieht sich auf ein Mädchen, dass sich darüber beschwerte, dass sie abends immer von einem Erzieher gestreichelt würde. Nach Gesprächen mit dem Erzieher konnte auch dieser Vorwurf nicht abschließend geklärt werden. Die Erzählungen zu solchen sexualisierten Grenzverletzungen sind insgesamt inkonsistent. Es lässt sich nicht rekonstruieren, ob sich entsprechende Andeutungen der Interviewpartner*innen auf ein und denselben oder verschiedene Verdächtige beziehen. Festzustellen bleibt aber, dass sich die sexuelle Entwicklung der Kinder und Jugendlichen mit Behinderung im St. Augustinusheim in einem Klima vollzog, das sowohl von einem Mangel an Sensibilität und pädagogischen Orientierungen als auch von einzelnen Gefährdungen beeinträchtigt war.

Eine unzureichende sexualpädagogische Begleitung ist aber nicht nur in Bezug auf Kinder/Jugendliche nachweisbar, bei denen man die Art ihrer sexuellen Manifestationen ursächlich in den Bereich ihrer „Behinderungen“ delegierte, sondern auch hinsichtlich der Sexualität der jungen Menschen in den Jugendhilfegruppen. Symptomatisch für den diesbezüglichen Umgang ist das folgende Zitat aus einem Interview mit einer früheren Fachkraft:

> „Aber es ging halt irgendwie drum, wir haben einen Schutzauftrag den Kindern gegenüber. Und der beinhaltet auch, junge Mädchen davor zu schützen, ungewollt schwanger zu werden. Insofern war's glaub ich, keine rigide – kein rigider Umgang, aber schon so der Versuch, das eher auszuschließen im Haus. So würd ich sagen“ (M_Interview 22).

Zwei Aspekte, die auch in anderen Interviews Erwähnung finden, sind hier wichtig: Erstens gab es während des gesamten Untersuchungszeitraumes offensichtlich ein Verbot sexueller Interaktionen zwischen den Betreuten, wobei an keiner Stelle erkennbar ist, wie dieses Verbot mit den jungen Menschen kommuniziert und pädagogisch legitimiert wurde. Und zweitens kann es als symptomatisch betrachtet werden, dass sich der erwähnte Schutzauftrag nicht auf die Vermeidung sexualisierter Übergriffe, sondern auf die Verhinderung von Schwangerschaften bezieht.

Der Effekt dieses von Abwehr, Unbehagen und Verunsicherung geprägten Umgangs mit Sexualität besteht in der Hervorbringung entsprechender Dunkelfelder. So ist bekannt, dass es durchaus sexuelle Interaktionen zwischen Jugendlichen gab, die diese als einvernehmlich erlebten, wobei sie sich zugleich darüber bewusst waren, dass sie etwas Verbotenes taten. Da aber das Sexualitätsverbot nicht überzeugend begründet wurde, bestand das Risiko, dass das Erleben der eigenen Sexualität für die Jugendlichen mit moralischen Belastungen verbunden war. Eine andere Form des Dunkelfeldes ist als noch schädigender zu qualifizieren, nämlich die sexualisierte Gewalt, die von Jugendlichen und Kindern gegen minderjährige Heimbewohner*innen verübt wurde. Der Bericht einer früheren Bewohnerin macht unmissverständlich deutlich, dass sie noch in den 1990er-Jahren von schwerer und wiederholter sexualisierter Gewalt durch Mitbewohner betroffen war, ohne dass dies dem Personal jemals aufgefallen wäre.

Die hier beschriebenen Defizite sind im Zusammenhang mit den oben erwähnten Problemen der Nähe-Distanz-Regulierung zu sehen. Aufgrund des Mangels an Differenzierungsfähigkeit zwischen einvernehmlicher Sexualität, sexualisierter Gewalt und pädagogischer Nähe entstanden auch die mehrfach berichteten Verunsicherungen insbesondere männlicher Fachkräfte hinsichtlich ihres körperlichen Umgangs mit den Betreuten. Auch hier fällt auf, dass eine fachliche

Auseinandersetzung mit solchen Fragen offenbar erst im Laufe der 1990er-Jahre begann. Eine Leitungsperson erinnert sich:

> „Und mit dem Thema, ähm, als das Thema dann ins Haus kam und man auch mehr darüber erfahren hat, hat es insbesondere auch männliche Mitarbeiter sehr verunsichert ‚Was kann ich jetzt überhaupt noch tun, ohne dass mir vorgeworfen wird, dass ich missbrauche? Ich kann ja kein Kind mehr auf den Schoß nehmen. Ich kann ja kein Kind mehr streicheln'" (M_Interview 26).

Die hier aufgeworfenen, fast bangen Fragen der männlichen Mitarbeitenden zeugen auf eindrucksvolle Weise von mangelnden Thematisierungs- und Differenzierungsroutinen. Da man offensichtlich noch kein klares Wissen und keine klaren Haltungen zum Unterschied zwischen Sexualität und pädagogischer Nähe entwickelt hatte, sah man sich von dem aufkommenden Diskurs über Schutzbedürfnisse von Kindern und Jugendlichen überfordert.

Während man dem sexuellen Verhalten der jungen Menschen im Großen und Ganzen mit dem Modus der Abwehr begegnete, kam es – wie oben beschrieben – zu sexuellen Beziehungen und sexuellen Handlungen zwischen Mitarbeitenden auch in den Räumlichkeiten des St. Augustinusheimes. Einzelne Berichte deuten darauf hin, dass Kinder und Jugendliche davon auch Kenntnis bekamen. An dieser Stelle wird das Sexualitätsverständnis der Fachkräfte besonders deutlich: Während die Sexualität der betreuten jungen Menschen (weil sie Kinder waren? Weil sie „behindert" waren? Weil sie „Heimjugendliche" waren?) in den Bereich des Exotischen delegiert wurde, um sie entweder ganz abzuwehren oder mit sexualpädagogischen Interventionen in den Griff zu bekommen, behielten es sich einzelne von ihnen vor, ihre eigenes Begehren und ihre eigene Sexualität auch in der Einrichtung zu leben. Der hier dargestellte Kontrast mag zu plakativ konstruiert sein, da es für das Personal keineswegs üblich war, ihren Arbeitsbereich für sexuelle Handlungen zu nutzen. Allerdings ist er auch ein Indiz dafür, dass in der Heimerziehung nach dem Aufbrechen eines repressiven katholischen Sexualitätsregimes kein tragfähiges pädagogisches Konzept für den Umgang mit der Sexualität der betreuten jungen Menschen zur Verfügung stand. Daraus ergaben sich für diese Kinder und Jugendlichen die dargestellten schwerwiegenden Entwicklungsrisiken.

7.2 Klientenbezogene Risikofaktoren

Um ein vertieftes Verständnis institutioneller Risikobedingungen und ihrer Wirkungen zu erlangen, ist es vor allem wichtig, einen konzentrierten Blick auf die Kinder und Jugendlichen zu werfen, die im St. Augustinusheim während des

Untersuchungszeitraumes untergebracht waren. Die Trennung zwischen personalbezogenen und klientenbezogenen Risikofaktoren hat hauptsächlich Darstellungsgründe und soll nicht darüber hinwegtäuschen, dass diese aufs engste miteinander verzahnt sind. Die folgenden Ausführungen beginnen mit Einblicken in die Vorbelastungen, die die betreuten jungen Menschen in die Einrichtung „mitgebracht" haben. Danach werden Verhaltensmanifestationen beschrieben, die als deutlicher Ausdruck dieser Vorbelastungen und fortdauernder Problemkonstellationen zu qualifizieren sind. Im abschließenden Teil dieses Kapitels erfolgt eine Bewertung des Umgangs der Mitarbeitenden des St. Augustinusheims mit den Belastungen der ihnen anvertrauten Kinder und Jugendlichen.

7.2.1 Biografische Vorbelastungen

Die Beschreibung der im Rahmen der vorliegenden Studie erhobenen biografischen Belastungen der jungen Menschen, die im St. Augustinusheim aufgenommen wurden, erfolgt überblicksartig und phänomenologisch. Diese Form der Darstellung ermöglicht nur einen oberflächlichen, wenngleich schockierenden Einblick in außerordentlich aversive Entwicklungsbedingungen dieser Kinder.

Bei der Analyse des entsprechenden Interviewmaterials fällt zunächst auf, dass die biografischen Vorbelastungen der Betreuten von den befragten Fachkräften nur an wenigen Stellen eingehender thematisiert werden. Hier zeigt sich ein erkennbarer Unterschied zwischen jenen früheren Mitarbeiter*innen, die im Gruppendienst tätig waren und jenen Personen, deren Auftrag in der heilpädagogischen Einzelarbeit mit den Kindern/Jugendlichen und in der Beratung der Teams bestand. Während sich die früheren Gruppenbetreuer*innen kaum zu Vorbelastungen der Kinder/Jugendlichen äußern, machen diejenigen, die einzeln mit den jungen Menschen arbeiteten, deutliche Aussagen zu Ausmaß und Qualität des Leidens, das ihre Klient*innen in ihrem (früheren) familiären Umfeld zu ertragen hatten. Exemplarisch dafür sind die beiden folgenden Schilderungen früherer heilpädagogischer Fachkräfte:

> „Also es gab viele Kinder, die Gewalterfahrung hatten. Es gab Kinder, die aufgrund von Verwahrlosung zu Hause rausgenommen wurden – psychisch kranke Eltern, drogenabhängige Eltern, alkoholkranke Eltern, alles was man sich vorstellen kann. Und es gab sehr, sehr viele Kinder, ähm, die sexuelle Gewalt erfahren haben" (M_Interview 29).

> „Ja, also ich glaube, 99 Prozent hatten eine frühe Bindungsstörung. Die kamen wirklich aus sehr desolaten Familien. Also die frühe Bindungsstörung mit all ihren

> Folgen, das war glaube ich so am meisten. Dann, ja, die ganzen Traumatisierungen durch Gewalt, sexuelle Gewalt, Vernachlässigung" (M_Interview 29).

Auffällig sind die quantitativen Einschätzungen dieser Fachkraft, die über viele Jahre im St. Augustinusheim gearbeitet hat. Die Information, wonach „sehr, sehr viele Kinder" sexuelle Gewalt in der Vorgeschichte erlebt haben, stellt per se bereits hohe und vielfältige Anforderungen an die Einrichtung und an das dort tätige Personal. Eine Leitungskraft schätzt, dass ungefähr ein Drittel der aufgenommenen Kinder von Missbrauch betroffen waren. Eine andere Fachkraft, die in der Einzelarbeit tätig war, äußert sich ebenfalls unmissverständlich zu der Frage, mit welchen Problemlagen die Kinder in das St. Augustinusheim kamen:

> „Ja, es ist vielleicht leichter andersrum zu fragen, welches Problem sie nicht hatten (lacht). Also das war die komplette Jugendhilfepalette. Das ist jetzt schwer, also Bindungsstörungen waren da, äh, schwere Ängste (…). Es waren massive Gewalterfahrungen, häusliche Gewalt, Alkohol, äh, Verwahrlosung" (M_Interview 24).

Diese Fachkraft fügt hinzu, dass die Kinder häufig noch sehr jung waren, als sie mit „schwersten psychischen Störungen" aufgenommen wurden. Wie gravierend diese Vorbelastungen waren, kommt in der folgenden Schilderung zum Ausdruck:

> „Der Begriff der Resilienz ist damals entstanden auch, ähm, wo man, das entwickelte sich damals in der Zeit, dass man versuchte zu verstehen, wie Kinder mit diesen schwersten Kindheiten sich trotzdem so positiv entwickeln konnten, ja. Und zum Teil muss man sagen ‚überlebt'. Viele oder einige weiß ich, die haben das nicht überlebt, diese Geschichten. Die haben sich sehr früh vom Leben verabschiedet – im jugendlichen oder bzw. jungen Erwachsenenalter dann – tragisch" (M_Interview 24).

Aus den Berichten derjenigen Fachkräfte, die mit den Kindern und Jugendlichen in heilpädagogischer Einzelarbeit tätig waren, lässt sich ableiten, dass der überwiegende Teil der Klientel aufgrund von Verwahrlosung, Vernachlässigung und/oder (sexualisierter) Gewalt im familiären Kontext in das St. Augustinusheim überwiesen worden war. In einem Großteil der im Rahmen der vorliegenden Studie geführten Interviews mit früheren Gruppenbetreuer*innen ist aber eine De-Thematisierung dieses Umstands zu beobachten. Dabei ist zunächst nicht zu klären, ob der Grund dafür in einer wahrgenommenen Selbstverständlichkeit oder in einer Abwehr der biografischen Belastungen der Kinder und Jugendlichen begründet liegt. Entsprechende Hinweise werden entweder in Form minimaler Episoden oder allgemeiner Beschreibungen gegeben, wonach die Kinder beispielsweise „echt viel an Gepäck mitgebracht" haben (M_Interview 8) oder „hochgradig traumatisiert" waren (M_Interview 4).

Die eher schlaglichtartig berichteten Episoden der Gewalt aus den familiären Kontexten der Betreuten machen die oben erwähnte Anforderung des Überlebens verständlich, mit denen eine relevante Anzahl von Kindern schon früh konfrontiert war. Es gab Kinder, die miterleben mussten, wie ihre Mutter ihren Vater tötete, um den permanenten, von ihm verübten Gewaltexzessen ein Ende zu setzen. Von anderen Kindern wird berichtet, dass sie in Patchworkfamilien die „Überbleibsel" waren, die „in der neuen Konstellation nicht mehr richtig unterkamen" und:

> „Die Eltern, die haben gar nichts für die geboten, die waren komplett verloren. Also die waren so stark auf sich allein gestellt, dass es starke Verwahrlosungstendenzen von Seiten der Eltern gab" (M_Interview 6).

Ein Junge sei „von seiner Mutter vielfach misshandelt" worden (M_Interview 9). Darüber hinaus wird von einem zweijährigen Kind und auch einem Baby berichtet, die offensichtlich sexuell misshandelt worden waren. Ein Kind habe „Brandmarken von ausgedrückten Zigaretten auf den Armen" aufgewiesen (M_Interview 3). Zumindest in Bezug auf ein Kind wird darauf hingewiesen, dass die nicht näher spezifizierte Behinderung als Folge von Misshandlungen diagnostiziert worden war.

Ein Grund für die fragmentierte Repräsentation der kindlichen Vorgeschichten in der Wahrnehmung der früheren Mitarbeiter*innen des St. Augustinusheims kann auch darin bestanden haben, dass entsprechende Informationen des jeweils zuständigen Jugendamts lückenhaft waren. Allerdings lässt sich aufgrund des erhobenen Materials die Qualität des diesbezüglichen Informationsflusses nicht eruieren.

Ehemalige Bewohner*innen berichten sowohl von Gewalt zwischen ihren Eltern als auch von körperlicher und psychischer Gewalt, die ihre Eltern gegen sie oder ihre Geschwister ausgeübt haben. Von Entführungen ist die Rede, von überforderten Müttern und davon, tagelang alleine gelassen worden zu sein. Dabei können der Drogenkonsum und/oder die psychische Erkrankung der Eltern erst in der retrospektiven Betrachtung mit den erlebten Verhaltensweisen in Zusammenhang gebracht werden. Eine frühere Bewohnerin habe unmittelbar mitbekommen, wie sich ihre Mutter das Leben nehmen wollte. Der Vater war Alkoholiker und massiv gewalttätig. Es wird von einem Stiefvater erzählt, der seinen Alkohol im Kinderzimmer versteckte, um seine Sucht vor der Mutter zu verbergen. Die „Bindungsbiografie" mit ihrer Mutter charakterisiert eine frühere Bewohnerin mit folgenden Worten:

> „Eigentlich, wenn man so überlegt, im Prinzip so meine ganze Kindheit hat sie sich überhaupt nicht wirklich interessiert. Immer mal wieder zwischendrin so ein paar Jährchen und dann kam wieder irgendwas und dann war es wieder vorbei" (B_Interview 10).

Wie oben erwähnt stellen sich die Hinweise auf biografische Vorbelastungen der betreuten Kinder und Jugendlichen insbesondere aus der Sicht der früheren Gruppenerzieher*innen insgesamt bruchstückhaft und episodisch dar. Es wirkt, als würde sich hier die traumatische Repräsentation belastender Erfahrungen auf Seiten der Kinder/Jugendlichen auf der Ebene des Personal widerspiegeln (vgl. Steinlin et al., 2015a). Dies würde bedeuten, dass das Ausmaß und die Schwere der von den Klient*innen erlebten Gewalt in der Wahrnehmung der früheren Fachkräfte nur in inkonsistenter und fragmentierter Weise repräsentiert war. Diese These wird durch den deutlich unterschiedlichen Erzählstil der heilpädagogischen Fachkräfte untermauert, die allem Anschein nach eine höhere Bereitschaft aufwiesen, sich mit den zum Teil grauenhaften Schicksalen ihrer Klient*innen zu konfrontieren und entsprechende Konsequenzen für ihr berufliches Tun abzuleiten.

7.2.2 Verhaltensmanifestationen

Ähnlich wie im Zusammenhang mit den biografischen Vorbelastungen der untergebrachten Kinder dargestellt, bieten Schilderungen über Ausmaß und Intensität problematischer Verhaltensmanifestationen im St. Augustinusheim ein uneinheitliches Bild. Aus der Sicht früherer Bewohner*innen treten vor allem zwei Aspekte in Erscheinung, nämlich ein gewisser rebellischer Habitus gegenüber dem Erziehungspersonal und Gewalt, die von Kindern/Jugendlichen gegen Mitbewohner*innen ausgeübt wurde. Eine frühere Bewohner*in charakterisiert die Kinder, mit denen sie damals in einer Gruppe lebte folgendermaßen:

> „Und dann gab's eben die, die halt eher ruhig und in sich gekehrt und beobachtend waren und dann gab's halt auch die, die wirklich ordentlich Rabatz gemacht haben" (B_Interview 12).

Eine andere frühere Bewohnerin erinnert sich, dass die Kinder „die Gruppenkasse geklaut" haben und sie selbst „immer frech und rebellisch" war (B_Interview 10). Die Kinder hätten ständig „Blödsinn gemacht", der auch darin bestand, nachts aus der Einrichtung abzuhauen, auf einer Baustelle herumzuklettern, „wie verrückt" über den Friedhof zu rennen. Es fällt auf, dass das offenbar starke Motiv der Flucht aus dem St. Augustinusheim ausschließlich bei den früheren Bewohner*innen Erwähnung findet. Eine Interviewpartnerin rekonstruiert ihr diesbezügliches subjektives Empfinden, das sie als Kind hatte, folgendermaßen:

> „Also die können mich hier nicht einsperren, ich komme hier raus. Also wenn ich will, komme ich raus aus diesem Haus. Es gibt immer einen Weg, aus diesem Haus

auszubrechen (lacht). Es gab nie einen, also es war echt unmöglich, nicht rauszukommen, also wenn man wollte, auch über die Regenrinne im Notfall" (B_Interview 10).

Auch eine andere frühere Bewohnerin berichtet von Phasen, in denen sie aus dem Heim abgehauen ist, weil „mir einfach alles zu viel gewesen ist" (B_Interview 13). Andere Regelbrüche hätten darin bestanden, dass die Kinder und Jugendlichen Zigaretten geraucht und Alkohol getrunken haben. Widerständiges Verhalten hatte zuweilen auch konkrete Auslöser:

„Und es gab auch einen Betreuer, der kam dann neu dahin, weil einer gegangen ist. Und damit sind wir nicht klargekommen, wo wir auch rebelliert haben. Und durchs ganze Heim gerannt sind, Krach gemacht haben, Flaschen ausgeleert haben und das war für uns halt was, wo wir nicht mit klarkamen" (B_Interview 13).

Interessant ist, dass das offenbar nicht seltene nächtliche Abhauen der Kinder/Jugendlichen in den Interviews mit früheren Fachkräften keine Erwähnung findet, obwohl die früheren Bewohner*innen schildern, wie sie von den Betreuer*innen verfolgt wurden oder wie diese versucht haben, sie ausfindig zu machen.

Die Darstellungen des früheren Personals unterscheiden sich von jenen ihrer früheren Klient*innen auch in der gehäuften Verwendung psychodiagnostischer Kategorien bei der Charakterisierung der damaligen Betreuten. Dabei sind vor allem die Zuschreibungen „traumatisiert" und „bindungsgestört" gebräuchlich. Die meisten Schilderungen legen, ohne dass dies expliziert wird, die Annahme massiver Störungen der Impulskontrolle nahe. Es wird berichtet, dass Kinder in eine „Blumenvase pinkelten" (M_Interview 22), „Blumenerde aßen" und mit Kot schmierten (M_Interview 17, M_Interview 19). Eher unspezifisch wird darauf hingewiesen, dass Kinder „völlig abgedreht sind" und „rumschreien, rumtoben" (M_Interview 4). Viele Interviewpartner*innen erinnern sich an bestimmte junge Menschen, die das Personal vor besondere Herausforderungen stellten, beispielsweise an einen Jugendlichen, der „geschlagen, gespuckt, getobt, randaliert" hat und „auf andere Jugendliche losgegangen" sei (B_Interview 4). Dies sei so häufig vorgekommen, dass „das zum Alltag dazugehört" habe (B_Interview 4). Einen komprimierten Eindruck zum Spektrum problematischer Verhaltensmanifestationen ermöglicht die Schilderungen einer heilpädagogischen Fachkraft:

„Ich weiß, dass es Kinder gab, ähm, die manche Erzieher so richtig fertig gemacht haben, aber nicht in dem die geschlagen haben, sondern, ja, die haben halt nur Scheiß gemacht oder haben halt – ja, das eine Kind, da erinnere ich mich, hat dann einfach mal mitten vors Büro gekackt, ja (lacht). Solche Sachen. Also da waren schon manche heftige Sachen, ja, die einfach auch das Ausmaß der Störung der Kinder gezeigt hat.

Oder die alles zerstört haben oder das Essen umgeschmissen haben, die nicht zu händeln waren, die nicht erreichbar waren. Ja, Tobsuchtsanfälle und so was, ich meine, das ist ja irgendwo auch, ja, Gewalt oder, naja, die aus einer Verzweiflung heraus geboren wird bei den Kindern, aber die dann Sachen umgeschmissen haben" (M_Interview 29).

Es fällt erneut auf, dass explizite Zusammenhänge zwischen biografischen Vorbelastungen und beobachtbaren Verhaltensmanifestationen in höherem Maße von den heilpädagogischen Fachkräften als von den Gruppenbetreuer*innen benannt werden.

Der überwiegende Teil problematischen Verhaltens auf Seiten der Kinder/Jugendlichen ist dem Bereich der Gewalt zuzuordnen. Dabei reicht das Spektrum von Manipulieren, Ärgern, Provozieren, Beleidigen bis zu heftigen Formen körperlicher und sexualisierter Gewalt. Ein Interviewpartner spricht von „machtfähigen, gestörten Jugendlichen, die die anderen Jugendlichen benutzt haben, um ihre eigenen Interessen durchzusetzen" und ergänzt:

„Das hat massiv eine Rolle gespielt natürlich. So, und dann kann man sich vorstellen, in so einer Gruppe mit zehn Kids, äh, da ist schon viel Potenzial mit unterschiedlichen Störungen. Und entweder war das untereinander Thema, Sie haben vorhin Sexualität und Gewalt angesprochen, das war unter den Jugendlichen ein großes Thema" (M_Interview 24).

Hier wird deutlich expliziert, dass problematische Verhaltensmanifestationen nicht isoliert betrachtet werden können, sondern dass sie in ihrer externalisierenden Erscheinungsform immer auch Appellcharakter hatten und entsprechende soziale Dynamiken entfachten (vgl. Streeck-Fischer, 2023). Dies wiederum macht die Kontextbezogenheit dieser Verhaltensweisen deutlich. Die Kinder und Jugendlichen produzierten und reproduzierten mit ihrem Verhalten eine bestimmte Einrichtungsatmosphäre, die ihrerseits auf die Bewohner*innen zurückwirkte. Der stille Rückzug, die Gewöhnung an das alltägliche „Austicken" eines Jugendlichen, Fluchtversuche oder das aktive Ausüben von Gewalt stellen exemplarische Reaktionsweisen auf das dar, womit die Betreuten im St. Augustinusheim konfrontiert wurden. Belastet mit dem „Gepäck" ihrer biografischen Belastungen hatten sie nicht nur mit problematischen Verhaltensmanifestationen ihrer häufig ebenfalls traumatisierten Mitbewohner*innen zu tun, sondern auch mit teilweise unzureichenden Handlungsstrategien des Personals. Dieses Defizit bezog sich, wie oben dargestellt, auch auf den Umgang mit (möglichen) sexualisierten Übergriffen von Kindern/Jugendlichen gegen ihre Mitbewohner*innen. Unter der von Interviewpartnerinnen geäußerten Annahme, dass ein relevanter Teil der Klient*innen des St. Augustinusheimes in der Vorgeschichte sexualisierte Gewalt erlebt hatte, drängt sich die Frage nach den Zusammenhängen solcher Erfahrungen mit Verhaltensmanifestationen in der Einrichtung auf (vgl. Mosser, 2012). Nur wenige Interviewpartner*innen benennen sexualisiertes Verhalten und sexualisierte Grenzverletzungen auf Seiten der Kinder/Jugendliche als relevantes Problem, sodass das Vorliegen eines erheblichen Dunkelfeldes als wahrscheinlich angenommen werden muss (vgl. Rau et al., 2016, 2019):

> „Aber es ist, äh, ich würde mal sagen in der Zeit im Augustinusheim, da ist es möglich, dass auch von Kindern bei Kindern was passiert ist. Ältere bei Jüngeren, die selber Erfahrung hatten mit Missbrauch oder Übergriffen oder Gewalt. Und dass das nicht alles verhindert werden konnte, das kann sein“ (M_Interview 26).

Zumindest von einer früheren Bewohnerin wissen wir, dass sie über längere Zeit sexualisierte Gewalt durch Mitbewohner erlebte, ohne dass dies vom Personal zur Kenntnis genommen wurde. Abschließend ist es wichtig darauf zu verweisen, dass sexualisiertes Verhalten nicht notwendig auf eine Betroffenheit von sexualisierter Gewalt in der Vorgeschichte hindeutet. Ebenso wenig ist umgekehrt davon auszugehen, dass Kinder, die von sexualisierter Gewalt betroffen sind, zwangsläufig sexualisiertes Verhalten zeigen. Allerdings können solche Zusammenhänge durch fortdauernde biografische Risikobedingungen verstärkt werden (vgl. Bange, 2016).

7.2.3 Bühnen der Reinszenierung

Wenn man die oben nur überblicksartig dargestellten biografischen Vorbelastungen der im St. Augustinusheim untergebrachten Kinder und Jugendlichen in Betracht zieht, liegt es nahe, einige ihrer in der Einrichtung gezeigten Verhaltensweisen mit diesem biografischen „Gepäck“ in Zusammenhang zu bringen. Einige Interviewpartner*innen stellen diese Verbindung auch her. An diesem Punkt kann die Analyse aber nicht stehen bleiben. Es müssen vielmehr Fragen nach der Funktion und der Funktionalität der Einrichtung gestellt werden. Der übergeordnete Befund, wonach im St. Augustinusheim Risikobedingungen geschaffen wurden, wird im Folgenden insbesondere unter Bezugnahme auf die biografischen Vorbelastungen und Verhaltensmanifestationen der betreuten Kinder und Jugendlichen fundiert. Im Zentrum stehen dabei die pädagogischen Antworten der Mitarbeitenden auf den biografischen Ballast der Klientel.

Das Leitkonzept der Analyse ist jenes der *sequenziellen Traumatisierung* (Keilson, 2005/1979). Dieses erweitert den Blick auf schwere Lebensbelastungen insofern, als traumatische Ereignisse nicht als biografisch isoliert, sondern als potenziell unabgeschlossen betrachtet werden. Dies ist aus klinischer Sicht kompliziert und unbefriedigend, da sich sequenzielle Traumatisierungen einer vollständigen psychodiagnostischen Erfassung weitgehend entziehen, aber das Konzept beschreibt die Lebensrealität biografisch belasteter Minderjähriger besser als klinische Markierungen mit einer „posttraumatischen Belastungsstörung" oder einer „Störung des Sozialverhaltens". Die Stärke des Konzepts der sequenziellen Traumatisierung besteht vor allem in seiner Sensibilität für biografische Belastungsfaktoren, die frühen Traumatisierungen nachfolgen (vgl. Jäger, 2023). Daraus lässt sich unmittelbar die Verantwortung der stationären Jugendhilfe ableiten. Ihre Funktion besteht in hohem Maße darin, sequenzielle Traumatisierungen bei den ihr anvertrauten Kindern und Jugendlichen zu verhindern. Es besteht kein Zweifel daran, dass die Heimerziehung in der Bundesrepublik Deutschland bis in die 1980er-Jahre hinein diesem Auftrag nicht gerecht wurde, sondern gesundheitliche und soziale Schädigungen der Kinder und Jugendlichen prolongierte, wenn nicht noch verschärfte (Gahleitner, 2009).

In allen Interviews mit früheren Fachkräften des St. Augustinusheimes kommt der Anspruch zum Ausdruck, dass die Einrichtung einen Gegenpol bieten sollte zu den teilweise katastrophalen familiären Verhältnissen, in denen die Kinder sozialisiert worden waren. Die gebräuchlichste Metapher dafür ist jene der Familialität (ohne zu explizieren, dass „Familie" gerade von der betreuten Klientel mit einem Ort des Grauens konnotiert war). Die meisten Mitarbeitenden verfolgten offensichtlich eine pädagogische Leitidee, wonach die Kinder im St. Augustinusheim in einem Klima der gegenseitigen Wertschätzung ein respektvolles Miteinander lernen sollten. Die Einrichtung grenzte sich deutlich ab von dem systematischen Erziehungsterror, der noch wenige Jahre zuvor in einer Vielzahl von Heimen praktiziert worden war. Unter Zugrundelegung des Konzepts der sequenziellen Traumatisierung wurden allerdings auch im St. Augustinusheim Risikobedingungen produziert, die mit hoher Wahrscheinlichkeit zu anhaltenden gesundheitlichen Belastungen der betreuten Kinder beitrugen. Dadurch wurde die Einrichtung ihrem Anspruch, für die jungen Menschen einen biografischen Gegenpol zu ihrer malignen familiären Sozialisation zu bieten, nicht in der erforderlichen Konsequenz gerecht. Wir nennen diese Risikobedingungen „Bühnen der Reinszenierung", weil die Produktion hochriskanter Szenen, Beziehungen und Erziehungspraxen in die Kultur der Einrichtung eingeschrieben war, ohne diese zu bestimmen. In der institutionellen Reinszenierung wiederholte sich punktuell das, was die Kinder bereits in den ersten Jahren ihres Lebens geschädigt hatte. Dadurch wurden weitere schädigende Episoden in der langen Reihe sequenzieller Traumatisierungen entfacht.

Es ist davon auszugehen, dass neben den oben beschriebenen strukturellen Risikobedingungen (Überbelegung, Personalmanagement, usw …) noch drei weitere Einflussfaktoren bei der Erzeugung von Bühnen der Reinszenierung zusammenwirkten, nämlich die biografischen Vorbelastungen der Kinder/Jugendlichen, die Vorgeschichte der Einrichtung und die Biografien der Mitarbeitenden. Die beiden zuletzt genannten Aspekte seien hier kurz erläutert:

Eine Recherche bei der früheren Baden-Württembergischen Anlaufstelle und Beratungsstelle für ehemalige Heimkinder (ABH) brachte Informationen über das St. Augustinusheim aus den 1950er- und 1960er-Jahren zutage. Über die ABH konnten ehemalige Heimkinder Leistungen zur Anerkennung ihres Leids beantragen. Elf Personen, die auch im St. Augustinusheim untergebracht waren, meldeten sich bei der ABH. Deren Unterbringung und der Aufenthalt im Heim betrafen den Zeitraum von 1957 bis 1968 (Meldungen waren nur in Bezug auf den Zeitraum zwischen 1949 und 1975 entgegengenommen worden). Alle Betroffenen waren bereits als Säuglinge dort untergebracht worden, sodass konkrete Erinnerungen an diese Zeit nicht rekonstruierbar sind. Für zehn der elf Personen bedeutete der Aufenthalt im Säuglingsheim den Beginn einer „Heimkarriere“. Die Betroffenen berichteten gegenüber der ABH von deutlichen Hospitalismusfolgen aufgrund des rigiden Pflegeregimes. Am häufigsten wurden genannt: Depressionen, Ängste und Unsicherheit, Selbstwertproblematik, Lern- und Konzentrationsschwierigkeiten, mangelnde Empathiefähigkeit und Bindungsproblematik. Eine Betroffene beschrieb sehr eindrücklich, dass sie immer wieder davon träume „wundzuliegen“.

In Interviews mit insgesamt drei Zeitzeuginnen konnten im Rahmen der vorliegenden Studie Einblicke in die Atmosphäre des St. Augustinusheimes in den frühen 1970er-Jahre gewonnen werden. Die entsprechenden Schilderungen lassen den Schluss zu, dass das erwähnte rigide Pflegeregime auch in dieser Zeit noch aufrechterhalten wurde. Soweit rekonstruierbar war die Atmosphäre im Heim von Lieblosigkeit, emotionaler Kälte, sensorischer Deprivation und Vernachlässigungstendenzen gekennzeichnet. Eine Interviewpartnerin, die in den 1970er-Jahren ihre ersten dreieinhalb Lebensjahre im St. Augustinusheim verbrachte, beruft sich auf Erzählungen ihrer Adoptivmutter, um ein Bild über den damaligen Umgang mit den Kindern in der Einrichtung zu vermitteln:

> „Als [ich], also mit dreieinhalb adoptiert wurde, ich konnte ja auch nicht kauen, also ich konnte kein Fleisch essen, nichts. Also, ähm, wo meine Mutter dann auch draus geschlossen hat, dass ich halt eben nur Brei bekommen habe. Also, dementsprechend, ja, war ich auch, äh, mangelernährt, also ich war auch ziemlich, es war kaum was an

> mir dran. Und das war auch, als sie, das hat sie auch gesagt, als sie mich adoptiert hatte, sie sind dann gleich mit mir Kleider kaufen gegangen, weil ich eigentlich nichts dabei hatte, also nichts groß, nur das was ich anhatte. Und ich hatte sehr harte Schuhe wohl, die sie mir dann gleich auch weggeschmissen hat. Also ich hatte Mords viele Blasen an den Füßen. Und ich hatte auch blaue Flecken, als sie mich bekommen hat. Also das war auch so für sie – ja, also, wo sie dann auch daraus geschlossen hat, dass ich halt auch Schläge bekommen habe" (B_Interview 19).

Eine andere Interviewpartnerin, die in einer ähnlichen Zeitphase ein Praktikum im St. Augustinusheim absolvierte, bestätigt die Hinweise auf eine Versorgungspraxis und eine Einrichtungsatmosphäre, die – vorsichtig formuliert – nicht annähernd kindgerecht waren. Sie berichtet von beengten Räumlichkeiten ohne sensorische Anreize, die mit den Kindern nur selten verlassen wurden. Beispielhaft erzählt sie von einer „Fütterungspraxis", in der die Kinder auf nahezu militärische Art und Weise nacheinander abgefertigt wurden. Die Einrichtungsatmosphäre charakterisiert sie als „gedämpft".

> „Also das Eingesperrt-Sein in diesem kleinen Raum, die vielen Kinder, die festgebunden werden in Betten, das – da war nichts Freudiges, nichts Lebendiges hätte da Platz gehabt. Keine – nicht zusammen am Tisch sitzen können, nicht zusammen essen können, nicht – also da war keine Geborgenheit. Also Geborgenheit gehört auch dazu, da war null Geborgenheit" (M_Interview 14).

Diese schlaglichtartigen Eindrücke legen die Annahme nahe, dass im St. Augustinusheim – in Übereinstimmung mit der damals üblichen Heimerziehungspraxis – über lange Zeiträume ein kaltes und vernachlässigendes Erziehungs- und Pflegeregime ausgeübt wurde, das mit einem hohen Risiko für dauerhafte Schädigungsfolgen auf Seiten der dort untergebrachten Kinder verbunden war (vgl. Berth, 2023). Die beschriebenen Zustände bildeten den Hintergrund für die ambitionierte pädagogische Neuausrichtung des St. Augustinusheimes ab Mitte der 1980er-Jahre. Die uns vorliegenden Daten erlauben keine zuverlässigen Aussagen darüber, wie dieser Übergang vollzogen wurde. Es ist aber nichts davon bekannt, dass diese historische Hypothek zum damaligen Zeitpunkt einer ernsthaften Aufarbeitung zugeführt wurde. Vielmehr finden wir Reste einer autoritären und kalten Erziehungspraxis, die auch noch in der Zeit nach 1985 in den Heimalltag hineinwirkten. Ein weiteres Indiz für über lange Zeiträume persistierende Probleme liefert ein Schriftstück aus dem Jahr 1973, das im Zuge einer Heimbegehung angefertigt wurde und aus dem hervorgeht, dass das Heim zu diesem Zeitpunkt sehr stark überbelegt war und den Kindern zu wenig Raum zur Verfügung stand. Dies deutet auf eine weit zurückreichende Tradition der Überbelegung im St.

Augustinusheim hin, die trotz behördlicher Beanstandungen über Jahrzehnte aufrechterhalten wurde.

Ein weiterer Aspekt, der bei der Entstehung von Risikoszenarien zu berücksichtigen ist, sind biografische Vorerfahrungen von Mitarbeitenden (vgl. Hess & Retkowski, 2019). Angesichts dessen, was oben im Zusammenhang mit Überforderung und Qualifizierungsdefiziten ausgeführt wurde, kann nicht a priori davon ausgegangen werden, dass problematische biografische Aspekte auf Seiten des Personals gleichsam professionell absorbiert wurden, wenn es zu kritischen Situationen kam. Dieser Aspekt wird insbesondere von einem Interviewpartner diskutiert, der die Bedeutung des psychodynamischen Konzepts der Übertragung (vgl. Freud, 2006/1912) hervorhebt.

> „Also ein wichtiger Aspekt waren Übertragungsmomente. Ähm, also wenn Emotionen durch Verhalten der Kinder beim Erziehenden ausgelöst wurden, äh, die ihn an Grenzen gebracht haben in seiner Persönlichkeit. Und dann zu schauen, zu verstehen, dass das ein Übertragungsmoment ist, um dann reflektieren zu können und entsprechend anders zu reagieren. Das war häufig ein wichtiges Thema. Verständlich bei den Störungen der Kids, ja, die natürlich bei jedem einen Punkt gefunden haben (lacht), mindestens (lacht). Und das war die hohe Kunst eigentlich oder der Lernprozess auch für die Mitarbeitenden, sich selber kennenzulernen mit ihren dunklen Flecken, die diese Kinder massivst aktiviert haben durch ihre Geschichten" (M_Interview 24).

Unklar bleibt, inwieweit die genannte „hohe Kunst" von den Mitarbeitenden des St. Augustinusheims in hinreichendem Ausmaß beherrscht wurde. Ungeachtet davon deutet zumindest diese Schilderung darauf hin, dass man sich über die Wirkungen problematischer Verhaltensweisen der Kinder/Jugendlichen bei den Betreuer*innen Gedanken machte. In eine ähnliche Richtung geht die Erinnerung einer anderen Fachkraft, die ab Ende der 1990er-Jahre im St. Augustinusheim arbeitete:

> „Aber uns war klar, wir müssen Situationen lösen, es waren viele Kinder mit Gewalterfahrungen, die zu uns kamen, das hat natürlich oft auch – darin lag das oft auch begründet, ihre Auffälligkeiten im Verhalten, ganz klar. Und dass für uns völlig klar war, wir müssen andere Lösungen finden. Und es war immer klar, wenn du in eine Situation kommst, wo du merkst, du hast dich nicht mehr gut im Griff, geh auf die andere Gruppe, sag, du brauchst Unterstützung. Das war schon immer wieder sehr deutlich formuliert" (M_Interview 22).

Angesichts einer relevanten Anzahl eskalierender Situationen, die im Rahmen der vorliegenden Studie erhoben wurde, stellt sich die Frage, ob der hier geschilderte reflektierte Umgang mit problematischen Situationen sich erst nach unserem Untersuchungszeitraum durchzusetzen begann oder ob er auf bestimmte Gruppen oder Personen begrenzt blieb. Klar ist aber, dass man sich Gedanken über eine geeignete Pädagogik machte und zumeist um konstruktive Lösungen in kritischen Situationen bemüht war. Dass dies nicht immer gelang, dürfte auch damit zu tun gehabt haben, dass man sich in Phasen der Überforderung auch aufgrund unbearbeiteter biografischer Hypotheken „nicht mehr gut im Griff hatte" und damit zur Produktion einiger der im folgenden skizzierten Bühnen der Reinszenierung beitrug.

Gewalt

Vorfälle von Gewalt können als augenfälligste Aufführungen auf der Bühne der Reinszenierung betrachtet werden. Unter der Bedingung, dass ein Großteil der im St. Augustinusheim untergebrachten jungen Menschen in ihrer Vorgeschichte (und vermutlich zumeist schon in sehr frühen Lebensphasen) Gewalt ausgesetzt waren, stellt jeder entsprechende Vorfall eine weitere traumatogene Belastung dar, durch die die psychische und körperliche Gesundheit beteiligter Kinder/Jugendlicher bedroht wird (vgl. Streeck-Fischer, 2023). Dabei ist zu berücksichtigen, dass der Terminus „beteiligt" sowohl die Betroffenheit als auch die Zeugenschaft als auch das Ausüben von Gewalt einschließt. Wie in Kap. 6 dargestellt, lässt sich anhand unserer Interviews eine Vielzahl von Gewaltvorkommnissen im St. Augustinusheim während des Untersuchungszeitraumes nachweisen. Das entsprechende Dunkelfeld ist naturgemäß erheblich höher als das, was im Rahmen der vorliegenden Studie berichtet wurde. In der Gesamtschau kann man sagen, dass das Personal mehrheitlich darum bemüht war, Gewalt zu verhindern und zu unterbinden. Allerdings gibt es auch deutliche Hinweise auf eine gewisse Toleranz gegenüber Gewalt, sodass zum Teil auch besonders aversive Bühnen der Reinszenierung nicht nur in Kauf genommen, sondern auch selbst produziert wurden. Ein gravierendes und aussagekräftiges Beispiel liefert die folgende Schilderung eines früheren Zivildienstleistenden über den Gruppenleiter, der von mehreren Interviewpartner*innen als autoritär und bedrohlich geschildert wird.

> „Aber es war einfach für mich völlig klar, dass das, was ich da gesehen habe, gar nicht geht. Das war so, das war einfach lieblos, jemanden zum Boden zu treiben irgendwie. Es war bei dem immer eine völlige, der hat die Situationen nicht verstehen können auch, um was es eigentlich geht. Dann ist er ausgetickt und hat einfach dann sich reingeredet in Wut oder in so eine Situation, aber war völlig hilflos. Und der kam da auch alleine nicht raus. Und da gab's natürlich, es gab einfach andere Möglichkeiten, mit ein bisschen mehr Zeit, mit einem bisschen mehr Geduld und mit einem bisschen liebevoller Zuwendung und auch Akzeptieren, dass er dann dreimal ‚Drecksack' zu dir sagt oder dich anspuckt oder so was oder nach dir schlägt, dann kam er doch

> wieder runter und das war nicht so entwürdigend. Und das andere war einfach ‚Das lasse ich nicht zu, dass Du mich anspuckst, dass Du mich schlägst, dass Du irgendwas machst, dass Du noch weiter rumschreist, Du wirst jetzt zu Boden gedrückt', und dann war klar, das ist die völlige Erniedrigung oder die völlige, das Brechen von dem Willen da. Und ich glaube, es ist ja gar kein Wille gegeben – das war so ein großes Maß an Hilflosigkeit von dem kleinen Kerl, der sich mit seinen eigenen Gefühlen und mit diesen Dingen dann gar nicht zurechtgekommen ist" (M_Interview 6).

Dieser Bericht stellt ein geradezu paradigmatisches Beispiel für eine durch Machtmissbrauch und Gewalt herbeigeführte Retraumatisierung eines Kindes im institutionellen Kontext dar. Symptomatisch ist, dass man am Beginn der Erzählung zunächst gar nicht unterscheiden kann, ob von dem Jungen oder von dem Gruppenleiter die Rede ist. „Sich in eine Wut hineinreden", „hilflos sein" und „da nicht mehr rauskommen" gehört ganz offensichtlich zum Verhaltensrepertoire beider an dieser Szene Beteiligten. Da das Ausagieren des Erziehers den Verhaltensmanifestationen des Jungen offensichtlich stark ähnelt, wird eine Eskalationsspirale in Gang gesetzt, die mit hoher Wahrscheinlichkeit dem entspricht, was der Junge bereits in seinem familiären Umfeld erlebt hatte. Es wirkt, als wären beide Beteiligte in einer unentrinnbaren Übertragungs-Gegenübertragungs-Dynamik gefangen. Der Gruppenleiter reagiert mit einer Art instinktiver Unmittelbarkeit auf das aggressive Verhalten des Kindes und verhält sich gerade so, als würde es um sein eigenes Überleben und nicht um die emotionale Stabilisierung des ihm anvertrauten Jungen gehen. Die Hilflosigkeit übertrug sich auf den damaligen Zivildienstleistenden, dem zumindest in der retrospektiven Betrachtung bewusst ist, dass mehr Zeit, mehr Geduld, liebevolle Zuwendung und Akzeptanz notwendige Voraussetzungen für ein fachgerechtes pädagogisches Handeln gewesen wären. Ohne Zweifel war der Junge, von dem hier die Rede ist, im St. Augustinusheim einem Prozess sequenzieller Traumatisierung ausgesetzt.

Unter der Annahme, dass das von diesem Gruppenleiter und Teilen seiner Mitarbeitenden praktizierte Erziehungsregime nicht auf die gesamte Einrichtung generalisiert werden kann, muss dennoch konstatiert werden, dass während des Untersuchungszeitraumes die Verhinderung gewaltbedingter Traumatisierungen nicht in der Konsequenz umgesetzt wurde, wie es für viele Kinder/Jugendliche notwendig gewesen wäre. Dieser Befund bezieht sich vor allem auf das Ignorieren von Gewalt (z. B. sexualisierte Übergriffe) und auf Tendenzen zu einer gewissen Normalisierung von Gewalt. Diese zeigen sich vor allem in Berichten ehemaliger Bewohner*innen, die darauf verweisen, dass die Betreuer*innen bei verbaler Gewalt, aber auch körperlicher Gewalt zwischen den Bewohner*innen nicht mit der erforderlichen Konsequenz oder auch gar nicht einschritten. Aber auch frühere

Fachkräfte konstatieren, dass Beleidigungen, psychische Gewalt und das „Austicken" einzelner Kinder/Jugendlicher zum Alltag gehörten. Ein Beispiel dafür, wie sich solche Normalisierungen auch angesichts gravierender Vorfälle zeigten, liefert die folgende Schilderung einer früheren Fachkraft:

> „Ich kann mich erinnern, wie der seine Brille abgesetzt hat und damals wirklich zugeschlagen hat mit, ähm, Knie in den Magen und ich wurde dem nur Herr, in dem ich, also ich habe mich, ich habe auch nicht zugeschlagen, ich habe mich tatsächlich nur zur Wehr gesetzt oder, ähm, in dem ich ihn irgendwann auf den Boden drücken konnte. Ähm, das war für die Kids so alltäglich, dass die tatsächlich drum herum, ähm, den Alltag mit mir besprochen, tatsächlich das Fernsehprogramm (lacht), ich weiß das noch. Ähm, und ich habe ,Wir machen jetzt weiter, ich kann jetzt keine Stunde auf dem Kerl drauf sitzen', der ist fünfzehn, also der hat auch seine Kraft. Ich war dann nur in der Lage ins Zimmer zu schieben und abzusperren, am Ende dann einfach zwischen Tür und Angel zu sagen ,Lass' uns das irgendwie – wie machen wir jetzt weiter?'" (M_Interview 8).

Während sie auf dem dekompensierenden Jugendlichen saß, besprach die Betreuerin mit den anderen Kindern, für die „das alltäglich" war, das Fernsehprogramm. Auch dies eine eindrucksvolle Aufführung auf einer Bühne der Reinszenierung. Die Kinder, von denen angenommen werden kann, dass viele von ihnen eine Vorgeschichte traumatischer Gewalt haben, bewältigen die alltäglich stattfindenden Eskalationen im Modus einer scheinbaren Gewöhnung. Traumatheoretisch muss man bei ihnen aber eher von einer emotionalen Abstumpfung im Sinne von „numb" bei gleichzeitiger Aktivierung physiologischer Stressreaktionen ausgehen (vgl. Landolt, 2021). Normalisierung stellt keine gelingende Bewältigung einer Konfrontation mit Gewalt dar. Diese Fachkraft agiert nicht wie der oben beschriebene Gruppenleiter im Rahmen einer heillosen Gegenübertragungsdynamik, sondern sie schützt ihren eigenen Körper gegen die Angriffe des Jugendlichen, dem offensichtlich niemand helfen konnte im fortdauernden Albtraum sequenzieller Traumatisierung.

Immer wieder ist die Rede von Kindern/Jugendlichen, die regelmäßig „austickten", andere attackierten, sexuell übergriffig waren oder mittels psychischer Gewalt destruktive Machtspiele realisierten. Schwer belastet von ihren biografischen Erfahrungen fanden sie im St. Augustinusheim einen Ort vor, in dem Gewalt und Übergriffe möglich waren und teilweise sogar normalisiert wurden. Weil sie dort auf andere junge Menschen mit ähnlichen Belastungen trafen, sahen sie sich zuweilen in Dynamiken gefangen, die das Risiko sequenzieller Traumatisierungen befeuerten (vgl. Streeck-Fischer, 2023; Rau et al., 2019).

Emotionale Kälte/mangelnde Sensibilität

In einer Einrichtung, die in hohem Maße durch ein Narrativ der Familialität charakterisiert wird, stellte emotionale Kälte allem Anschein nach kein zentrales Problem in den Beziehungen zwischen Personal und Kindern/Jugendlichen dar. Dennoch findet dieser Aspekt hier aus mehreren Gründen Erwähnung.

Erstens wird immer wieder von starken emotionalen und körperlichen Nähebedürfnissen der betreuten Kinder/Jugendlichen berichtet, die auf entsprechende Vernachlässigungen in den jeweiligen Elternhäusern zurückgeführt werden. Diese Bedürfnisse stellten die Fachkräfte vor keineswegs triviale Probleme der Nähe-Distanz-Regulierung, die durch die Diskurse über institutionelle Gewaltprävention und Schutzkonzepte zunehmend bewusst gemacht wurden. Nicht zuletzt dadurch kam die Frage auf, ob emotionale und körperliche Distanzierung im Sinne des Selbstschutzes insbesondere männlicher Mitarbeiter vor dem Verdacht sexualisierter Grenzverletzungen eine sinnvolle erzieherische Strategie wäre.

Zweitens finden sich erneut in Bezug auf den Wirkungsbereich des als gewalttätig bekannten Gruppenleiters Hinweise auf eine pädagogische Programmatik, die emotionale Kälte legitimierte und forcierte. Der oben zitierte frühere Zivildienstleistende skizziert diesen Zugang folgendermaßen:

> „Und ich habe nicht in Erinnerung, dass die [Name Gruppenbetreuerin], die eine Mitarbeiterin oder auch der [Name Gruppenleiter] in irgendeiner Weise den Kindern zugewandt gewesen wäre so. Die haben auch immer davon gesprochen, da darf man nicht zu viel geben ‚Also gibst ihm den kleinen Finger, nimmt er die ganze Hand' oder wie auch immer, also so diese Warnung auch davor.(...) Und dieses, wenn man immer nur sagt, man darf nicht zu viele Gefühle zeigen, nicht zu nah dran sein, da entsteht so eine Atmosphäre von Kälte oder von Unnahbarkeit oder von Erziehern als diejenigen, die distanziert Anordnungen geben ‚Du machst jetzt das und das, Du machst jetzt das und das' und ‚Lass' Dich nicht auf eine Beziehung ein'" (M_Interview 6).

Die hier geschilderte programmatische Zurückweisung kindlicher Bedürfnisse spiegelt aller Wahrscheinlichkeit nach das wider, was die betreuten jungen Menschen in ihrem familiären Umfeld erfahren haben, wenngleich die Motive der Erwachsenen möglicherweise unterschiedlich waren. Immer wieder ist es wichtig darauf hinzuweisen, dass die hier beschriebenen Mitarbeitenden bis in die 1990er-Jahre hinein im St. Augustinusheim tätig waren.

Aus der Perspektive früherer Bewohner*innen stellt sich das Problem der emotionalen Kälte eher als mangelnde Sensibilität des Personals gegenüber ihren Ängsten, Sorgen und Nöten dar. Vor allem zwei frühere Bewohnerinnen stimmen in der Einschätzung überein, dass die Betreuer*innen nicht annähernd Ausmaß und

Qualität ihrer Not erkannt hätten. Sie seien zwar versorgt, aber nicht emotional verstanden worden. Insbesondere der Umstand, dass fortdauernde Gewalt (in einem Fall im Elternhaus, im anderen Fall im Heim selbst) nicht erkannt worden ist, sei für die Mädchen sehr schmerzlich gewesen. Das folgende Zitat gibt in äußerst prägnanter Form Auskunft über dieses Defizit:

> „Also wenn ich dran zurückdenke, ich hatte sehr oft und sehr viel Angst. Und ich habe mich nicht wohlgefühlt. Zumal wenn dann auch zum Beispiel die [Name Betreuerin] oder der [Name Betreuer] nicht da waren. Und das ist ja klar, im Heim mit Schichtarbeit und alles, da sind auch immer verschiedene Leute auch im Haus. Und, ähm, ja, hatte nicht irgendwie das Gefühl, dass ich gut wahrgenommen und auch gesehen werde oder dass mir so eine Sicherheit vermittelt wurde, gerade wenn man aus so einer frühen Kindheit auch kommt und da irgendwie entrissen wird und man kommt in eine neue unsichere Situation, das, ähm, ja, passt dann nicht so" (B_Interview 12).

Das hier formulierte emotionale Alleingelassen-Werden kann wiederum als Reinszenierung einer Unterversorgung in der Herkunftsfamilie erlebt werden. Nachdem das Mädchen seiner Familie „entrissen" worden war, entstand erneut eine „unsichere Situation", in der dem Kind eine kontinuierliche und verlässliche Zuwendung vorenthalten wurde. Hier scheinen bereits zwei Risikomomente für die Errichtung von Bühnen der Reinszenierung durch, die im Folgenden genauer erläutert werden.

Beziehungsabbrüche

Die unklare, unsystematische und zu einem erheblichen Teil an ökonomischen Interessen orientierte Belegungspraxis des St. Augustinusheimes schuf ein beträchtliches Potenzial für schädigende Beziehungsabbrüche. Dies geschah etwa dadurch, dass man aufgrund des Belegungsdrucks Kinder aufnahm, bei denen von vornherein Zweifel bestanden, dass sie in die Einrichtung passen würden. Beziehungsabbrüche wurden aber auch durch Entlassungen von Kindern/Jugendlichen produziert, die aus Sicht des Personals in der Einrichtung nicht mehr haltbar waren.

> „Man wusste natürlich auch von einzelnen Kindern, ja, die sind auch übergriffig, das ist schwierig. Und wenn es tatsächlich, wenn man auch dem nicht mehr Herr wurde und gemerkt hat, da steckt so viel dahinter, dass einzelne Kinder wirklich eine komplette Gruppe sprengen und das auch zu belastend für ein Kind ist, dann hat man sich auch nach einem anderen Platz umsehen müssen. Also es wurden auch Kinder verlegt und Jugendliche, weil es einfach nicht mehr ging" (M_Interview 8).

Diese pragmatische Schilderung beinhaltet eine Reihe von Risikofaktoren für sequenzielle Traumatisierungen, die zu kontrollieren die Kompetenzen der Mitarbeitenden überstieg. Allein der Schutz der anderen Kinder stellt einen überzeugenden Grund für die Entlassung übergriffiger Kinder dar, die „eine ganze Gruppe sprengen" und denen das Personal „nicht mehr Herr wird". Man ahnt, dass es bis zur Entlassung bereits eine größere Zahl von Aufführungen auf der Bühne der Reinszenierung gab, ohne hier einschätzen zu können, wie diese zustande kamen und wie diese verhindert werden hätten können. Am Ende steht der Beziehungsabbruch und die mit zwangsläufigem Stress belastete Aufgabe des Kindes, sich wieder in einer neuen Umgebung zurecht finden zu müssen (vgl. Streeck-Fischer, 2023). So beteiligte sich auch das St. Augustinusheim an der Herstellung einer Serie von Beziehungsabbrüchen in der Biografie dieses Kindes.

Eine frühere Leitungskraft nennt ein Beispiel, in dem auch sie selbst die Notwendigkeit eines vollzogenen Beziehungsabbruchs nicht verstand:

> „Das war zum Beispiel auch für mich nicht nachvollziehbar, dass jemand mit, was weiß ich, sechs, sieben, acht Jahren da hin kam und dann blieb bis er sechzehn oder siebzehn war und dann verlegt wurde, also in einer Einrichtung, die eigentlich dafür nicht geeignet war. Ich fand, die waren für die Schwerstbehinderten überhaupt nicht geeignet. Und da kam von der Einrichtung eine Anfrage, dass dieser junge Mann stark sexualisiert ist und ob es da irgendwelche Vorfälle gab bei uns" (M_Interview 26).

Ob die Gründe für den Einrichtungswechsel im Alter des Jugendlichen oder in problematischen Verhaltensmanifestationen lagen, kann der Schilderung der Interviewpartnerin nicht entnommen werden. Hinzuweisen ist aber in diesem Zusammenhang auf den Befund, dass häufiger Einrichtungswechsel (und damit Beziehungsabbrüche) ein zentraler Prädiktor für sexuell grenzverletzendes Verhalten ist (Prentky et al., 2015).

Besonders eindringlich werden die mit Beziehungsabbrüchen verbundenen Belastungen von einer ehemaligen Bewohnerin beschrieben, die mehrere Jahre im St. Augustinusheim verbrachte:

> „Egal in welchem Alter du kommst, es ist schwer, von den Eltern wegzukommen als Kind. Und irgendwann, je länger man dort ist, umso mehr wird es eine Familie. Das darf man auch nicht vergessen, dass man aus einer Familie nicht einfach – man wird ja dann im Prinzip zweimal rausgerissen, einmal aus der leiblichen Familie. Klar, wenn man nur ein, zwei Jahre da ist, ist es vielleicht nicht ganz so, also es kommt immer drauf an, jeder ist anders, aber wenn man wie ich [Anzahl der Jahre] Jahre mit den gleichen Menschen zusammen ist, mit den gleichen Kindern, überwiegend mit den gleichen Erwachsenen, also dann ist das schon eine Familie. Und dann wird man da wieder rausgerissen von heute auf morgen" (B_Interview 10).

Die Interviewpartnerin macht deutlich, wie schwer es für sie war, zum Zeitpunkt ihrer Volljährigkeit das Heim, das zum zentralen Milieu ihrer Sozialisation geworden war, verlassen zu müssen. Präzise beschreibt sie das Problem der Reinszenierung, indem sie darauf verweist, dass man „zweimal rausgerissen" wird und dadurch existenziell bedrohliche Beziehungsabbrüche zu verkraften hat. In der Zeit, als sie „von heute auf morgen" aus dem St. Augustinusheim entlassen wurde, machte man sich offensichtlich wenig Gedanken über die Situation von Care Leavers. Entsprechend massiv stellten sich die Schwierigkeiten dar, die sie in den darauffolgenden Jahren zu bewältigen hatte.

Die von interviewten Fachkräften geäußerte Einschätzung berücksichtigend, wonach der überwiegende Teil der in der Einrichtung untergebrachten Kinder Bindungsstörungen aufwiesen, muss dem Drama des Beziehungsabbruchs eine besondere biografische Bedeutung im Sinne sequenzieller Traumatisierungen beigemessen werden (vgl. Jäger, 2023). Auch wenn dieser Umstand den meisten Mitarbeitenden zumindest in den 1990er-Jahren theoretisch bewusst gewesen sein mag, wurde das St. Augustinusheim in vielen Fällen nicht dem Anspruch gerecht, sichere, zuverlässige und somit heilende Bindungen zu ermöglichen und zu gewährleisten. In diesem Zusammenhang spielt ein weiterer Aspekt eine Rolle, der ebenfalls unter dem Gesichtspunkt der biografischen Reinszenierung zu betrachten ist, nämlich das Problem der Fremdbestimmung.

Schilderungen früherer Bewohner*innen geben vielfältige Einblicke in die verschiedenen Varianten der Fremdbestimmung, denen sie sowohl in ihrem familiären Umfeld als auch im Alltag der Heimerziehung und durch das Jugendamt ausgesetzt waren. Dabei geht es um mangelnde Einflussnahme auf die Form der Unterbringung, auf die Gestaltung des Elternkontakts, die Kontakte zu Geschwistern, Ausbildungsentscheidungen, aber auch auf alltägliche Aspekte wie Wahl des Essens oder medizinischer Maßnahmen. Obwohl man sich im St. Augustinusheim zumindest ab Mitte der 1990er-Jahre dezidiert bemühte, den Kindern und Jugendlichen ein zunehmendes Ausmaß an Mitbestimmung zu ermöglichen, gab es keine pädagogischen Richtlinien, die mit einem modernen Partizipationskonzept, das auch formale Mitbestimmungspraxen festschreibt, vergleichbar gewesen wäre. Dadurch bestand das Risiko der Reproduktion von Fremdbestimmungserfahrungen, mit denen – wie das folgende Beispiel eindringlich zeigt – die „Heimkarriere" der Kinder in der Regel eingeleitet wurden.

> „Ich konnte das überhaupt nicht nachvollziehen, weil es auch auf eine sehr ungute Weise auch geschehen ist, die Trennung. Die kam aus dem heiteren Himmel. Also ich wurde aus dem Gerichtssaal gelockt sozusagen und, ähm, war dann draußen auf dem Flur mit irgendeiner Frau. Ich habe keine Ahnung (lacht), wer das eigentlich war. Und

die hat dann so gemeint ‚Ja, willst Du nicht mal in einen Kindergarten, wo man schlafen kann?'. Und ich so ‚Ja, warum nicht?'. Und ja, und dann sind wir ins Taxi und ich war weg und war plötzlich auf diesem Berg im Heim und war vollkommen außer mir" (B_Interview 12).

Kinder, denen auf diese Art und Weise jegliche Einflussnahme auf ihre Beziehungen und ihre Lebensgestaltung entzogen wird, sind in weiterer Folge auf eine Umgebung angewiesen, die ein Höchstmaß an Vorhersehbarkeit und Zuverlässigkeit ermöglicht. Eine andere frühere Bewohnerin macht jedoch deutlich, dass sie ständiger Ungewissheit in Bezug auf ihren Verbleib ausgesetzt war, was zur Verfestigung eines Gefühls der Ablehnung ihrer Person führte.

„Also ich hatte auch lange das Gefühl, dass mich keiner haben will, weil dieses Hin-und-her-Schieben war für mich sehr anstrengend. Und ich hab das lange nicht verstanden, warum wollen meine Eltern mich nicht, und warum kann ich nicht dableiben. Warum muss ich jetzt wieder woanders hin, und das macht dann halt mit einem Menschen schon was" (B_Interview 13).

Man kann auch diese Schilderung als paradigmatisch für das Phänomen der sequenziellen Traumatisierung betrachten. Die hier beschriebenen Zumutungen sind nur partiell dem St. Augustinusheim anzulasten, da hier das Agieren von Eltern, Familiengerichten und Jugendämtern für das Schicksal der Kinder ausschlaggebend ist. Wichtig ist aber, dass die Einrichtung alles in ihrer Macht Stehende tun muss, um den betreuten Kindern/Jugendlichen angesichts solcher Konstellationen ein Höchstmaß an Einflussnahme zumindest auf das Geschehen im Heim zu ermöglichen. Jeder Kontrollverlust beinhaltet das Potenzial für nachhaltige Retraumatisierungen. Wenn Kinder in ihre Zimmer gesperrt, in ihren Betten fixiert und auf den Boden gedrückt werden, werden ihnen Erfahrungen der vollständigen Ohnmacht vermittelt, auf die sie möglicherweise mit destruktiven Formen der Selbstermächtigung reagieren müssen (Caspari, 2021a).

Deprivation

Während einige Interviewpartner*innen das Gebäude des früheren St. Augustinusheimes etwas romantisierend mit einer „Villa Kunterbunt" vergleichen, weisen andere auch auf prekäre räumliche Bedingungen hin. Insbesondere die Gruppen für Kinder/Jugendliche mit Behinderung seien sehr klein gewesen. Dadurch dass sich diese in den obersten Stockwerken des Hauses befanden, gab es erhebliche Barrieren für einen unkomplizierten Zugang nach draußen. Aufgrund der systematischen Überbelegung dürfte es daher zumindest in bestimmten Gruppen während bestimmter Zeitphasen nur eingeschränkte Möglichkeiten der Entfaltung gegeben haben.

Die Schilderungen einer Fachkraft, die zu Beginn der 1990er-Jahre in einer der Gruppen für Kinder/Jugendliche mit Behinderung im St. Augustinusheim gearbeitet hat, lassen Assoziationen zu den deprivierenden Zuständen in der Einrichtung in den 1970er-Jahren entstehen. Sie beklagt, dass es damals „kein Spielzeug", „keine Bücher" und „keinen Kassettenrecorder" in ihrer Gruppe gegeben habe.

> „… so dieses ganz Normale, was ja Kinder in einer Familie erfahren würden, was ja diese Gruppe der Ersatz dafür ist, ähm, wurde ihnen einfach nicht geboten" (M_Interview 9).

Da sie insbesondere mit Blick auf die Wintermonate, in denen die Kinder weniger draußen spielen könnten, die Reizarmut in der Einrichtung als problematisch betrachtete, bemühte sie sich beim Heimleiter um die Anschaffung von Spielzeug und Mobiliar. Dieser ließ sie aber mit dem Hinweis abblitzen, dass dafür kein Geld zur Verfügung stehen und es ausreichen würde, wenn die Kinder „in ihren Betreuungseinrichtungen gefördert würden" (womit vermutlich die Schule gemeint war). Diese kurze Episode ist insofern implikationsreich, weil sie möglicherweise das Verständnis des Heimleiters über die Funktion der Einrichtung zum Ausdruck bringt. Wenn die Förderung der Kinder nach außen delegiert wird, reduziert sich das Heim tatsächlich zu einer bloßen Verwahranstalt. Vermutlich ist diese Schilderung aber zu drastisch, da sie nicht im Einklang zu den meisten anderen Berichten steht. Dennoch deutet einiges darauf hin, dass die räumliche Situation (insbesondere angesichts der notorischen Überbelegung) und die mangelnde Ausstattung mit anregendem pädagogischen Material bei den Kindern Assoziationen mit den Zuständen in ihrer Herkunftsfamilie wecken konnten. Dazu passt auch die Erinnerung eines Interviewpartners, der Ende der 1980er-Jahre seinen Zivildienst im St. Augustinusheim absolvierte.

> „Und deswegen [wegen Baumaßnahmen, Anm. d. A.] war eine Wohngruppe ausgelagert für eine Zeit auf den [Name Hof] Hof (…). Außerhalb von Freiburg. Und da war ich. Und da war ich entsetzt und wollte eigentlich wieder gehen, weil es war so kaputt, es war so ein unglaublich miserables – ein Zustand, wo ich gedacht hab, das darf ja wohl nicht wahr sein" (M_Interview 3).

In dieser Schilderung vereinen sich die beschriebenen Aspekte der sensorischen Deprivation, der Fremdbestimmung und emotionalen Kälte zu einer geradezu paradigmatischen Bühne der Reinszenierung. Diese unter besonderen Umständen in Anspruch genommenen Räumlichkeiten mögen nicht typisch für das St. Augustinusheim gewesen sein. Dass sie möglich waren, eröffnet aber den Blick auf die dort bestehenden Risikobedingungen.

Mangelnde Kontrolle

Es gibt einen übergreifenden Befund, der für alle drei interviewten Personen, die während des Untersuchungszeitraumes im St. Augustinusheim untergebracht waren, Gültigkeit besitzt. Indem die Betreuer*innen nicht mit der nötigen Aufmerksamkeit auf die jeweils vorliegenden Problemlagen geschaut haben, wurden Gefährdungen perpetuiert, die jeweils massive biografische Auswirkungen hatten. Gerade in diesem Zusammenhang muss daher ein Versagen der Institution konstatiert werden, da die anvertrauten Kinder/Jugendlichen nicht im notwendigen Ausmaß geschützt wurden. Die Reinszenierung bestand darin, dass die jungen Menschen erneut die Erfahrung machen mussten, dass man sich nicht ausreichend um sie kümmerte. Es ist klar, dass Beaufsichtigung und erzieherische Kontrolle mit Wünschen nach Autonomie und Selbstbestimmung auf Seiten der jungen Menschen konkurrieren (vgl. Pooch et al., 2022). Es geht hier also nicht um die Forderung nach einer möglichst umfassenden Kontrolle des Lebens der Kinder und Jugendlichen, sondern um ein entwicklungssensibles Erkennen bestehender Gefährdungslagen. Diesbezüglich versagt zu haben, stellt eine folgenschwere Parallele zwischen den Eltern und dem St. Augustinusheim (und in mehr oder weniger hohen Ausmaß dem Jugendamt) dar.

Der erste Fall betrifft ein Mädchen, das im Rahmen familiärer Besuchskontakte von ihrem Vater regelmäßig sexuell und körperlich misshandelt wurde.

Ein anderes Mädchen wurde im St. Augustinusheim von mindestens zwei männlichen Jugendlichen mehrfach sexuell misshandelt.

Beim dritten Fall handelt es sich um ein Mädchen, das im Zuge ihrer Autonomiebestrebungen ungefähr ab dem Alter von 14 Jahren regelmäßig aus dem Heim abhaute und dadurch in Kreise kam, die sie im Nachhinein als sehr gefährdend betrachtete. Sie habe mit 12 Jahren im Heim zu rauchen begonnen, da ein Betreuer häufig seinen Tabak auf dem Balkon liegen ließ. Auf ihre nächtlichen Ausflüge habe man anfangs noch pädagogisch zu reagieren versucht. Dies habe sich dann aber bald gelegt. Die Nachtschwester habe eher Zeichen der Resignation gezeigt; die Erzieher*innen hätten von ihren Ausflügen zumeist gar nichts mitgekriegt. Sie habe in dieser Zeit mit dem Konsum von Drogen begonnen und „ein paar Gestalten" kennengelernt, die „wahrscheinlich nicht so freundlich" waren.

Diese schlaglichtartige Darstellung zeigt, dass das St. Augustinusheim für diese jungen Menschen die regelmäßige Entstehung von Bühnen der Reinszenierung ermöglicht hat. Mit einer gewissen Berechtigung betonen Interviewpartner*innen, dass man den Alltag der jungen Menschen nicht vollständig kontrollieren kann.

Insbesondere im Hinblick auf das Jugendalter ist dies auch keineswegs erwünscht. Dennoch fällt hier eine Diskrepanz zwischen den Schilderungen der früheren Bewohner*innen und den Einschätzungen der ehemaligen Fachkräfte auf, da Letztere eher den Charakter des Familiären betonen und die professionellen Standards im damaligen St. Augustinusheim im Großen und Ganzen als ausreichend betrachten. Eine frühere Leitungskraft problematisiert jedoch in der retrospektiven Betrachtung die Kontrolldefizite in der Einrichtung:

> „Also es hatte auf der einen Seite was sehr Familiäres, nach innen sage ich mal, was aber eigentlich auch ermöglicht hätte, dass alles Mögliche passiert, ohne dass man es richtig mitkriegt. (...) Aber ich möchte nicht meine Hand ins Feuer legen, dass da vielleicht auch Sachen gelaufen sind – vor allem, was wir nicht mitgekriegt haben, von Jugendlichen an Kindern" (M_Interview 26).

Interessant ist hier die Formulierung, wonach die Schwierigkeiten bei der Beaufsichtigung der Kinder und Jugendlichen kausal mit dem „sehr Familiären" in Verbindung gebracht werden. Die Annahme, dass „Sachen", die Jugendliche an Kindern verübt haben, nicht mitgekriegt wurden, erweist sich im Nachhinein tragischer Weise als zutreffend. Dieses Zitat deutet darauf hin, dass man damals bis zu einem gewissen Grad akzeptierte, dass Gefährdungen von Kindern auch innerhalb der Einrichtung nicht ganz ausgeschlossen werden können. Es bleibt die Frage, welches Ausmaß, welche Frequenz und welche Intensität diese Akzeptanz umfasste. Eine frühere Mitarbeiterin beruft sich auf nachträgliche Informationen früherer Bewohner*innen, um Beaufsichtigungsdefizite zu benennen:

> „Und, ähm, da sagen einige Jugendliche wirklich übereinstimmend ‚Ihr habt ja gar nicht immer mitgekriegt, was so abgegangen ist'. (...) Und, ähm, die erzählen dann solche Dinge, wie dass die im Wohnzimmer vor dem Fernseher eben, da ging es dann, äh, gab es deutlich mehr Nähe, als wir uns hätten vorstellen können. Kaum sind wir aus dem Raum gewesen oder haben mit anderen Kindern irgendwie eine Gute-Nacht-Geschichte vorgelesen, da gab's einfach Freiräume auch übergriffig sich zu verhalten. Die haben das jetzt eher so triumphierend gesagt gehabt ‚Ah, Euch haben wir verarscht' oder ‚Ihr wisst ja gar nicht, was wir da getrieben haben'. Also ich habe das jetzt nicht als irgendwas erlebt, was sie traumatisiert hat, aber es hat mich immer zum Nachdenken gebracht, weil sie schon auch erzählt haben, dass vieles so abgegangen ist, was man einfach nicht mitbekommen hat" (M_Interview 4).

Die triumphierend wirkende Pose einzelner Zeitzeug*innen, die der früheren Betreuerin im Nachhinein von ihren Regelübertretungen im Heim erzählen, sollte angesichts der vorliegenden Informationen nicht darüber hinwegtäuschen, dass mit den genannten Beaufsichtigungsdefiziten erhebliche Retraumatisierungsrisiken einzelner Kinder/Jugendlicher verbunden waren. Der in diesem Zitat verwendete Terminus „übergriffig“ lässt erahnen, dass es sich nicht einfach nur um harmloses sexuelles Experimentieren Jugendlicher gehandelt hat. Wir wissen nicht, ob hier junge Menschen beteiligt waren (oder unfreiwillig beteiligt wurden), die in ihrer Kindheit sexualisierte Gewalt erlebt haben. Insofern muss von Ermöglichungsbedingungen für sequenzielle Traumatisierungen gesprochen werden.

In Bezug auf die Abwendung von Gefährdungen im familiären Umfeld beklagt eine frühere Leitungskraft einen Mangel an professionellen Hilfestrukturen im damaligen St. Augustinusheim. Erst später wurden Strukturen für eine institutionalisierte Familienarbeit aufgebaut, die beispielsweise die Durchführung begleiteter Umgänge ermöglichten. Bezogen auf die Zeit Mitte der 1990er-Jahre konstatiert sie:

> Und solche Sachen gab's überhaupt noch nicht im Augustinusheim. Und das war gar nicht zu bewältigen bei so vielen Fällen, so vielen Kindern, dass man da überall genau hinguckte, also was jetzt im Elternhaus ist. Und dann war klar, man muss genau hingucken, dass keine Übergriffe im Heim laufen“ (M_Interview 26).

Dieses Zitat fasst die augenscheinlichen Kontrolldefizite prägnant zusammen. Erst nach und nach wurde offenbar erkannt, dass es eine Verantwortung der stationären Jugendhilfe auch für die Frage gibt, „was jetzt im Elternhaus ist“, da ansonsten ein hohes sequenzielles Traumatisierungsrisiko für die betreuten Kinder und Jugendlichen besteht. Dass man – wie die Darstellungen oben zeigen – auch nicht immer genau hinguckte, „dass keine Übergriffe im Heim laufen“, verschärfte die Situation einzelner junger Menschen.

Kinder und Jugendliche mit Behinderung

Da wir über keine Berichte von Menschen mit Behinderung verfügen, die als Kinder und/oder Jugendliche im St. Augustinusheim untergebracht waren, besteht die empirische Basis für die Einschätzung möglicher Gefährdungsaspekte nur aus den Interviews mit früheren Fachkräften und Expert*innen. Wenn der vorliegenden Analyse das Konzept der sequenziellen Traumatisierung zugrunde gelegt wird, so ist zunächst auf unterschiedliche Zugänge zur Einrichtung von Jugendhilfekindern einerseits und Kindern mit Behinderung andererseits hinzuweisen. Während bei ersteren in der Regel eine Indikation vorliegt, die in unmittelbarem Zusammenhang mit zumeist familiären Gefährdungsaspekten steht, muss dies bei Kindern mit Behinderung nicht zwangsläufig der Fall sein (vgl. Lightfoot et al., 2011). Eine frühere Leitungskraft betont, dass man erst Ende der 1990er damit begonnen hat, auch bei Kindern mit Behinderung eine Jugendhilfeindikation zur Voraussetzung für die Aufnahme ins St. Augustinusheim zu machen. Dies hatte vor allem auch mit der

Zuständigkeit unterschiedlicher Leistungsträger zu tun. Dies ist für den vorliegenden Zusammenhang auch insofern wichtig, als es für Kinder und Jugendliche mit Behinderung keine Hilfeplanvereinbarungen gab. Mit dem Kostenträger, der/dem jeweils zuständigen Mitarbeiter*in des Landessozialamtes, gab es nach Auskunft der früheren Leitungskraft einmal jährlich ein Telefonat. Dies bedeutet, dass das St. Augustinusheim seine pädagogischen Ziele in der Arbeit mit den Kindern und Jugendlichen mit Behinderung ausschließlich nach eigenem Gutdünken umsetzen konnte. Über die Rolle der Eltern wird in den Interviews kaum Auskunft gegeben.

In Bezug auf Potenziale sequenzieller Traumatisierungen sind vor allem zwei Aspekte zu beachten. Der erste bezieht sich auf den Umgang mit Sexualität, der im entsprechenden Abschnitt bereits erörtert wurde. Kritisch ist hierbei, dass das Betreuungspersonal den Kindern/Jugendlichen, vor allem den jüngeren, sexuelle Bedürfnisse und Empfindungen weitgehend absprach. Daraus resultierte die berichtete Überforderung, als die Betreuten im Pubertätsalter „plötzlich" ihre Sexualität entdeckten und diese auch auf eine Weise ausagierten, auf die das Personal zunächst keine verlässlichen Antworten bieten konnte. Die pädagogische Verunsicherung resultierte vor allem aus der mangelnden Fähigkeit, zwischen einvernehmlichem sexuellen Experimentieren und sexuellen Grenzverletzungen bzw. Übergriffigkeiten zu unterscheiden. An dieser Stelle ist auf übereinstimmende Befunde aus der Forschungsliteratur und aus den Expert*inneninterviews hinzuweisen, wonach Menschen mit Behinderung als besonders vulnerabel in Bezug auf sexualisierte Gewalt gelten (vgl. Teubert & Huber, im Druck 2024; Schröttle, 2018). Unter der von ehemaligen Fach- und Leitungskräften geäußerten Annahme, dass ein relevanter Teil der im St. Augustinusheim aufgenommenen Kinder in der Vorgeschichte sexualisierte Gewalt erlebt hatte, müssen die berichteten sexualisierten Verhaltensweisen der Kinder/Jugendlichen mit Behinderung auch unter dem Gesichtspunkt der Reinszenierung selbst erlebter sexualisierter Gewalt betrachtet werden. Insofern stellt sich bei diesen jungen Menschen genauso wie bei den Kindern/Jugendlichen aus dem Jugendhilfebereich die Frage nach dem konsequenten Schutz vor fortdauernden Gefährdungen sowohl im familiären Umfeld als auch innerhalb der Einrichtung. Es gibt deutliche Hinweise darauf, dass dieser Schutz nicht in dem erforderlichen Ausmaß gewährleistet wurde. Erinnert sei an dieser Stelle vor allem auch an sexualisierte Grenzverletzungen, die Mitarbeitende gegen Kinder/Jugendliche mit Behinderung begangen haben, sei es in Form übergriffiger Berührungen oder durch das Anfertigen intimer Fotografien. Solche Übergriffe haben ein hohes Retraumatisierungspotenzial und tragen zur Herstellung einer unsicheren Gruppenatmosphäre bei, in der sexualisierte Interaktionen immer alltäglicher werden.

Ein zweiter Aspekt der Reinszenierung familiärer Missstände im Heim betrifft das, was weiter oben unter dem Gesichtspunkt der Deprivation beschrieben wurde. Hier wurde bereits auf die räumliche Situation und die materielle Ausstattung in den Gruppen der Kinder/Jugendlichen mit Behinderung Bezug genommen. Die Räume waren beengt und es mangelte an sensorischen Reizen, beispielsweise an Spielsachen, Büchern oder Geräten zum Abspielen von Musik. Als problematisch wird im Nachhinein auch der Umstand beurteilt, dass ausgerechnet die Kinder mit schwersten Bewegungseinschränkungen in den obersten Stockwerken untergebracht waren.

> „Und die waren, und es war auch räumlich leider so, dass die, also die Schwerstbehinderten waren ganz oben untergebracht, unter dem Dach. Und eigentlich hätten die unten untergebracht sein müssen, wo man mit denen mal leicht rausgehen konnte. Also, das war aber in dem Haus gar nicht möglich so. Und von daher, dieses Bewusstsein von Integration und Inklusion und so, das war noch gar nicht so vorhanden" (M_Interview 26).

Ein Bericht eines früheren Zivildienstleistenden aus den frühen 1980er-Jahren erweckt darüber hinaus den Eindruck, als sei aus dem Umstand, dass junge Menschen eine schwere geistige Behinderung haben, kein pädagogischer Auftrag abzuleiten.

> „Die anderen waren wirklich so von ihrer Behinderung eingeschränkt, im Rollstuhl gesessen. Die waren relativ für sich. Und halt zum Teil wirklich so, also geistig eingeschränkt. Also manche konnten auch gar nicht sprechen, ja, also die haben dann halt, ich sage mal Töne von sich gegeben. Und von daher waren die schon, kann man sagen, ist jetzt nicht, dass man sagt, die haben dann zusammen gespielt oder so, nee, das nicht. Die waren ja schon, ich sage mal so, zum Teil in ihrer eigenen Welt so, ja." (M_Interview 15).

Hier kommt die Vorrangstellung von Pflege und Verwahrung zum Ausdruck, die sich im Verzicht auf Hilfeplanverfahren in der Behindertenhilfe auch noch Jahrzehnte später manifestiert. Auf diese Weise wird das Risiko verstetigt, dass die jungen Menschen fortdauernden Belastungen sowohl durch sensorische Deprivation als auch durch das Übersehen von Gefährdungen durch Gewalt ausgesetzt sind.

7.2.4 Funktion und Funktionalität des St. Augustinusheimes

In der Gesamtschau der im Rahmen dieser Studie geführten Interviews lässt sich eine positive Grunderzählung über das St. Augustinusheim in Bezug auf den Untersuchungszeitraum identifizieren. Die Arbeit war zwar anstrengend, aber es gab ein tragendes Gemeinschaftsgefühl innerhalb der Mitarbeiterschaft und eine zunehmende Absicherung der Qualität der geleisteten pädagogischen Arbeit durch regelmäßige Teamsitzungen, Intervisionen und kollegiale Fachberatungen. Vorfälle von Gewalt habe es selten gegeben und seien in der Regel umgehend zur Sprache gebracht worden. In diesen positiven Grundtenor mischen sich die Berichte der früheren Bewohner*innen, die auf anhaltende Gefährdungslagen hinweisen. Dazu gibt es einige wenige frühere Mitarbeitende, die grundsätzliche Kritik an den Verhältnissen in der damaligen Einrichtung üben. Das Bild ist inkonsistent und kreist um eine diskursive Leerstelle, die auf die Frage zugespitzt werden kann: Worin bestand eigentlich die Aufgabe des St. Augustinusheimes?

Es entsteht der Eindruck, dass die klare Abgrenzung gegenüber der traditionellen, autoritären Heimerziehung, deren Spuren in vielen Einrichtungen noch weit in die 1980er-Jahre hinein beobachtbar waren, ein gewisses Orientierungsvakuum erzeugte: Man wusste, was man nicht mehr machen wollte, aber man wusste offenbar nicht so genau, was man machen sollte. Daraus entstand ein erzieherisches Klima der Familialität, innerhalb dessen man in einem reaktiven Modus vor allem einen Sozialisationsraum bieten wollte, der sich grundlegend von jenem unterschied, in dem die Kinder bis dahin aufgewachsen waren. Dass dies nicht im angestrebten Umfang gelang, machen die beschriebenen Bühnen der Reinszenierung deutlich.

Die funktionale Leerstelle des St. Augustinusheimes lässt sich auf der Basis der vorliegenden Analysen vor allem mit zwei Begriffen charakterisieren, die die aktuelle Heimerziehung in hohem Maße prägen: Trauma und Schutz. Die Arbeit im St. Augustinusheim war nicht hinreichend traumasensibel. Man hat nicht verstanden, was frühe Traumatisierungen mit Kindern machen und welche Erfordernisse sich daraus für die Betreuung dieser jungen Menschen ergeben (vgl. Gahleitner, 2009; Gahleitner et al., 2017). Diese bestehen vor allem darin, Wiederholungen traumatogener Erlebnisse zu verhindern (also größtmöglichen Schutz zu gewähren) als auch Bewältigung zu ermöglichen. Diese beiden Aufgaben basieren auf einem aktiven Modus. Der Diskurs über institutionelle Gewaltprävention hat inzwischen deutlich gemacht, wie anspruchsvoll die Herstellung eines schützenden Milieus in pädagogischen Einrichtungen ist (vgl. Wolff et al., 2017). Diese Arbeit wurde im St. Augustinusheim nicht geleistet, weil das Verständnis über die Bedeutung von Schutz noch völlig unzureichend war. Auch Bewältigung erfordert mehr als Familialität und heilpädagogische Einzelstunden. Es ist zunächst notwendig, die Not des traumatisierten Kindes zu verstehen und seine Verhaltensmanifestationen richtig zu deuten und zu beantworten. Darüber hinaus bedarf es einer intensiven psychotherapeutischen Arbeit, um das Ausmaß fortdauernder gesundheitlicher Belastungen bzw. Schädigungen zu verringern. Auch hier ist ein aktiver Modus notwendig. Es braucht hier Expertise, Zuverlässigkeit, Empathie und emotionale Verbindlichkeit (Streeck-Fischer, 2023; Fegert & Petermann, 2014).

All das weiß man heute. Dass sich das St. Augustinusheim der 1980er- und 1990er-Jahre in einer Übergangsphase zwischen der Katastrophe der bundesdeutschen Heimerziehung der Nachkriegszeit und einer sich zunehmend qualifizierenden und ausdifferenzierenden Kinder- und Jugendhilfe der 2000er-Jahre befand, ist deutlich erkennbar. Weder für Kinder/Jugendliche mit schweren biografischen Belastungen noch für Kinder/Jugendliche mit Behinderung war es ein Ort, der Schutz, Bewältigung und Förderung in hinreichendem Ausmaß ermöglicht hat. Für einige junge Menschen mögen die Bedingungen gut gewesen sein; für viele aber waren sie zu riskant.

7.3 Der Heimleiter H.E. als personell-struktureller Risikofaktor

Wie oben erwähnt bildete ein Hinweis auf einen durch den Heimleiter H.E. verübten sexuellen Missbrauch den Anlass der vorliegenden Studie, die eine breitere Perspektive einnahm, nämlich die Aufarbeitung der pädagogischen Arbeit im St. Augustinusheim (inklusive möglicher Gewalt) während des Zeitraums zwischen 1985 und 1997. Die Ausgangshypothese bestand darin, dass mögliche sexualisierte Gewalt durch den Heimleiter nicht als isoliertes Geschehen zu betrachten ist, sondern als Verbrechen, das die Kultur der Einrichtung in erheblichem Maß geprägt hat.

Durch die im Rahmen der vorliegenden Studie durchgeführten Erhebungen konnte der gegen H.E. gerichtete Vorwurf des sexuellen Missbrauchs nicht erhärtet werden. Weder fanden sich in Akten entsprechende Informationen noch haben sich Personen gemeldet, die selbst sexualisierte Übergriffe durch den früheren Heimleiter erlebt haben oder von solchen Kenntnis bekamen. Die Datenlage erlaubt lediglich eine Zusammenstellung von Verdachtsmomenten, die am Ende dieses Abschnitts vorgenommen wird.

Jenseits der Frage nach verübter sexualisierter Gewalt erlauben aber die Schilderungen der Interviewpartner*innen den Befund eines problematischen Einflusses, den der Heimleiter auf das St. Augustinusheim ausgeübt hat. Dieser hatte Folgen sowohl für die betreuten Kinder/Jugendlichen als auch für das Personal. In der Rekonstruktion der Atmosphäre des St. Augustinusheimes in den 1980er- und 1990er-Jahren verbindet sich die Figur des Heimleiters sehr deutlich mit den beschriebenen personellen und strukturellen Risikofaktoren, die zu erheblichen Belastungen bei Mitarbeitenden und Klient*innen führen konnten. Dimensionen dieses problematischen Einflusses werden im Folgenden dargestellt.

7.3.1 Reformbemühungen

H.E. begann seine Karriere im St. Augustinusheim im Jahr 1983. Etwa ein halbes Jahr zuvor war die Einrichtung von einer Leiterin übernommen worden, die den vorliegenden Akten zufolge einen neuen Kurs etablieren wollte. Zumindest gibt es Dokumente, in denen das Landesjugendamt der Hoffnung Ausdruck verleiht, dass mit dieser Leiterin eine transparentere Zusammenarbeit zwischen dem Heim, dem Landesjugendamt und den regionalen Jugendämtern möglich sein würde – im Interesse der zu versorgenden Kinder und ihrer Familien. H.E. übernahm die Position des stellvertretenden Heimleiters. Nachdem die Einrichtungsleiterin im Jahr 1985 auf eigenem Wunsch das Beschäftigungsverhältnis beendet hatte, wurde H.E. Leiter des St. Augustinusheimes.

Die Berichte aus den Interviews stimmen im Wesentlichen in der Einschätzung überein, dass H.E. bemüht war, eine reformorientierte Heimerziehung umzusetzen, d. h. sich von einer traditionellen, stark hierarchisch organisierten und gewaltaffinen Pädagogik dezidiert abzugrenzen. Innerhalb des Diözesan-Caritasverbandes war er als Vertreter einer neuen Generation von Heimleitungen wahrnehmbar, die sich von dem überholten zentralistischen „Hausmutter- und Hausvater-Modell" (E_Interview 1) distanzierte und sich – zumindest auf einer theoretischen Ebene – über eine zeitgemäße Ausgestaltung von Führungspositionen Gedanken machte.

Den vorliegenden Informationen zufolge stießen aber diese ambitionierten Bemühungen im Laufe der Zeit offensichtlich an Grenzen. Während es zur Frühphase seiner Tätigkeit noch Überlieferungen gibt, wonach der Heimleiter „früher auch auf den Gruppen war, da Gitarre gespielt hat, mit denen [den Kindern, Anm. d. A.] gesungen hat" (M_Interview 26), wandelt sich das Bild relativ schnell in Richtung einer abgehobenen und wenig greifbaren Interpretation seiner Leitungsfunktion. Von einer gewissen Bedeutung dürften in diesem Zusammenhang noch einige personelle „Altlasten" aus den frühen 1980er-Jahren der Einrichtung gewesen sein, mit denen H.E. eine ambivalente Spannung verband. Ein Zeitzeuge aus den späten 1980er-Jahren äußert ausführlich seinen Eindruck, wonach erfahrene und etablierte Mitarbeiter*innen dem noch relativ jungen Heimleiter (er war bei der Übernahme der Leitung erst Anfang 30) erhebliche Widerstände entgegensetzten.

> „Aber, wie gesagt, die Frau [Name Erziehungsleitung], die war ganz frisch von der Uni auch oder von der Hochschule. Und der Herr [Name Heimleiter], der war auch frisch von der Hochschule. Die waren schon motiviert und wollten was machen, aber die haben, eigentlich haben die keine Ahnung gehabt. Und [Name Mitarbeiter] und auch die [Name Mitarbeiterin], die haben die das auch spüren lassen, dass sie keine Ahnung haben. Also das ist auch kein einfaches Spiel für die Heimleitung, wenn man da reingeschmissen wird und man hat so viele erfahrene Kollegen insgesamt im

> ganzen Haus, die sagen ‚Das ist alles Käse, was ihr da macht, das ist Theorie und wir machen es so und so'. Also da gab's schon Diskussionen auch im Team. Die wurden nicht ernstgenommen" (M_Interview 6).

Der Zeitzeuge bezweifelt in der Rückschau, dass der noch sehr unerfahrene Heimleiter überhaupt seiner Aufgabe gewachsen war. Er passte eigentlich nicht in eine solch verantwortungsvolle Position.

> „Die [Rolle] konnte er gar nicht ausfüllen in dem Sinne, wie ich mir vorstelle, wie man das ausfüllt und ich es auch erlebt habe von Männern in der Position, aber auch von Frauen in der Position, die das ausgefüllt haben" (M_Interview 6).

Bemerkenswert ist zudem die Einschätzung dieses Interviewpartners, wonach H.E. beim Versuch der Ausgestaltung seiner Rolle auf kein Vorbild zurückgreifen konnte. Dies spiegelt möglicherweise den historischen Kontext wider, der einerseits von einer Abkehr von der traditionellen Heimerziehung geprägt war, andererseits aber noch keine zuverlässigen Orientierungen zu der Frage bot, wie moderne Formen der stationären Kinder- und Jugendhilfe konzeptionell ausgestaltet werden sollten. Der Heimleiter befand sich in einem historischen, aber auch einrichtungsbezogenen Transformationsprozess, mit dem er möglicherweise auch aufgrund seines jungen Alters überfordert war. Dazu passt die nachträgliche Einschätzung einer früheren Leitungskraft, wonach H.E. „irgendwo so ein bestimmtes System im Kopf [hatte], dass mehr Miteinander ist, ja, aber dazu war die Hierarchie nicht flach genug" (M_Interview 26). Einiges deutet darauf hin, dass er sich in einem fortdauernden Spannungsfeld zwischen dem Anspruch auf eine demokratische Einrichtungskultur und der Realität wirkmächtiger Altlasten befand. Seine Lösung schien schließlich darin zu bestehen, erfahrene Mitarbeiter*innen und deren rückständige Pädagogik zu dulden und gegen weniger mächtige und neue Mitarbeitende seine strukturell zugesprochenen Machtpotenziale zu nutzen.

7.3.2 Machtbewusster Führungsstil

Die Schilderungen der Interviewpartner*innen stimmen im Wesentlichen in der Einschätzung überein, dass H.E. kein angenehmer Chef war. Einerseits lag ihm daran, im St. Augustinusheim ein Gemeinschaftsgefühl zu etablieren, was vor allem durch die regelmäßige Veranstaltung von Festen gelingen sollte. Andererseits schottete er sich aber auch ab und stellte mit Mitarbeitenden Einzelsituationen her, in denen er sie seine Macht deutlich spüren ließ. Paradigmatisch für diese Doppelstrategie in Richtung Zusammengehörigkeit und Machtgebaren ist die folgende Szene, an die sich eine frühere Fachkraft erinnert.

> „Ich habe ein Fest, das kann vielleicht auch das zweite Fastnachtsfest gewesen sein, in Erinnerung, dass es da sehr lustig herging und ich am nächsten Tag quasi, äh, ich weiß nicht mehr genau was war, aber irgendwie so wie zitiert wurde, ähm, da war ein Vorfall halt auf der Gruppe, ich weiß es nicht mehr genau was es war, und da habe ich einen ganz anderen Heimleiter plötzlich vor mir stehen gehabt. Also einen Abend vorher war das eher so diese, ähm, ich kann das gar nicht so, so eine vorgegaukelte charmante Du-Geschichte, äh, und einen Tag später habe ich die Welt nicht mehr verstanden, weil ich da quasi wie hinzitiert wurde und musste zu irgendwas Stellung beziehen. Ich weiß tatsächlich nicht mehr, was es war. Ähm, aber das ist hängengeblieben so, dass ich das eigentlich nicht verstanden habe am Anfang" (M_Interview 17).

Vieles deutet auf bestimmte Risikofaktoren hin, die die Wahrscheinlichkeit erhöhten, dass man auf unangenehme Weise von H.E. gemaßregelt wurde: Eher junge, weibliche Kolleginnen und solche, die sich über bestimmte Rahmenbedingungen im Heim (z. B. Überbelegung, mangelnde Ausstattung) beschwerten, mussten damit rechnen, vom Heimleiter in ihre Schranken verwiesen zu werden. Eine andere Zeitzeugin beschreibt, wie ihm dabei seine Menschenkenntnis zugute kam.

> „Aber er hat auch ganz schnell rausgefunden, wo die ihre schwachen Stellen haben und da hat er rein gehauen. Also da gab es schon Situationen, dass Mitarbeitende heulend aus dem Büro rauskamen, weil er sie zur Schnecke gemacht hat. Also vor ihm haben viele Angst gehabt" (M_Interview 4).

Es zeichnet sich ein relatives konsistentes Bild der mangelnden Konfliktfähigkeit des Heimleiters ab. Dies spiegelt sich zunächst in der angesprochenen Akzeptanz gegenüber jenen Mitarbeitenden wider, die nach wie vor eine autoritäre (und teilweise gewaltaffine) Erziehungshaltung vertraten. Er ließ diese Personen (insbesondere einen berüchtigten Gruppenleiter) gewähren und schützte sie auch vor Kritik von Kolleg*innen, die sich bei ihm über deren Pädagogik beschwerten. Für seine – berechtigten – Anliegen gegenüber den Kinderpflegerinnen in der Harlekin-Gruppe, die sich gegenüber Supervisionen und Weiterbildungen verweigerten, fand er keine Ebene der Kommunikation, die eine Einigung ermöglichte. Daher musste der eskalierende Konflikt schließlich am Arbeitsgericht ausgetragen werden. Offensichtlich lag ihm in hohem Maße daran, Erfahrungen von Ohnmacht und Hilflosigkeit durch autoritäres Machtgehabe abzuwehren. Die oben zitierte frühere Mitarbeiterin erinnert sich:

> „Und der Heimleiter selber, das war eher so, da wollte man nicht unbedingt antanzen müssen. Also da, der hat nicht so die Offenheit gezeigt ‚Wir kommen miteinander ins Gespräch', sondern der hat einen schlichtweg zur Sau gemacht, wenn irgendwas schlecht gelaufen ist (lacht). Das war schon so, Heimleitung war schwierig" (M_Interview 4).

Ein früherer Gruppenleiter beschreibt, dass die Kolleg*innen aus seiner Gruppe an einem bestimmten Punkt nicht mehr bereit waren, ihre pädagogische Arbeit unter der Bedingung ständiger Überbelegung zu leisten. Um eine Änderung der Situation zu bewirken, richteten sie einen eindringlichen Appell an den Heimleiter.

> „Und eben, wie gesagt, wir haben dann auch mal einen offiziellen Brief geschrieben über unser Missfallen über die Überbesetzung der Gruppe und was da passiert einfach, dass wir das einfach nicht akzeptieren. Und das war aber dann, solche Dinge waren dann Auslöser, wo er dann gesagt hat ‚Ja, Herr [Name Mitarbeiter], mit Ihrem Vaterkomplex nehme ich Sie jetzt an die Kandare' und ich musste dann jeden, einmal in der Woche, und das musste niemand anders, musste ich dann bei ihm zu einer Besprechungsstunde, um zu wissen was jetzt los ist usw. (lacht) und so. Da hat er mich halt dann enger an sich genommen. Ja, das fand ich einfach unangenehm und unpassend" (M_Interview 18).

Der Interviewpartner weist darauf hin, dass es sich hier um eine Strategie des Umgangs mit Mitarbeiter*innen handelte, die nicht zu allem „Ja und Amen" sagten. Der Heimleiter isolierte einzelne Personen, stellte Einzelsettings her und nutzte diese, um seine Machtposition zur vollen Geltung zu bringen. Die Forderungen der Mitarbeitenden liefen dadurch ins Leere. Der Gruppenleiter kam zu der Einsicht, dass ihm die Arbeit unter diesem Heimleiter keine dauerhafte Perspektive ermöglichte und kündigte schließlich seine Stelle. Eine Interviewpartnerin berichtet, dass ihr nach ihrer Kündigung am Arbeitsamt gesagt wurde, dass sie eine von vielen Personen sei, die in letzter Zeit von H.E. entlassen worden waren und dass der Heimleiter sein Personal besser pflegen solle. Andere Zeitzeug*innen erinnern sich, dass ihrem früheren Chef etwas „sehr Beeinflussendes" oder „Schleimiges" anhaftete (M_Interview 8). Er sei eine Person gewesen,

> „die sehr viel Dominanz ausgestrahlt hat, aber auch unnahbar war. Und wenn der was gesagt hat, dann wurde das halt gemacht so, so nach dem Motto" (M_Interview 7).

Dazu passt die Erinnerung einer anderen Interviewpartnerin, wonach man in der Einrichtung wusste, dass der Heimleiter „immer das letzte Wort" haben würde (M_Interview 29). Auch dies ein Hinweis auf seine mangelnde Konfliktfähigkeit und sein ausgeprägtes Machtgebaren.

Es lässt sich zudem die Hypothese formulieren, wonach H.E. seine ursprüngliche Ohnmacht gegenüber alteingesessenen Mitarbeiter*innen in ein ausgeprägtes Kontrollverhalten wendete, um den schweren Stand, den er als relativ unerfahrener Heimleiter in Zeiten komplexer Transformationsprozesse hatte, zu festigen. Die Rede ist davon, dass er bei einer Mitarbeiterversammlung eine Kamera mitlaufen ließ oder dass er versuchte, einzelne Mitarbeiter*innen über die Stimmung in ihrer Gruppe auszuhorchen. Die beschriebene Strategie der autoritär geführten Einzelgespräche ist ebenfalls unter dem Aspekt des Ausübens von Kontrolle über die Mitarbeiterschaft zu verstehen.

Aufschlussreich ist in diesem Zusammenhang ein Dokument aus dem Jahr 1993, das darüber Auskunft gibt, dass sich H.E. beim Landesjugendamt über sein eigenes Personal beschwerte. Da er krankheitsbedingt lange abwesend gewesen war, entwickelte sich – seiner Wahrnehmung nach – eine unkontrollierte Dynamik. Er berichtete gegenüber dem Landesjungendamt von erheblichen Schwierigkeiten und Spannungen im personellen Bereich. Dies betraf v. a. den Leitungs- und therapeutischen Bereich. Die beiden Heilpädagog*innen seien in Zusammenarbeit mit der Erziehungsleiterin zu einem reinen „Selbstläufer" geworden. Die Supervisorin hätte diese Entwicklung unterstützt. Aufgrund seiner langen Erkrankung habe H.E. nicht dagegen steuern können. Da diese Gruppe gegen ihn Stimmung gemacht habe, kam es zu mehreren Kündigungen. So wurde die Supervisorin fristlos gekündigt. Mit einem Heilpädagogen wurde ein Auflösungsvertrag geschlossen. Die Erziehungsleiterin ging in Mutterschutz/Erziehungsurlaub. Die Heilpädagogin, die nach Aussage des Heimleiters „ebenfalls zu diesem Kreis gehörte", verblieb im Heim. Dieses bemerkenswerte Dokument macht deutlich, wie sich H.E. unter der Bedingung eines wahrgenommenen Kontrollverlustes verhielt. Der massive Kahlschlag innerhalb der Mitarbeiterschaft und die Mitteilung dieser Dynamiken an das Landesjugendamt deuten auf ein geradezu paranoides Ausagieren existenzieller Ängste hin. Der als offenbar extrem bedrohlich empfundene „Selbstläufer" war nur möglich, weil er nicht da war. Erklärungsbedürftig ist zudem, dass dieser offenbar heftige Konflikt in den Interviews mit früheren Mitarbeiter*innen zumindest nicht in dieser massiven Form repräsentiert ist. Offenbar hatte H.E. das Gefühl seine eigene Haut retten zu müssen. Die positive Außendarstellung gegenüber dem Landesjugendamt bezog sich in diesem Moment weniger auf das St. Augustinusheim als vielmehr auf seine Person. Ihm lag wohl daran zu signalisieren, dass es in seiner Macht stünde, alles wieder in Ordnung zu bringen (d. h. seinem Regime zu unterwerfen). In weiterer Folge setzte er einen ihm loyalen Gruppenleiter als seinen Stellvertreter ein. Versuche, bestehende Probleme mit den als bedrohlich empfundenen Mitarbeiter*innen auf konstruktive Weise zu lösen, sind nicht erkennbar.

Einige wenige Zeitzeug*innen stellen Zusammenhänge zu einem traditionellen katholischen Hierarchieverständnis her, von dem H.E. aus ihrer Sicht durchaus noch geprägt war. Dieses korrespondierte mit einer auch Anfang der 1990er-Jahre noch bestehenden Obrigkeitshörigkeit vieler Mitarbeiter*innen. Solange man also bereit war, sich in die jeweils zugemessene Rolle einzufügen und sich den bestehenden Hierarchieverhältnissen unterzuordnen, konnte man hoffen, von dem Heimleiter weitgehend unbehelligt zu bleiben. Allerdings bestand der dafür zu zahlende Preis in einer mehr oder weniger latenten Angst, aus nicht gut kalkulierbaren Gründen dennoch von ihm in sein Büro zitiert und zurechtgewiesen zu werden. Man ist geneigt in der Mitarbeiterschaft eine Art Double-bind-Stimmung zu konstatieren, in der weder Unterordnung noch kritisches Aufbegehren dazu führten, mit dem Heimleiter in einen konstruktiven Dialog zur Weiterentwicklung des St. Augustinusheimes zu kommen. Entsprechend fielen die Reaktionen aus, als die Kündigung von H.E. bekannt wurde:

> „Dann haben mich Mitarbeiter von den Gruppen angerufen und wollten eine große Party veranstalten, weil der jetzt endlich weg wäre“ (M_Interview 29).

7.3.3 Außendarstellung

> „Also das war ein Teil, der dem damaligen Heimleiter (lacht) sehr wichtig war, dass das Ganze einen guten Eindruck macht, was eine positive Auswirkung dahingehend hatte, dass sehr viel konzeptionell gearbeitet wurde“ (M_Interview 24).

Dieses Zitat eines ehemaligen Mitarbeiters bringt prägnant zum Ausdruck, wie sich die Widersprüchlichkeit des Heimleiters zugleich auch in gewisser Weise in der Widersprüchlichkeit der pädagogischen Arbeit des St. Augustinusheimes widerspiegelt. Wie an anderer Stelle beschrieben, waren konzeptionelle Grundlagen dieser Arbeit bei den Mitarbeitenden nur in geringem Umfang repräsentiert. Vor diesem Hintergrund ist insbesondere die Herstellung eines Zusammenhangs zwischen konzeptioneller Arbeit und einer positiven Außenwirkung aufschlussreich, wie er in der oben zitierten Einschätzung vorgenommen wird. Dies könnte so gedeutet werden, dass konzeptionelle Überlegungen eher eine symbolische Pro-forma-Funktion erfüllten und sich daher nur unzureichend in der tatsächlichen Arbeit mit den Kindern/Jugendlichen niederschlugen. Dafür sprechen persistierende fachliche Unsicherheiten zu zentralen Aspekten der Heimerziehung wie Schutz, Traumabewältigung und Sexualität, wie sie an anderer Stelle ausgeführt wurden.

Den vorliegenden Berichten zufolge war das Verhaltensrepertoire des Heimleiters in hohem Maße von dem Bemühen um eine positive Außenwirkung geprägt.

Er sprach viel und „salbungsvoll“ (M_Interview 6), war „gewandt in seiner Wortwahl“, „konnte überzeugen und die Leute für sich vereinnahmen“ (M_Interview 8).

Im Zuge seiner Weiterbildung im Bereich der Kommunikation und Moderation kaufte er – im Widerspruch zu seiner ansonsten zur Schau gestellten Sparsamkeit – teure Moderationsmaterialien für die Einrichtung und profilierte sich mit deren Einsatz bei internen Veranstaltungen. Irritierend war für die Mitarbeitenden auch die Anschaffung eines teuren Autositzes, mit dem H.E. offenbar auch sein Umfeld beeindrucken wollte. Eine weitere materielle Variante zur Herstellung einer standesgemäßen Außenwirkung bestand in der Durchführung von Leitungsklausuren in teuren Hotels. Es ging ihm offensichtlich darum, dem St. Augustinusheim den Anschein einer modernen, hoch professionell geführten Einrichtung zu verleihen, möglicherweise verbunden mit der Intention, die soziale Arbeit (und insbesondere die Heimerziehung) von ihrem „schmuddeligen“ Image zu befreien. Dies brachte die Notwendigkeit mit sich, innere Widersprüche und Unzulänglichkeiten mit plakativen Inszenierungen zu überdecken. Den vorliegenden Informationen zufolge gelang ihm dies im Kontext des Diözesan-Caritasverbandes besonders gut, da er sich dort den Ruf eines ambitionierten, reflektierten und modern denkenden Einrichtungsleiters erwarb. Einige frühere Mitarbeitende äußern allerdings deutliche Zweifel an den fachlichen Qualitäten H.E.s. Sie nehmen – wie oben beschrieben – Bezug auf seine Unerfahrenheit und seine fehlende fachliche Vision. Eine Interviewpartnerin betont, dass auch sein pädagogisches Programm, soweit überhaupt vorhanden, unter dem Primat der positiven Außendarstellung stand.

> „Also da hat so, ich hatte das Gefühl, die Fachkenntnisse gefehlt zu den Handicaps, die die einzelnen Kinder im Gepäck hatten. Und für ihn war es eigentlich so das Wichtigste, der Laden funktioniert, also die Kinder sind betreut, die kommen morgens aus dem Bett und kommen da auch abends wieder rein und sind frisch gewaschen, haben saubere Kleidung an und kriegen was zu essen. Das waren so die, das war der Grundrahmen“ (M_Interview 9).

Diese Einschätzung wird von mehreren Zeitzeug*innen bestätigt, die immer wieder auf die große Bedeutung eines gepflegten Äußeren auf Seiten der betreuten Kinder/Jugendlichen (insbesondere jenen mit Behinderung) verweisen. In dieser Art von Schwerpunktsetzung schien sich das konzeptionelle Vakuum mit dem Ansinnen einer möglichst überzeugenden Außenwirkung zu verbinden. Zudem setzte sich auf diese Weise eine seit Jahrzehnten bestehende erzieherische Tradition fort, der zufolge die Funktion der Einrichtung vor allem in der körperlichen Pflege der Kinder und in einer möglichst störungsfreien Alltagsbewältigung gesehen wurde (vgl. Helfferich et al., 2013).

Seine Fähigkeit zur Erzeugung einer positiven Selbstdarstellung half dem Einrichtungsleiter auch, um den Zustand der dauerhaften Überbelegung der Einrichtung aufrecht zu erhalten. Während er sich diesbezüglich gegen die zeitweise aufflackernden Widerstände seiner im Modus der Überforderung arbeitenden Belegschaft zur Wehr zu setzen hatte, gelang es ihm offensichtlich, die Heimaufsicht auf Distanz zu halten. Dokumente belegen zwar, dass die notorische Überbelegung des St. Augustinusheimes von Vertretern des Landesjugendamtes immer wieder problematisiert wurde; allerdings führte dies offenbar zu keinerlei Konsequenzen. Im Bedarfsfall behalf sich H.E. mit Taschenspielertricks.

> „Und es war überbelegt. Ich kann mich noch erinnern, dass wir am Anfang, also es kam ja auch das Landesjugendamt mal so zur Kontrolle ‚Wie sieht es da überhaupt aus?'. Und mein damaliger Chef hat dann auch schnell dafür gesorgt, dass, also wenn ein Zimmer mit fünf Kindern belegt war und es durften aber nur vier Kinder da sein, ein Bett raus kam" (M_Interview 26).

Angesichts dessen, dass einem Teil der hier beschriebenen Handlungen auch persönliche finanzielle Interessen zugrunde lagen, lässt sich die Hypothese aufstellen, dass sich in der Figur des Heimleiters H.E. zentrale Probleme kapitalistisch organisierter Systeme manifestieren. Nicht die tatsächlich erbrachte Leistung steht im Vordergrund, sondern die Fähigkeit, diese möglichst überzeugend zu verkaufen. Es geht um Repräsentieren, Brillieren, Manipulieren (vgl. Mosser, 2015). Widersprüche, Konflikte und Unzulänglichkeiten innerhalb des Systems werden autoritär abgewehrt, während nach außen hin der Anschein umfassender Harmonie und Kompetenz erweckt wird. Im Falle von H.E. diente das Blenden seiner Umgebung auch der Vertuschung seiner finanziellen Machenschaften. Auf diese Weise wurden nicht nur seine Mitarbeiter*innen, sondern – Stichwort: Überbelegung – in hohem Maße auch die seiner Einrichtung anvertrauten Kinder/Jugendlichen in Mitleidenschaft gezogen.

7.3.4 Abwesenheit

Schwierigkeiten bei der Einordnung der Person des früheren Heimleiters ergeben sich auch aus dem Umstand, dass er für viele Mitarbeitende, insbesondere ab den 1990er-Jahren kaum sichtbar war. Die Kinder/Jugendlichen kannten ihn zum Teil gar nicht. Auf die Frage nach dem Heimleiter antwortet eine frühere Mitarbeiterin:

> „Also ganz spontan kommt mir auch so diese vorgegaukelte Freundlichkeit (lacht), das ist, ja, es sind meine Worte, aber das ist mein Eindruck auch. Ähm, und dass da

wenig Verbindungen waren. Also er war, wenn er da war, war er viel im Büro. Er war niemand, der mal auf die Gruppen kam und mal ‚Hallo' gesagt hat – das habe ich zumindest nicht in Erinnerung. Ähm, also eher formell. Und ich weiß auch, dass einige von unseren Kindern auch nachher, die etwas fitteren, mit dem Namen gar nicht wussten wer das ist oft. Also das spricht ja auch für die Beziehung so" (M_Interview 17).

Die meisten Interviewpartner*innen stimmen darin überein, dass H.E. häufig physisch abwesend und zumeist emotional nicht greifbar war. Dokumente des Landesjugendamtes belegen, dass er seinen Mitarbeiter*innen gegenüber verlautet habe, dass er nur zu 50 % angestellt sei, obwohl er tatsächlich eine volle Stelle ausfüllte. Er verfolgte offensichtlich in relevantem Ausmaß seine eigene Agenda, die nur bedingt mit den Anforderungen an die Position des Heimleiters zu tun hatte.

„Und dann irgendwann hat er angefangen, diese Moderationstechnikgeschichten zu machen, da hat er irgendwie eine Ausbildung gemacht. Und dann war er ganz viel unterwegs mit diesem Moderationszeug und hat da Lehrgänge gemacht, wo er überhaupt nicht da war. Also als Heimleiter präsent war der für mich nicht oft. Also eher dann, wenn's wieder drum ging, dass es irgendwelche Besprechungen gab, wo es um irgendwelche Ansagen ging oder sowas" (M_Interview 16).

Neben den genannten Besprechungen war er vor allem auf den hausinternen Festen präsent, gab sich ansonsten aber als kaum zugänglich. Die Pflege des Kontakts zu den Mitarbeiter*innen und den Kindern/Jugendlichen delegierte er an die Erziehungsleitung und an seinen Stellvertreter. Tatsächlich erfreuten sich diese beiden Personen einer hohen Akzeptanz auf Seiten derer, die im Heim arbeiteten oder lebten. In dieser Interpretation seiner Rolle spiegelt sich erneut der Primat der möglichst positiven Außendarstellung im Vergleich zu einer engagierten, an den Mitarbeiter*innen und am Klientel orientierten Führung im Inneren wider. Er dachte offenbar strategisch und war dann vor Ort, wenn er sich darstellen wollte oder Kontrolle ausüben musste.

„Er war glaub ich, gefühlt oft unterwegs oder außen repräsentiert oder was auch immer. Aber in der pädagogischen Arbeit kann ich mich nicht erinnern, dass er da präsent war" (M_Interview 22).

Eine Zäsur stellte eine schwere Infektionskrankheit dar, die dazu führte, dass H.E. viele Monate arbeitsunfähig war. Der Zeitraum lässt sich nicht genau eingrenzen, erstreckte sich aber auf jeden Fall über das Jahr 1992 und reichte möglicherweise auch noch in den Anfang des Jahres 1993 hinein. Dokumente geben Auskunft darüber, dass H.E. in dieser Zeit zunächst von der damaligen Erziehungsleitung vertreten wurde, die aber Mitte 1992 ihre Stelle kündigte – mit der

Begründung einer permanenten Überlastung in ihrem Aufgabenfeld. Es wird berichtet, dass die Erkrankung immer wieder zu Schwächeanfällen führte, sodass sich die Annahme aufdrängt, dass H.E. auch nach seiner Rückkehr Probleme hatte, seine Stelle mit der erforderlichen Energie auszufüllen. Wie oben beschrieben, war er zunächst offensichtlich auch damit beschäftigt, unkontrollierte Dynamiken innerhalb des Personals einzudämmen und seine Machtposition wiederherzustellen.

Es trugen also mehrere Aspekte zur mangelnden Präsenz des Heimleiters bei: Seine Erkrankung, die Verfolgung beruflicher Interessen außerhalb der Einrichtung und sein hauptsächlich strategisch ausgerichteter Führungsstil, der auf Unnahbarkeit beruhte. Aufgaben der Mitarbeiter*innenpflege und des Umgangs mit den Kindern/Jugendlichen übertrug er an andere Leitungskräfte.

7.3.5 Netzwerke

Auch wenn H.E. in vielerlei Hinsicht den Eindruck eines unnahbar erscheinenden Einzelkämpfers vermittelte, so lässt sich dennoch ein strategisches Vorgehen im Sinne einer Nutzung bestimmter Netzwerke rekonstruieren. Diese sind auf mehreren Ebenen anzusiedeln.

Am wenigsten ist über die Zusammenarbeit des Heimleiters mit den Jugendämtern und der Heimaufsicht bekannt. Dokumente des Landesjugendamtes legen die Annahme eines pragmatischen Kontakts nahe, der dem Heimleiter vor allem dazu zu dienen schien, das Problem der permanenten Überbelegung auf eine für die Behörde akzeptierbare Weise darzustellen und sich Schwierigkeiten vom Leib zu halten. Bemerkenswert ist allein ein Hinweis einer früheren Leitungskraft, die von einer Veränderung der Aufnahmepraxis des St. Augustinusheimes ab Mitte der 1990er-Jahre berichtet:

> „Er [der Heimleiter, Anm. d. A.] hat schon gesagt, dass die Plätze belegt werden müssen, aber nicht ‚Dieses Kind musst Du jetzt aufnehmen'. Also da gab's jetzt kein Geklüngel mehr zwischen Jugendamtsleiter und Heimleiter, wo vorher eine sehr enge Verbindung war und die bestimmt auch immer ausgetauscht haben so was jetzt wie läuft, sondern es lief jetzt auf der Ebene" (M_Interview 26).

Worin das hier mit einiger Gewissheit vorgetragene „Geklüngel" zwischen dem Heimleiter und dem Jugendamt bestand, lässt sich nicht rekonstruieren. Zumindest aber ist die hier formulierte Einschätzung als Indiz für eine enge persönliche Zusammenarbeit zwischen H.E. und der Person des Jugendamtsleiters zu werten.

Eine weitere Netzwerkebene bezieht sich auf den Diözesan-Caritasverband, dem der Sozialdienst katholischer Frauen und somit auch das St. Augustinusheim angehör(t)en. Diesen Dachverband nutzte der Heimleiter offenbar in hohem Maße, um sich fachlich zu profilieren. Ein Zeitzeuge berichtet, dass H.E. im Leitungskreis der Einrichtungen des Verbandes eine hohe Anerkennung besaß und dort auch Fortbildungen durchführte.

> „Der war als Einrichtungsleiter, der war eigentlich auch wahnsinnig kompetent. Der hat auch viele Dinge in die Wege geleitet in Zusammenarbeit mit dem Caritas-Verband, mit den ganzen Einrichtungen. (…) Und da hat er wirklich auch ganz viel auf den Weg gebracht, sagen wir mal so. Und er war schon eine Autorität, wo sich manche Leute wahrscheinlich auch gar nicht ran getraut haben" (M_Interview 1).

Angesichts der problematischen Interpretation seiner Leitungsrolle im St. Augustinusheim, die ihm viel Unmut bei seinen Mitarbeiter*innen einbrachte, erstaunt es auf den ersten Blick, dass er sich dort als Experte für Leitungsfragen, Managementstrukturen, Mitarbeiter*innenführung usw. hervortat. Es ist anzunehmen, dass seine Moderationsausbildung und möglicherweise noch andere Weiterbildungen im Bereich Führung/Management in engem Zusammenhang zu seinen Aktivitäten im Diözesan-Caritasverband zu sehen sind. Jedenfalls wird auf der Basis der vorliegenden Schilderungen eine deutliche Diskrepanz zwischen den beeindruckenden Auftritten im Verband einerseits und der wenig ambitionierten Leitung der Einrichtung andererseits sichtbar.

H.E. war aber auch innerhalb des St. Augustinusheimes keineswegs isoliert, sondern agierte auch dort im Rahmen strategischer Netzwerke, die sich im Laufe der Zeit veränderten. Im Wesentlichen können hier zwei Phasen nachgezeichnet werden. In der ersten, die vom Beginn seiner Tätigkeit bis zum Beginn der 1990er-Jahre reicht, flankierte er seine Position vor allem mit ausgewählten männlichen Gruppenleitern. Besonders problematisch ist hier seine Verbindung zu dem als autoritär und gewalttätig bekannten Mitarbeiter, von dem er einerseits wohl fachlich nicht ernst genommen wurde, den er andererseits aber auch vor Kritik durch Kolleg*innen schützte. Eine frühere Mitarbeiterin berichtet, dass H.E. der Patenonkel der Kinder dieses Gruppenleiters war. Daher war dieser Kollege gegen Angriffe von oben immun:

> „Der hat immer die Rückendeckung vom Heimleiter, egal was da passiert. Der hat sich auch ziemlich sicher gefühlt" (M_Interview 16).

Diese Art der Loyalität galt aber wohl gegenüber allen Gruppenleitern. Schilderungen, die sich auch noch auf die erste Hälfte der 1990er-Jahre beziehen, erwecken zum Teil den Eindruck eines verschworenen, machtbewusst agierenden Männerbundes.

„Diese Gruppenleitungen untereinander waren sehr eng miteinander und die wiederum sehr eng mit dem Heimleiter. Also man hatte da als einfache Mitarbeiterin, sag ich mal, wenig Chancen“ (M_Interview 16).

Eine andere Zeitzeugin berichtet, dass mit diesen Gruppenleitungen „kein Arbeiten auf Augenhöhe“ möglich war, da sie über klar definierte Machtpositionen verfügten.

„Und die haben sich dann auch immer mit dem Herrn [Name Heimleiter], mit der Heimleitung getroffen, um bestimmte Themen zu besprechen. Es war aber schon eine sehr hierarchische Struktur“ (M_Interview 7).

Interessanterweise werden diese Machtstrukturen in den Interviews nicht unter dem Gesichtspunkt problematischer Geschlechterverhältnisse diskutiert. Soweit erkennbar bestand dieses in den 1980er-Jahren entstandene Leitungsnetzwerk vorwiegend, wenn nicht ausschließlich aus Männern. Dem Hinweis einer Interviewpartnerin zufolge versuchte der Heimleiter noch in den 1990er-Jahren einen Freund als Gruppenleiter einzusetzen. Dies scheiterte aber schließlich doch am Widerstand der Kolleg*innen. Dass sich die Bildung von Netzwerken nicht allein auf die Gruppenleiterebene beschränkte, zeigt der Fall eines jungen Mannes, den H.E. Ende der 1980er/Anfang der 1990er-Jahre als Praktikanten im St. Augustinusheim aufnahm. Dieser wurde den Angaben einer früheren Mitarbeiterin zufolge mit weitreichenden Befugnissen ausgestattet. Es gab die Vermutung, dass er als Jugendlicher in einem Heim von H.E. betreut worden war. Der Bericht einer Interviewpartnerin über eine Fastnachtsfeier aus den frühen 1990er-Jahren gewährt umfassende Einblicke in die Netzwerkstruktur der Einrichtung. Nachdem sie ihre Tätigkeit in der Einrichtung gerade erst begonnen hatte, war sie zunächst ziemlich irritiert darüber, dass sich der Heimleiter als Praktikant verkleidet hatte und in dieser Rolle eine Büttenrede hielt.

„Und hat dann so eine Art Büttenrede, Vortrag, wie auch immer da gehalten. Das war, glaube ich auch das erste Fest und das fand ich sehr komisch, und hat dann immer so wie toll und wichtig es ist, dass es ihn gibt als Praktikant und, also er hat eigentlich so ein bisschen die Gruppenarbeit ein bisschen platt gemacht, platt geredet in diesem Fastnachtsstil so. Und, ähm, ja, das war mehr als irritierend irgendwie so. Und er hat dann, weiß ich auch, und dann war so eine Kumpelstimmung unter den Mitarbeitern da. Und ich weiß dann eben, das weiß ich aber nur von Erzählungen, zu meiner Zeit war das nicht mehr so, dass sich früher auch geduzt wurde, also bis in die Leitungsebene rein auch. Das hat sich dann irgendwann verändert. Das heißt, ein Teil der Mitarbeiterschaft war noch in diesem Du-Gefühl, die neuen eben nicht so“ (M_Interview 17).

Soweit rekonstruierbar kam es spätestens Mitte der 1990er-Jahre zu einigen personellen Wechseln auf Gruppenleiterebene, sodass sich – auch angesichts der langen, krankheitsbedingten Abwesenheit des Heimleiters – das bestehende Netzwerk aufzulösen begann. In weiterer Folge konstituierte sich ein neues Netzwerk, das allem Anschein nach ausschließlich strategische Funktionen hatte und nicht mehr auf emotionalen Bindungen basierte. Diese Gruppe bestand neben dem Heimleiter aus seinem Stellvertreter, der Erziehungsleitung und dem Verwaltungsleiter. Deutlich wird, dass sich der innere Zirkel des Heimleiters dadurch von der Ebene der Gruppenleitungen auf eine höhere Hierarchieebene verlagerte, die zum Teil vorher gar nicht bestanden hatte. Wiederum handelte es sich – von einer Ausnahme abgesehen – um eine männlich dominierte Gruppe. Obwohl der stellvertretende Heimleiter und die Erziehungsleitung einen guten Kontakt zur Belegschaft hatten, sahen sich einzelne Gruppenleitungen aus sie unmittelbar betreffenden Entscheidungsprozessen ausgeschlossen. Dies betraf vor allem das Problem der Überbelegung, das auch in dieser veränderten Konstellation die Arbeit in der Einrichtung maßgeblich bestimmte.

Ein weiteres Netzwerk, auf das sich der Heimleiter zuverlässig stützen konnte, stellte der Vorstand des SkF Freiburg e.V. dar. Den dort vertretenen Personen wird von den interviewten Zeitzeug*innen eine ausschließlich symbolische Funktion zugebilligt. Dies bedeutet, dass sie ihrer Aufgabe der Kontrolle des Heimleiters offensichtlich in keiner Weise nachgekommen sind, was schließlich verheerende Folgen für die gesamte Organisation nach sich zog. Es wird berichtet, dass sich H.E. in freundlicher Weise um die Mitglieder des Vorstandes, durchwegs ältere Damen, kümmerte, wobei ihm seine Fähigkeit zur positiven Außendarstellung in besonders wirksamer Weise zugute kam. Für Mitarbeitende wurde dadurch klar, dass der Vorstand keine brauchbare Adresse war, um Missstände innerhalb der Einrichtung zu thematisieren. Bei festlichen Veranstaltungen im St. Augustinusheim demonstrierte H.E. seine enge Verbundenheit mit dem Vorstand und festigte dadurch auch auf symbolische Weise seine Machtposition.

> „Da habe ich nur so Bilder im Kopf von vier Frauen, die im Eck saßen und der Herr [Name Heimleiter] da ganz charmant da, ähm, ja, ist – und das war der Vorstand, da musste man sich benehmen so. Aber im Prinzip, zu sagen haben die nicht viel gehabt, weil der Herr [Name Heimleiter] hat das schon, der hat die Macht natürlich gehabt so“ (M_Interview 2).

7.3.6 Das Betrugsdelikt

Aus einem Schreiben der Vorstandsvorsitzenden des Sozialdienstes katholischer Frauen Freiburg an den Landeswohlfahrtsverband (LWV) Baden vom Februar 1998 geht hervor, dass der Heimleiter H.E. mit sofortiger Wirkung „aufgrund von Unregelmäßigkeiten in der Geschäftsführung“ gekündigt wurde. Sein Stellvertreter wurde kommissarisch mit der Nachfolge betraut.

Die Kündigung war durch eine Meldung des Verwaltungsleiters beim Vorstand ausgelöst worden. Wann diese genau stattgefunden hat, lässt sich anhand der uns vorliegenden Daten nicht mehr zweifelsfrei rekonstruieren. Eine Mitteilung des Heimleiters an den LWV Baden vom September 1997, wonach eine Gruppe für geistig Behinderte aufgrund mangelnder Belegung geschlossen werden soll, deutet jedoch darauf hin, dass er noch relativ kurz vor seiner offiziellen Kündigung operativ tätig war. Dem widerspricht die Erinnerung eines Zeitzeugen:

> „Mitte 90er, da ist es dann aufgeflogen danach. Und dann bis zur Kündigung war ja auch noch dann ein Prozess, bis es alles war, genau“ (M_Interview 1).

Ungeachtet der genauen zeitlichen Abfolge, besteht kein Zweifel daran, dass die Aufdeckung des von H.E. begangenen gravierenden Betrugsdelikts eine Zäsur in der Geschichte des St. Augustinusheimes darstellte und für die Einrichtung existenzgefährdend war – abgesehen von der schweren Beschädigung des Rufs des Sozialdienstes katholischer Frauen in Freiburg. Bezüglich der Höhe der veruntreuten Gelder schwanken die Informationen aus den Interviews zwischen mehreren 100.000 und 1,5 Mio. DM. Ein Zeitzeuge fasst die Reaktionen auf die Aufdeckung dieses Delikts folgendermaßen zusammen:

> „96/97 flog auf, dass der Geld abgezweigt hat. Und dramatisch viel. (…) Das war ein Riesenskandal in der ganzen Fachwelt Baden-Württemberg, weil er war ein hoch angesehener und hoch respektabler und respektierter Einrichtungsleiter, Diplompädagoge, katholischer Heimleiter, Vorstand im AGH, hieß es damals noch, Arbeitsgemeinschaft der Heilpädagogik, später Arbeitsgemeinschaft erzieherische Hilfen Baden-Württemberg (…). Und der war dann plötzlich weg, war sogar im Gefängnis und so, das war natürlich ein Riesenschlag. Ein Riesenschlag“ (M_Interview 3).

Neben dem Schock über die unmittelbare Existenzgefährdung der Einrichtung und damit auch der Arbeitsplätze, zeigten sich die Mitarbeitenden vor allem aus zwei Gründen erheblich empört. Der erste bezieht sich auf die persönliche Bereicherung auf Kosten einer sozialen Einrichtung, wie eine ehemalige Mitarbeiterin ausführt:

„Und dann kam die Zeit, wo das, klar, mit diesen Geldunterschlagungen war. Und dann war das ja, war er ja sowieso, also, ja, war der durch (lacht) – ja. Unverständlich und ich weiß, dass viele auch gesagt haben ‚So ein Arsch!', ich auch eingeschlossen, ja, also in einer Kindereinrichtung also Geld unterschlagen an sich, aber dann auch noch in einem sozialen Bereich" (M_Interview 17).

Dazu kam aber auch die Erkenntnis, dass die prekären Arbeitsbedingungen der vergangenen Jahre in unmittelbarem Zusammenhang zu den persönlichen Bereicherungsambitionen des Heimleiters gestanden waren. Sein fortdauernder Appell, Kinder aufzunehmen, die Einrichtung überzubelegen, die Personaldecke dünn zu halten und bei jeder Kleinigkeit zu sparen, war keineswegs durch pragmatische ökonomische Erfordernisse legitimiert, sondern wurzelte in der Möglichkeit, Geld für seine persönlichen Interessen zur Seite zu schaffen. Ein ehemaliger Mitarbeiter berichtet, wie ihm die Teilnahme an der Gerichtsverhandlung gegen H.E. die Augen geöffnet hat.

„Wir haben da öfters opponiert dagegen [gegen die Überbelegung, Anm. d. A.] und es wurde dann immer begründet ‚Ja, wirtschaftlich ist es so schlecht' und ‚Man muss das machen' usw. Was ich dann im Nachhinein, als ich dann die, ich war ein bisschen dann auch bei den Verhandlungen dabei, wenn man dann gehört hat, was da gelaufen ist und wo da Geld hingeflossen ist, war das echt frustrierend, wo ich gedacht habe ‚Der hat uns nur verarscht'. Also der hat seinen Reibach da draus gemacht und wir haben im Prinzip uns abgerödelt" (M_Interview 18).

Neben der Empörung darüber, dass die persönliche Bereicherung des Heimleiters in hohem Maße auf Kosten der Mitarbeiter*innen und betreuten Kinder/Jugendlichen vollzogen wurde, setzte auch ein Gefühl der Verunsicherung ein, das aus der Frage resultierte, wie derart umfangreiche Veruntreuungen über einen so langen Zeitraum unentdeckt bleiben konnten. Die folgende Schilderung eines ehemaligen Mitarbeiters weist augenfällige Analogien zum Zustand von Institutionen nach der Aufdeckung sexualisierter Gewalt auf (vgl. Enders, 2012):

„Aber durch dieses Ding, bis das dann endlich aufgedeckt wurde, das waren ganz üble, das waren keine guten Zeiten, da war eine schwierige, äh, schwierige Atmosphäre. Weil da natürlich auch Ängste waren ‚Wer ist jetzt involviert?' und ‚Wer hat was gewusst?' und ‚Wer hat nichts gesagt?'" (M_Interview 24).

Insbesondere die Rolle des Verwaltungsleiters erschien in diesem Zusammenhang höchst erklärungsbedürftig. Das in den Interviews präsentierte Narrativ besagt, dass er die Machenschaften seines Chefs über längere Zeit mitbekommen haben muss, ihm gegenüber aber so loyal war, dass er keine Schritte gegen ihn unternommen habe. An irgendeinem Punkt konnte er – vermutlich um sich nicht selbst in eine strafrechtlich aussichtslose Position zu bringen – den Sachverhalt nicht mehr länger verschweigen und brachte ihn dem Vorstand zur Kenntnis.

Soweit bekannt wurde ausschließlich der Heimleiter strafrechtlich verurteilt. Die Involviertheit anderer Personen konnte nicht nachgewiesen werden. H.E. verbüßte eine mehrjährige Gefängnisstrafe. Danach verliert sich seine Spur.

Für die vorliegende Analyse ist das Betrugsdelikt des Heimleiters vor allem aus zwei Gründen wichtig: Erstens verfolgte er ökonomische Interessen, die die pädagogische Arbeit unmittelbar beeinträchtigten. Er befeuerte damit die toxische Kombination aus Überbelegung und Personalmangel, die die oben beschriebenen Auswirkungen auf die Kinder/Jugendlichen und das Personal hatte. Zweitens wird dadurch deutlich, dass das St. Augustinusheim über Jahre von einer Person mit ausgeprägter krimineller Energie geleitet wurde. Es handelt sich hier keineswegs um einen „Ausrutscher", sondern um ein Delikt, dessen Umsetzung die Manipulation des beruflichen Umfeldes sowie ein hohes Maß an Aufwand, Energie und strategischem Handeln erforderlich macht. Dies wiederum wirft die Frage auf, ob damit auch persönlichkeitsbezogene Bedingungen für das Verüben sexualisierter Gewalt vorliegen.

7.3.7 Verdacht auf sexualisierte Gewalt

In diesem Abschnitt erfolgt zunächst eine Auflistung von Indizien, die den Verdacht des sexuellen Missbrauchs durch den Heimleiter H.E. begründen. Daran anschließend wird eine Bewertung dieser Indizien vorgenommen.

Mitteilung gegenüber der Geschäftsführerin des SkF
Im März 2021 erzählte ein Mitarbeiter der Geschäftsführerin des SkF Freiburg e.V. von Vorwürfen des sexuellen Missbrauchs gegen den früheren Leiter des St. Augustinusheimes H.E. Er vermittelte dabei den Eindruck, dass diesbezügliche Gerüchte allgemein bekannt waren. Als Quelle nannte er eine ihm bekannte Person, die als Kind/Jugendliche*r selbst im St. Augustinusheim gelebt habe. Auf Bitten der Geschäftsführerin stellte der neue Mitarbeiter den Kontakt zwischen ihr und dieser Person her. In weiterer Folge kam ein Termin zustande, in dessen Rahmen die Geschäftsführerin dieser Person das moderne Kinder- und Familienzentrum St. Augustinusheim zeigte. Bereits am Beginn dieses Termins berichtete diese Person vom Verhältnis zwischen einem anderen früheren Bewohner des St. Augustinusheimes und dem ehemaligen Heimleiter H.E., der diesen mehrfach zu sich mit nach Hause mitgenommen habe. Die Schilderungen der berichtenden Person ver-

stand die Geschäftsführerin so, dass es dort zu sexuellen Übergriffen durch H.E. gekommen war und der Junge im Gegenzug dazu Vergünstigungen erhielt. Im weiteren Verlauf des Besichtigungstermins des Kinder- und Familienzentrums St. Augustinus wurde dieses Thema nicht mehr angesprochen. Der Termin verlief in freundlicher Atmosphäre. Anschließend beriet sich die Geschäftsführerin mit dem Vorstand und einem für Querschnittsaufgaben zuständigen Mitarbeiter. In weiterer Folge nahm sie erneut Kontakt mit der berichtenden Person auf, um die im Raum stehenden Informationen zu fundieren. Die berichtende Person sagte, dass sie durch das Gespräch mit der Geschäftsführerin sehr aufgewühlt worden war. Sie zeigte sich freundlich, signalisierte aber zugleich, dass ihr eine weitere Auseinandersetzung mit dieser Thematik aktuell nicht möglich sei. Weder die Angaben des Mitarbeiters noch der berichtenden Person konnten im Laufe der vorliegenden Studie überprüft werden. Der möglicherweise von sexualisierter Gewalt Betroffene kann nicht mehr befragt werden, da er verstorben ist.

Übernachtungen beim Heimleiter

Eine Interviewpartnerin berichtet, dass sich während ihrer Tätigkeit im St. Augustinusheim eine Bewohnerin darüber beschwerte, dass ihr Bruder beim Heimleiter zu Hause übernachten dürfe, ihr selbst dies aber nicht erlaubt sei. Die frühere Betreuerin tröstete das Mädchen, war aber zugleich auch von der Information überrascht, dass ein Kind beim Heimleiter übernachtet. Es kam in der Folge zu keiner weiteren Thematisierung dieses Sachverhalts. Aufgrund von im Rahmen dieser Studie durchgeführten Recherchen wird davon ausgegangen, dass es sich bei diesem Jungen um jenen handelt, auf den sich die oben dargestellten Informationen der berichtenden Person im Jahr 2021 beziehen. Dieser Junge muss im angegebenen Zeitraum im Grundschulalter gewesen sein. Eine Interviewpartnerin, die nicht im St. Augustinusheim gearbeitet hat, berichtet aus Sekundärquellen, dass sich frühere Mitarbeitende viele Jahre nach ihrer Zeit im St. Augustinusheim gefragt hatten, warum sie damals nicht genauer nachgefragt haben, als davon die Rede war, dass der frühere Heimleiter Jungs zu sich nach Hause nahm.

Obdachloser Jugendlicher, der beim Heimleiter zu Hause übernachtete

Mehrere Interviewpartner*innen erinnern sich daran, dass H.E. einem Jugendlichen/jungen Mann bei sich zu Hause Unterschlupf gewährte, da dieser obdachlos war. Manche Mitarbeitenden wussten davon nur vom Hörensagen, während anderen bekannt war, dass es sich dabei um einen ehemaligen Bewohner des St. Augustinusheim handelte. Aus der Gesamtschau der vorliegenden Informationen wird klar, dass es sich auch hier um jenen früheren Heimbewohner handelt, auf den sich die Informationen beziehen, die der Geschäftsführerin des SkF im Jahr 2021 zugetragen wurden. Dieser lebte nach seiner Entlassung aus dem St. Augustinusheim zeitweilig auf der Straße und hatte mit schweren psychischen Problemen zu kämpfen. Soweit rekonstruierbar erfolgten die Übernachtungen bei dem Heimleiter sehr bald nach der Entlassung aus dem Heim. Über welchen Zeitraum diese Praxis erfolgte, ist unklar. Ein früherer Mitarbeiter berichtet, dass dieser ehemalige Heimbewohner auch bei ihm wegen einer Übernachtungsmöglichkeit angefragt hatte, als er schon ein junger Mann war. Es ist bekannt, dass sich dieser Mann noch in einem relativ jungen Alter das Leben nahm.

Verdacht aus den 1980er-Jahren

Im Nachgang zum Interview im Rahmen des vorliegenden Forschungsprojektes wandte sich eine ehemalige Mitarbeiterin des St. Augustinusheimes nochmals an das IPP, um eine wichtige Information nachzutragen. Sie habe sich an einen Brief erinnert, den sie im Jahr 1998 anlässlich eines Zeitungsberichts über das Betrugsdelikt des Heimleiters an ihre Schwester geschrieben hatte. Darin kommt folgender Satz vor: „… hörte jetzt von einer ehemaligen Mitarbeiterin (sie arbeitete vor ca. 15 Jahren im Heim), dass [Name Heimleiter] damals wegen sexuellem Missbrauch unter Verdacht stand." Die frühere Mitarbeiterin kommentiert dazu, dass sie nicht einschätzen könne, ob es sich damals lediglich um ein Gerücht gehandelt habe und ob dieser Verdacht im Zusammenhang mit dem St. Augustinusheim bestand oder außerhalb des Heimes. Der angegebene Zeitraum fällt mit dem Beginn der Tätigkeit H.E.s im St. Augustinusheim zusammen. Dies veranlasst zu der von keinen weiteren Indizien gestützten Mutmaßung, dass sein Wechsel in die Einrichtung möglicherweise etwas mit den genannten Vorwürfen zu tun gehabt haben könnte.

Praktikant

Ende der 1980er/Anfang der 1990er-Jahre arbeitete ein Praktikant im St. Augustinusheim, der offenbar in besonderer Weise von dem Heimleiter protegiert wurde. Angeblich war dieser junge Mann (oder ältere Jugendliche) einige Zeit zuvor in einer anderen Einrichtung von H.E. betreut worden. Ob es sich um denselben Praktikanten handelte, dem der Heimleiter im Rahmen einer Fastnachtsfeier eine besondere Ehre erwies, kann nicht zweifelsfrei festgestellt werden. Frühere Mitarbeiterinnen äußern in der Rückschau jedenfalls ein Gefühl der Irritation in Bezug auf das Verhältnis des Heimleiters zu diesem/diesen Praktikanten.

Reisen nach Thailand

Es war im St. Augustinusheim bekannt, dass der Heimleiter seine Urlaube wiederholt in Thailand verbrachte. Dieser Umstand setzte vielfältige Gerüchte frei, da das

Reiseziel Thailand häufig mit der sexuellen Ausbeutung von zum Teil sehr jungen Menschen assoziiert wird. Da bekannt war, dass der Heimleiter homosexuell war, wurde angenommen, dass er die Reisen für Kontakte zu jungen Männern oder auch zu Jungen nutzte. Es lässt sich nicht eruieren, warum sich die Gerüchte offenbar ausschließlich auf pädokriminelle Aktivitäten des Heimleiters bezogen und nicht auf sexuelle Kontakte zu erwachsenen Männern. Zu diesen Vorwürfen liegen keine Informationen vor, denen der Charakter eines Belegs jenseits der im St. Augustinusheim kursierenden Gerüchte zugeschrieben werden kann.

Kriminelle Energie

Wie oben ausführlich dargestellt, verweist der Umstand, dass H.E. offenbar über mehrere Jahre hinweg Gelder systematisch unterschlagen hat, unzweideutig auf das Vorliegen einer erheblichen kriminellen Energie auf Seiten des Heimleiters hin. Das von ihm praktizierte Vorgehen zeigt, dass er in der Lage war, sein Umfeld dauerhaft zu täuschen und zu manipulieren. Diese Fähigkeiten hätte er auch nutzen können, um die sexuelle Ausbeutung Minderjähriger zu vertuschen. Auch wenn kein Zusammenhang zwischen diesen beiden Kriminalitätsformen besteht, so legt das Ausmaß des Betrugsdelikts antisoziale Persönlichkeitszüge nahe, die auch zur Senkung der Hemmschwelle in Bezug auf andere Deliktformen beitragen können.

Zusammenfassende Bewertung der Indizien

Die im Rahmen dieser Studie erhobenen Informationen bieten keine Anhaltspunkte dafür, dass der Heimleiter im St. Augustinusheim ein Missbrauchssystem in der Weise etabliert hätte, dass er mehrere Kinder oder Jugendliche, die dort untergebracht waren, sexuell ausgebeutet hätte. Die meisten Berichte stimmen dahingehend überein, dass er ein eher geringes Interesse an Kontakten zu den Klient*innen hatte. Darüber hinaus fehlen auch belastbare Hinweise auf die Etablierung einer Kultur der sexuellen Grenzverletzungen in dieser Einrichtung. Zwar kam es sowohl zu (schweren) Übergriffen einzelner Kinder/Jugendlicher gegen Mitbewohner*innen und auch zu vereinzelten sexualisierten Grenzverletzungen durch männliche Mitarbeiter, die – soweit bekannt-meistens zeitnah sanktioniert wurden. Nichts deutet aber darauf hin, dass der Heimleiter sexuell übergriffige Kollegen geschützt hätte oder sich gar mit diesen verbündete, um sexualisierte Gewalt zu planen, durchzuführen und zu vertuschen. Insofern unterscheidet sich das St. Augustinusheim eindeutig von grundlegend gewaltaffinen Einrichtungen, in denen Kinder und Jugendliche dauerhaft der Gefahr sexualisierter Übergriffe ausgesetzt waren (vgl. Keupp et al., 2017a, 2019).

Im Hinblick auf die Frage, ob es sich bei H.E. um einen Einzeltäter gehandelt hat, gestaltet sich die Einschätzung komplizierter. Es werden vier Konstellationen berichtet, die einen entsprechenden Verdacht begründen, wobei sein Verhältnis zu dem Jungen, der viele Jahre im St. Augustinusheim lebte und nach seiner Entlassung bei H.E. zeitweise Unterschlupf fand, am erklärungsbedürftigsten ist. Während ansonsten nur bekannt ist, dass es Übernachtungen gab, verweisen die Informationen an die Geschäftsführerin aus dem Jahr 2021 auf die Verübung sexualisierter Gewalt. Allerdings ist die Belastbarkeit dieser Aussage dadurch eingeschränkt, dass sie auf Nachfrage nicht mehr konkretisiert wurde und sich die Adressatin (nämlich die Geschäftsführerin des SkF Freiburg e.V.) nicht mehr an den Wortlaut der ihr zugetragenen Informationen erinnern kann. Bemerkenswert ist der Brief, den eine frühere Mitarbeiterin dem Forschungsteam zur Kenntnis gebracht hat, in dem ein Verdacht des sexuellen Missbrauchs in Bezug auf den Heimleiter erwähnt wird. Diese Information bezieht sich auf die früheren 1980er-Jahre und kann von keinen weiteren Quellen gestützt werden. Das von einzelnen Mitarbeiterinnen als irritierend erlebte Verhältnis zu dem noch sehr jungen Praktikanten lässt angesichts der vorliegenden Datenlage keine weiteren Schlussfolgerungen auf eine mögliche sexuelle Ausbeutung zu. Dasselbe gilt für die Gerüchte im Zusammenhang mit den Reisen des ehemaligen Heimleiters nach Thailand.

Da im Rahmen der vorliegenden Studie eine justizförmige Bewertung der vorliegenden Informationen weder beabsichtigt noch möglich ist, erlauben die verfügbaren Daten zumindest die Einschätzung, dass die Hinweise, die den Anlass zu dieser Untersuchung geboten haben, weiterhin ernst zu nehmen sind und möglicherweise im Gefolge der Veröffentlichung dieser Untersuchung noch ergänzt werden können. Wie gezeigt werden konnte, ist eine gewisse Häufung von Indizien erkennbar, die das Verüben sexualisierter Gewalt durch den früheren Heimleiter H.E. als denkbar erscheinen lassen. Es kann allerdings nicht nachgewiesen werden, dass das St. Augustinusheim als pädagogische Institution durch solche Taten des Heimleiters kontaminiert wurde. Eine Fülle anderer Faktoren, die zur Entstehung institutioneller Risikobedingungen beitrugen, wurde in diesem Bericht dargestellt.

Einordnung der Befunde

8

Inhaltsverzeichnis

Im Folgenden werden die in den vorherigen Kapiteln dargestellten empirischen Erkenntnisse der vorliegenden Studie in bestehende Wissensbestände zu den einschlägigen Themenfeldern eingeordnet. Dabei wird insbesondere versucht, die lückenhafte Rekonstruktion der Arbeit in den Gruppen für Kinder/Jugendliche mit Behinderung im St. Augustinusheim durch Bezugnahme auf entsprechende Forschungsergebnisse zumindest partiell in einen Erkenntniszusammenhang zu stellen, der einen qualifizierten Blick auf die Verhältnisse im St. Augustinusheim erlaubt.

8.1 Einrichtungen der Behindertenhilfe

Die in der vorliegenden Studie erhobenen Befunde zu Kindern/Jugendlichen mit Behinderung sind vor allem deshalb unvollständig, da es nicht gelungen ist, frühere Bewohner*innen der entsprechenden Gruppen zu interviewen. Allerdings verfügen wir aus den Interviews mit ehemaligen Fachkräfte zumindest über ein Ausmaß an Informationen, das die Herstellung von Zusammenhängen zu Ergebnissen anderer

P. Caspari et al., *Die pädagogische Praxis und der Umgang mit Gewalt im St. Augustinusheim des SkF Freiburg e.V. zwischen 1985–1997*, Sexuelle Gewalt in Kindheit und Jugend: Forschung als Beitrag zur Aufarbeitung, https://doi.org/10.1007/978-3-658-51513-3_8

Studien erlaubt. Anhand der im Folgenden dargestellten Wissensdimensionen ergeben sich vielfache Hinweise auf Übereinstimmungen der Verhältnisse im St. Augustinusheim mit anderen Einrichtungen der Behindertenhilfe.

Historische Entwicklungen

Für den deutschsprachigen Raum lässt sich im Wesentlichen eine dreiphasige Entwicklung des Umgangs mit Menschen mit Behinderung rekonstruieren (Schönwiese, 2009). Die erste Phase reicht von der unmittelbaren Nachkriegszeit bis in die 1970er-Jahre hinein und ist in hohem Maße von einem Verständnis des Anders-Seins von Menschen mit Behinderung gegenüber der „Normalbevölkerung" gekennzeichnet. Die Differenzlinie ist vor allem durch die unzureichende Funktionalität im Rahmen einer kapitalistisch organisierten Arbeitsgesellschaft geprägt. Da die Dominanzgesellschaft Menschen mit Behinderung nicht „brauchte", wurden diese in schlecht ausgestattete Einrichtungen abgeschoben und dort verwahrt.

Diese Grundorientierung begann sich im Laufe der 1960er-Jahre zu ändern, als sich eine neue Form der medialen Darstellung von Menschen mit Behinderung etablierte, die ethisch begründet war und an gesellschaftliches Mitgefühl appellierte (Helfferich et al., 2013). Wichtig war hier der Contagan-Skandal, der die Verdrängung des Themas „Behinderung" erschwerte und dieses als der bürgerlichen Mehrheitsgesellschaft zugehörig sichtbar werden ließ. Initiativen wie die Lebenshilfe und die Aktion Sorgenkind fanden zunehmend Anerkennung und Aufmerksamkeit und trugen dadurch zu einer zumindest teilweisen Integration des Themas Behinderung ins gesellschaftliche Bewusstsein bei. Da die Sichtweise auf behinderte Menschen aber nahezu ausschließlich defizitorientiert blieb, entwickelte sich eine medizinisch-therapeutische Grundorientierung, die das implizite oder explizite Ziel verfolgte, die funktionale Diskrepanz zwischen Menschen mit und ohne Behinderung zu reduzieren. Grundlegend war hier das Prinzip der Förderung bzw. Rehabilitation, das eine Normalisierung der Perspektive auf Menschen mit Behinderung anstrebte (Helfferich et al., 2013; Schönwiese, 2009). Dieser Paradigmenwechsel fand im Verlaufe der 1970er-Jahre in einer Reihe gesetzlicher Maßnahmen seinen Ausdruck. Der Versuch der zumindest partiellen Angleichung der Lebensverhältnisse von Menschen mit und ohne Behinderung war aber nach wie vor von einem paternalistischen Blick geprägt, demzufolge die Mehrheitsgesellschaft etwas „für" die Menschen mit Behinderung machte. Diese Perspektive erfuhr etwa ab Mitte der 1980er-Jahre durch die verstärkte Betonung der Prinzipien der Selbstbestimmung und Chancengleichheit von Menschen mit Behinderung eine erneute Revision. Die eher therapeutische Dimension wurde also durch eine explizit politische Sichtweise ergänzt, die auf der Idee des Empowerments basierte (Keupp, 1995). Letztlich ging es um das Einfordern umfassender gesellschaftlicher Teilhabe und ein radikal verändertes Verständnis von Behinderung, wie es – mit erheblicher Verzögerung – durch die UN-Behindertenrechtskonvention (2008) und das Bundesteilhabegesetz (stufenweises Inkrafttreten seit 2017) seinen Ausdruck fand.

Die Arbeit im St. Augustinusheim der 1980er- und 1990er-Jahre geschah also vor dem Hintergrund eines gesellschaftlichen Diskurses, in dem Fragen der Selbstbestimmung von Menschen mit Behinderung immer mehr in den Fokus kamen. In diesem Zusammenhang sind auch Diskussionen über die strukturelle Zusammenführung zwischen Eingliederungshilfe und Kinder- und Jugendhilfe zu sehen, wie sie ab den 1980er-Jahren zu beobachten sind (Lüders, 2019, zit. n. Teubert/Huber [im Druck 2024]). Zwei Aspekte lassen sich hier konstatieren: Erstens war die Idee von Eingliederungshilfe und Jugendhilfe unter einem Dach im St. Augustinusheim formal längst realisiert. Dies bedeutet aber nicht, dass damit zugleich auch ein emanzipatorisches Verständnis von Behinderung einherging. Im Vordergrund standen Alltagsorganisation und pflegerische Tätigkeiten, während Förderung und Rehabilitation primär an externe Instanzen delegiert wurden. Zweitens ist hier eine intersektionale Perspektive unerlässlich, da die Dimension „Behinderung" gemeinsam mit strukturellen Benachteiligungen zu betrachten ist, die mit der Dimension „Minderjährigkeit" assoziiert sind. Die Klientel des St. Augustinusheimes hatte also mit Verhältnissen zu kämpfen, in denen Ansprüche auf Selbstbestimmung und gesellschaftliche Teilhabe mit hohen Hürden verbunden waren. Aus den uns vorliegende Daten sind keine systematischen Konzepte zur Verringerung dieser Hürden zu erkennen.

Gefährdungen

Ein inzwischen umfangreicher Bestand an internationalen und nationalen Forschungsbefunden kommt zu dem übereinstimmenden Ergebnis, dass Menschen mit Behinderung einem signifikant höheren Risiko ausgesetzt sind, im Laufe ihres Lebens Gewalt zu erfahren als Menschen ohne Behinderung. So fassen etwa Jones et al. (2012) die Ergebnisse ihrer Metaanalyse mit der Feststellung zusammen, dass „für alle Arten von Gewalt Kinder mit Behinderungen einem deutlich höheren Gewaltrisiko ausgesetzt sind als ihre Altersgenossen ohne Behinderungen" (S. 904, Übers. d. A.).

Dabei können Differenzierungen nach Art und Schwere der Behinderung und nach Gewaltart vorgenommen werden. Maclean et al. (2017) kommen in einer australischen Studie zu dem Ergebnis, dass Kinder/Jugendliche mit geistiger Behinderung, mentalen und Verhaltensstörungen besonders häufig von Gewalt betroffen sind. Kinder mit Autismus weisen den Autor*innen zufolge ein im Vergleich zu Kindern ohne Behinderung verringertes Risiko auf, während die Gewaltbetroffenheit von Kinder mit Down-Sndrom und Zerebralparese dem Ausmaß von Kindern ohne Behinderung entspricht.

Bange (2020) berichtet, dass Kinder mit Verhaltensauffälligkeiten häufiger körperlich misshandelt werden und Kinder mit Hörbehinderungen überdurchschnittlich oft sexualisierte Gewalt und Vernachlässigung erfahren. Dies deckt sich mit dem Befund von Maschke/Stecher (2018), wonach 34 % der befragten Schüler*innen mit dem Förderschwerpunkt Hören und Sehen von Erfahrungen von körperlicher sexualisierter Gewalt berichten. Der entsprechende Anteil lag bei Schüler*innen mit dem Förderschwerpunkt emotionale/soziale Entwicklung bei 24 %.

Mayrhofer/Fuchs (2020) berichten von den Ergebnissen einer österreichischen Befragung erwachsener Menschen mit Behinderung. Dabei zeigt sich, dass ca. 60 % der Befragten von Erfahrungen schwerer psychischer Gewalt, ca. 40 % von schwerer körperlicher Gewalt und ca. 35 % von schweren Formen sexualisierter Gewalt im Verlaufe ihrer Biografie betroffen waren. Diese Angaben zu sexualisierter Gewalt entsprechen jenen, die von (Schröttle et al., 2012) einige Jahre zuvor für Frauen mit Behinderung in Deutschland erhoben haben.

Bezüglich der Anwendung von Gewalt gegen Menschen mit Behinderung in institutionellen Kontexten zeigt sich, dass es im Verlauf der historischen Entwicklung zu Veränderungen hinsichtlich des Ausmaßes praktizierter Gewaltformen gekommen ist. So kommt Kremsner (2020) zu der Einschätzung, dass die Anwendung physischer Gewalt in diesen Kontexten abnimmt, während Interviewpartner*innen zunehmend von psychischer und struktureller Gewalt berichten. In eine ähnliche Richtung weist der folgende, auf sexualisierte Gewalt bezogene Befund von Helfferich et al. (2013) aus der Aufarbeitungsstudie zur Johannes-Diakonie in Mosbach: „Während die körperlichen Züchtigungen erfolgreich eingedämmt worden sind und heute klar ist, dass die Bewohner und Bewohnerinnen ein gutes Recht haben, sich zur Wehr zu setzen, bleiben sexuelle Übergriffe und Gewalt auch in der Gegenwart ein Problem“ (S. 170).

Für die Analyse der Situation im St. Augustinusheim der 1980er- und 1990er-Jahre sind neben der allgemein erhöhten Gefährdung von Menschen mit Behinderung noch zwei Aspekte von Bedeutung, die in der Literatur beschrieben werden. Der erste bezieht sich auf verschiedene Formen der Diskriminierung, die gegen Menschen mit Behinderung angewandt werden und in der Studie von (Schröttle et al., 2012) von erwachsenen Frauen berichtet wurden. Dabei handelt es sich um „subtile“ Formen der Gewalt, deren schädigender Charakter offensichtlich außerhalb des Erfahrungshorizonts der Mitmenschen – oder wenn es um institutionelle Kontexte geht – des Betreuungspersonals liegt: Durch Bedingungen/Regeln in der Freiheit oder persönlichen Entscheidung eingeschränkt worden; Hilfe vorenthalten oder zu viel an Hilfe; angestarrt werden; ungefragt geduzt werden; nicht ernst genommen werden; ungefragt angefasst werden; unangenehm angefasst werden; beschimpft werden; keine Rücksicht auf sie genommen; schlecht behandelt werden.

Der zweite Aspekt betrifft den Umgang mit weiblicher Sexualität und dem weiblichen Körper im Zusammenhang mit Fragen der Kontrazeption. Berichte aus dem St. Augustinusheim, wonach man der Gefahr unerwünschter Schwangerschaften durch die Gabe einer Drei-Monats-Spritze begegnete, erinnern an paternalistische Praktiken der Verfügung über weibliche Körper in institutionellen Kontexten. So waren Zwangssterilisationen, wie sie in mehreren Studien berichtet werden (Kremsner, 2020; Zemp, 2002), in Deutschland bis zur Neufassung des Betreuungsgesetzes im Jahr 1992 juristisch legitimiert (vgl. Helfferich et al., 2013). Groß et al. (2022) kommen in diesem Zusammenhang zu der Einschätzung, dass „Verhütungspraktiken, die nicht ausdrücklich gewünscht werden und/oder nicht verhältnismäßig sind, selbst Formen sexueller Gewalt dar[stellen]“ (S. 14) – zumal vor dem Hintergrund, dass (junge) Frauen mit Behinderung, die in Institutionen leben, in wesentlich geringerem Umfang sexuell aktiv sind als ihre Geschlechtsgenossinnen ohne Behinderung (Schröttle et al., 2012; Mayrhofer & Fuchs, 2020; Mayrhofer et al., 2019).

Eine Reihe von Autor*innen bieten Erklärungen für die erhöhte Gewaltbetroffenheit von Menschen mit Behinderungen an. Exemplarisch seien hier Aspekte aufgezählt, die Franklin/Smeaton (2017) in Bezug auf Kinder mit Behinderungen und ihre potenzielle Betroffenheit von sexualisierter Gewalt herausgearbeitet haben: Mangelnde Berücksichtigung von Behinderungen bei der Planung von Kinderschutzmaßnahmen; mangelnde Qualifizierung von Personal in Bezug auf die Vulnerabilität von Kindern mit Behinderung; ungenügende Reaktionen des (professionellen) Umfelds auf Disclosure-Versuche betroffener Kinder (verbunden mit der Unterstellung mangelnder Glaubwürdigkeit); Fokussierung auf die Belange der Eltern bei gleichzeitiger Vernachlässigung der Perspektive der Kinder; hohe Zugangsschwellen zu Kinderschutzdiensten; mangelndes Verständnis von Kinderschutzdiensten für unterschiedliche Formen von Behinderung und den damit verbundenen Gefährdungen; Mangel an Sexualaufklärung und Prävention; Erzieherische „Entmündigung“ in Richtung Abhängigkeit und Passivität.

Anderen Befunden zufolge gibt es ein hohes Risiko der Verstetigung dieser Risikofaktoren bis ins Erwachsenenleben hinein, wenn Menschen mit Behinderung dauerhaft in institutionellen Kontexten untergebracht werden. Schröttle et al. (2014) weisen z. B. darauf hin, dass sich Klient*innen in den seltensten Fällen ihre Betreuungspersonen aussuchen können und darauf angewiesen sind, dass diese bei der Körper- und Intimpflege so aufmerksam und grenzwahrend wie möglich umgehen. Durch oft mangelnde Mitbestimmungsmöglichkeiten und eine ausgeprägte Reglementierung des Alltags kann sich in Einrichtungen ein „Klima latenter

Gewalt und Bedrohung“ Schröttle et al. (2014, S. 146) etablieren, wie es bis zu einem gewissen Grad auch für das St. Augustinusheim der 1980er- und 1990er-Jahre angenommen werden kann. Groß et al. (2022) sehen hier Entstehungsbedingungen für eine „erlernte Wehrlosigkeit“ (S. 21), insbesondere in Bezug auf Gefährdungen durch sexualisierte Gewalt.

Mayrhofer/Fuchs (2020) berichten, dass Menschen, die bei der Erfüllung basaler Grundbedürfnisse wie Körperpflege auf Unterstützung angewiesen sind, signifikant häufiger von körperlicher Gewalt betroffen sind. Dem steht der Befund von Maclean et al. (2017) gegenüber, dass Kinder mit weniger schweren Behinderungen in höherem Ausmaß von Gewalt betroffen sind als Kinder mit schweren Behinderungen. Neben entwicklungsbezogenen Gründen können diese Unterschiede auch darauf zurückzuführen sein, dass Kinder mit schweren Beeinträchtigungen häufig nicht in der Lage sind (bzw.: in die Lage gebracht werden), Gewalterfahrungen als solche einzuordnen und dann darüber zu kommunizieren (vgl. Teubert & Huber, im Druck 2024).

Die genannten Risikofaktoren tragen nicht nur dazu bei, dass Menschen mit Behinderungen einem erhöhten Gewaltrisiko ausgesetzt sind, sondern dass die Aufdeckung solcher Erfahrungen mit erheblichen Schwierigkeiten verbunden ist (vgl. Keupp & Mosser, 2018). Ausschlaggebend dafür sind Probleme bei der Einordnung entsprechender Vorkommnisse, zumal wenn Personen im Rahmen habitueller Abhängigkeitsverhältnisse daran gewöhnt wurden, die Überschreitung ihrer Privatsphäre und Intimgrenzen als alltäglich zu akzeptieren. Zudem ist es kaum möglich, Personen zu beschuldigen, von denen man existenziell abhängig ist. Probleme in der Artikulationsfähigkeit und ein nicht hinreichend sensibles soziales Umfeld reduzieren zusätzlich das Gefühl von Selbstwirksamkeit (Teubert & Huber, im Druck 2024).

Diese Befunde zusammenfassend ist zu konstatieren, dass Kinder und Jugendliche mit Behinderungen, die im Untersuchungszeitraum im St. Augustinusheim untergebracht waren, mit einer erhöhten Wahrscheinlichkeit von Gewalt betroffen waren und dass die Bedingungen zur Aufdeckung solcher Erfahrungen denkbar schwierig waren. Die im Rahmen unserer Untersuchung erhobenen Schilderungen weisen auf zahlreiche Aspekte hin, die sich in der Forschungsliteratur abbilden. Dazu zählt auch der Befund, dass Menschen mit Behinderung, die in institutionellen Kontexten untergebracht sind, in Bezug auf schwerere Formen von Gewalt weniger durch das Einrichtungspersonal als durch ihre Mitbewohner*innen gefährdet sind (Mayrhofer et al., 2019; Schröttle et al., 2014; Kremsner, 2020). Aufgrund der beschriebenen Aufdeckungshürden bestand daher eine hohe Wahrscheinlichkeit, dass das Personal von diesen Gewaltvorkommnissen keine Kenntnis erhielt und den Betroffenen weder Schutz noch Unterstützung bei der Bewältigung ihrer Erfahrung gewährt hat.

Aus ethischer Sicht gibt es für diese Versäumnisse keinen Rechtfertigungsspielraum. Im Fachdiskurs werden zwei grundlegende theoretische Ansätze für die erhöhte Gewaltbetroffenheit von Menschen mit Behinderung verantwortlich gemacht (vgl. Groß et al., 2022). Der erste bezieht sich auf deren Vulnerabilität, die sich aus den oben beschriebenen Aspekte konstituiert. Der zweite rekurriert auf systemische Bedingungen. Zentral ist hier die Kritik an strukturell erzeugten Machtasymmetrien in segregierten Kontexten, wie sie Einrichtungen der Behindertenhilfe häufig repräsentieren (Hollomotz, 2013). Zemp (2002) stellt heraus, dass sich Menschen mit Behinderung und deren Betreuungspersonal in Bezug auf ihre Ressourcenmacht, Artikulations- und Wissensmacht, Positionsmacht und Organisationsmacht unterscheiden. Dadurch entsteht ein hohes Risiko, dass insbesondere stationäre Einrichtungen der Behindertenhilfe den Charakter von „Hegemonialapparaten" (Kremsner, 2020) annehmen, in denen die Subalternität der Bewohner*innen institutionalisiert und damit perpetuiert wird. Für die Einordnung der auf das St. Augustinusheim bezogenen Schilderungen ist die daraus resultierende Schlussfolgerung wichtig, dass unter Bedingungen institutionalisierter Machtasymmetrien „eine trennscharfe Unterscheidung zwischen Erfahrungen mit Gewalt und Erfahrungen mit Machtmissbrauch nicht möglich [ist]" (Kremsner, 2020, S. 12). Soweit rekonstruierbar gab es im St. Augustinusheim Defizite in beiden Bereichen, nämlich sowohl hinsichtlich einer aufmerksamen Wahrnehmung der gewaltbezogenen Vulnerabilität der Kinder/Jugendlichen mit Behinderung und einer hinreichenden Reflexion der gravierenden Machtasymmetrien zwischen Personal und Bewohner*innen, die der Gestaltung des Einrichtungsalltags zugrundelagen.

Unterbringungsanlässe, biografische Verläufe

Es gibt in unseren Erhebungen eine interessante Leerstelle, die sich auf die Frage bezieht, welche Indikationen für die Unterbringung von Kindern und Jugendlichen mit Behinderung im St. Augustinusheim ausschlaggebend waren. Die Zuschreibung einer „Behinderung" bietet hier keine befriedigende Erklärung. Es gibt Hinweise, dass es der Diagnostik von Schädigungsfolgen nach erlittener Gewalt bei Kindern mit Behinderungen häufig an Präzision mangelt (Martinet & Legry, 2014). Keupp/Mosser (2018) kommen auf der Grundlage eines Literaturüberblicks zu der Einschätzung, dass „die Symptomatik der ‚Behinderung' häufig als diagnostische Zuschreibung [fungiert], deren Genese weitgehend unberücksichtigt bleibt" (S. 39). Aufgrund hoher Gewaltrisiken bei gleichzeitig eingeschränkten Aufdeckungs- und Bewältigungsmöglichkeiten ist davon auszugehen, dass sich Symptomatiken betroffener Kinder mit Fortdauer der Zeit massiv verschlimmern und rein phänomenologisch als „Behinderung" markiert werden. In vielen Fällen muss aber von einer Konfundierung dessen, was sich als „Behinderung“ zeigt, mit biografisch verursachten Schädigungsfolgen ausgegangen werden. Die Zuschreibung „behindert“ erzeugt in weiterer Folge selbst wieder erhöhte Reviktimisierungsrisiken (Mayrhofer et al., 2019).

Für die Analyse der Situation im St. Augustinusheim in den 1980er- und 1990er-Jahren sind zudem drei Forschungsbefunde besonders erhellend, die auf eine breite empirische Basis zurückgeführt werden können:

Erstens berichtet eine hohe Anzahl von Erwachsenen, die in Einrichtungen der Behindertenhilfe untergebracht sind, von Gewalt, die sie als Kinder in ihrem Elternhaus erlebt haben (sowohl selbst erfahrene Misshandlungen als auch gewalttätige Auseinandersetzungen zwischen den Eltern) (Mayrhofer et al., 2019; Helfferich et al., 2013).

Zweitens werden gewaltbetroffene Kinder mit Behinderungen deutlich häufiger fremduntergebracht als Kinder ohne Behinderungen, die ebenfalls Gewalt erfahren haben (Lightfoot et al., 2011; Mayrhofer & Fuchs, 2020). Lightfoot et al. (2011) bieten dazu folgende Erklärungsansätze: (1) Kinder mir Behinderung erleben schwerere Formen von Gewalt; (2) Kinder, die als „behindert“ gelabelt werden, werden aufgrund ihrer Behinderung in Einrichtungen untergebracht und nicht wegen anderer Indikationen, die ebenfalls eine Fremdunterbringung rechtfertigen würden; (3) Eltern behinderter Kinder haben keine ausreichende Unterstützung, um sich um ihre Kinder zu kümmern. Dadurch entstehen Risikokonstellationen, die zu Unterbringung führen; (4) Das Hilfesystem ist möglicherweise sensibler gegenüber Gefährdungen, wenn ein Kind als „behindert“ diagnostiziert wurde.

Drittens wird durch familiäre Gewalterfahrungen in der Kindheit ein deutlich erhöhtes Reviktimisierungsrisiko erzeugt. Dieser Befund weist darauf hin, dass das Problem der Gewaltbetroffenheit von jungen Menschen mit Behinderung offensichtlich nicht dadurch gelöst wird, dass sie in einer Einrichtung untergebracht werden. Mayrhofer et al. (2019) berichten, dass 30 % ihrer Stichprobe die Frage, ob ihre Eltern mit ihnen lieblos umgegangen sind, mit „ja sehr“ oder „eher schon“ beantworteten. 54 % der Befragten mit Fremdunterbringungserfahrung gaben zudem an, dass ihre Betreuer*innen/Erzieher*innen lieblos mit ihnen umgegangen seien. Die Autor*innen kommen auf der Basis ihrer Daten zu dem Schluss, dass „eine lieblose Behandlung durch die Eltern oder ErzieherInnen in der Kindheit (…) als Risikofaktor für sexuelle Gewalterfahrungen sichtbar [wird]“ (Mayrhofer et al., 2019; S. 371). Teubert/Huber (im Druck 2024) stellen die hohe Verantwortung von Personen heraus, die mit der Betreuung und Förderung junger Menschen mit Behinderung beauftragt sind: „Primäre kindbezogene Vulnerabilitätsfaktoren können Auslöser für die Entwicklung sekundärer Risikofaktoren sein (z. B. Überforderung der Eltern, gesellschaftliche und soziale Exklusion) und damit die Vulnerabilität langfristiger beeinflussen. Die Beeinträchtigung an sich stellt also einen Risikofaktor dar, wenn die psychosoziale Umwelt nicht entsprechend der jeweiligen Situation des Kindes ein gelingendes Aufwachsen ermöglicht" (S. 5).

Rückblickend müssen daher in Bezug auf das St. Augustinusheim folgende Fragen gestellt werden: Wie klar war die Indikationsstellung bei der Aufnahme von Kindern mit Behinderung? Als wie aussagekräftig erwiesen sich die dabei angewandten diagnostischen Verfahren? Wurden familiäre Vorbelastungen (und damit auch innerfamiliäre Gewalt) sowie entsprechende Schädigungsfolgen systematisch erhoben? War man sich des hohen Reviktimisierungsrisikos dieser Kinder – auch im institutionellen Kontext – bewusst und wurden gezielte Maßnahmen zur Reduktion dieses Risikos umgesetzt?

Strukturelle Risikofaktoren

Hinsichtlich struktureller Probleme spiegeln sich die in der vorliegenden Untersuchung erhobenen Beobachtungen besonders deutlich in entsprechenden Befunden in der verfügbaren Forschungsliteratur zu Einrichtungen der Behindertenhilfe wider. Insbesondere Personalknappheit wird in fast allen einschlägigen Studien als empirisch nachweisbarer Risikofaktor genannt (Schröttle et al., 2021; Mayrhofer et al., 2019). Bemerkenswert ist dabei der Umstand, dass dieses Problem offenbar über Jahrzehnte hinweg zu beobachten ist, während sich strukturelle Defizite, die aus einer mangelnden Qualifikation des Personals resultieren, mit der Zeit verringert haben (vgl. Helfferich et al., 2013). Andere typische Probleme, die auch im St. Augustinusheim eine wichtige Rolle spielten, sind eine mangelhafte räumliche Ausstattung und eine systematische Überbelegung der Einrichtungen. Dem entsprechend werden von mehreren Autor*innen Überlastung und Überforderung des Personals berichtet (Helfferich et al., 2013; Kremsner, 2020; Mayrhofer et al., 2019). Dies wiederum wird als zentraler Risikofaktor für das Ausüben von Gewalt gesehen. An die Situation im St. Augustinusheim erinnert die Einschätzung von Kremsner (2020), wonach „dauerhaft etablierter Stress des Personals z. B. durch Unterbesetzung oder massive Überforderung auf strukturelle und damit systematisch verankerte Gewalt verweist. Unterstrichen werden kann dies zudem mit der Argumentation, dass viele der oben aufgelisteten Gewaltformen in anderen Kontexten als hochgradig gewaltbesetzt erlebt und auch öffentlich diskutiert werden würden, während dieselben im Rahmen institutioneller Unterbringung von Menschen mit Lernschwierigkeiten in weiten Teilen toleriert werden" (S. 11). Dies ist als Verweis auf die Verantwortung des jeweiligen Einrichtungsträgers zu verstehen, der für die anspruchsvolle Arbeit mit Menschen mit Behinderung ausreichende Ressourcen zur Verfügung zu stellen hat. Beschimpfungen, Beleidigungen und

Bedrohungen, wie sie von früheren Mitarbeitenden des St. Augustinusheimes als mehr oder weniger alltäglich geschildert werden, unterliegen der Sichtweise Kremsners (2020) zufolge einer Tendenz zur Normalisierung, wenn aufgrund mangelnder personeller und materieller Kapazitäten nicht wirksam entgegengesteuert werden kann. Dadurch verfestigen sich institutionelle Gefährdungsaspekte.

Empirische Nachweise für den Zusammenhang zwischen strukturellen Defiziten und Gewaltgefährdungen liefern Mayrhofer et al. (2019). Sie konnten ein erhöhtes Ausmaß an psychischer und sexualisierter Gewalt in Einrichtungen mit einer (zu) geringen Personalausstattung zeigen. Dies erklären sie vor allem dadurch, dass das Personal nicht mehr in der Lage ist, gegen Gewalt vorzugehen, die von Bewohner*innen gegen ihre Mitbewohner*innen verübt wird. In diesem Zusammenhang erinnern Schröttle et al. (2021) daran, dass „die Nutzerinnen und Nutzer zu ihrem eigenen Schutz auf die Mitwirkung der Einrichtungsträger bzw. -leitungen angewiesen [sind], deren Schutzpflichten oft nicht genau genug definiert sind und auch in der Praxis nicht umfassend umgesetzt werden" (S. 13).

Bezogen auf das St. Augustinusheim kann dies so übersetzt werden, dass der Schutz der Kinder und Jugendlichen nur in einem Ausmaß gewährleistet werden konnte, das angesichts von Überbelegung und prekärer Personalsituation möglich war. An dieser Stelle ist daran zu erinnern, dass im St. Augustinusheim sexualisierte Übergriffe von Kindern mit Behinderung gegen andere Kinder in ihren eigenen Gruppen aber auch gegen Kinder aus den Jugendhilfegruppen verübt wurden. Hier sind zwei Entwicklungsrichtungen zu berücksichtigen: Erstens muss die Möglichkeit in Betracht gezogen werden, dass Kinder mit Behinderung, die in ihrer Vorgeschichte sexualisierte Gewalt erfuhren, sich selbst sexuell übergriffig verhalten. Zweitens entsteht dadurch der Auftrag für Fachkräfte, Verhaltensmuster zu durchbrechen, die sich in einer habitualisierten Übergriffigkeit manifestieren. Gelingt dies nicht, dann können sich Gefährdungskonstellationen etablieren, wie sie – siehe oben – aus Einrichtungen für erwachsene Menschen mit Behinderung berichtet werden.

Nach Teubert/Huber (im Druck 2024) kann es aber dazu kommen, dass überlastetes Personal Grenzüberschreitungen toleriert und legitimiert und auch eigene Gewaltanwendungen mit Überforderung begründet und bagatellisiert. Wichtiger als das Benennen von Grenzverletzungen sei diesen Autorinnen zufolge „das gute Arbeitsklima und die Achtung der Kolleg*innen" (S. 8). Auch diese Tendenz erinnert an das St. Augustinusheim der 1980er- und 1990er-Jahre.

Strukturelle Defizite führen aber nicht nur zu einem unzureichenden Schutz vor Gewalt, sondern beeinträchtigen auch die Fähigkeit des Personals, die mit ihrer pädagogischen Aufgabe verbundenen Aufträge zu erfüllen. Dadurch kann es zum Vorenthalten von Entwicklungsmöglichkeiten, Bildungszielen und Lebensqualität kommen (Fangerau et al., 2021a). Indem sich angesichts knapper Ressourcen die Betreuung von Menschen mit Behinderung auf die Bewältigung des Alltags und pflegerische Tätigkeiten reduziert, werden die Förderung von Autonomie und Selbstbestimmung sowie die Gewährleistung von Privatheit und Intimsphäre vernachlässigt. Unter diesen Voraussetzungen ist es für Bewohner*innen stationärer Einrichtungen der Behindertenhilfe nur schwer möglich, eine selbstbestimmte Sexualität zu leben. Daher bleiben sie auch noch im Erwachsenenalter anfällig für sexualisierte Übergriffe (Mayrhofer & Fuchs, 2020). Es besteht generell die Gefahr, dass der Erreichung fachlich und menschenrechtlich fundierter Betreuungsziele häufig wirtschaftlich begründete Strukturdefizite unüberwindbar entgegenstehen.

Wie die Aufarbeitungsstudie von Helfferich et al. (2013) zur Johannes-Diakonie Mosbach zeigt, können diese Defizite auch nicht durch die Herstellung einer angeblichen Familialität kompensiert werden (vgl. Eßer, 2013). Der willkürliche Charakter dieses im St. Augustinusheim stark repräsentierte Narrativs wird durch folgende Darstellung von Helfferich et al. (2013) entlarvt: „In den 50er- und 60er-Jahren schlug vor allem die Personalnot zu Buche, die zu wenig Zeit ließ, um auf die betreuten Menschen einzugehen. Das Verständnis der Anstalt als Familie(nersatz) und der zeitgenössischen Vorstellung von (christlichem) Gehorsamsgebot führt ebenfalls zu einer Einbettung von ‚Erziehungsmaßnahmen', die Angst erzeugten und eine Hierarchie herstellten" (S. 169). Angesichts des oben beschriebenen Umstandes, wonach viele Kinder mit Behinderungen in ihrer Herkunftsfamilie Gewalt erfahren haben, erscheint die Heranziehung des Familienbegriffs zur Fundierung pädagogischen Handelns per se prekär. Die „gute Familie" ist immer eine Konstruktion, die historischen Schwankungen unterworfen ist und daher keine verlässlichen Orientierungen für verantwortungsvolles pädagogisches Handeln in institutionellen Kontexten bietet.

Aufarbeitung

Angesichts der hohen Gewaltbetroffenheit von Menschen mit Behinderungen in häufig an Strukturdefiziten laborierenden institutionellen Settings konstatiert Kremsner (2020), dass in Bezug auf Einrichtungen der Behindertenhilfe eine besondere Aufarbeitungsverantwortung besteht: „Gerade weil die gegen Menschen mit Lernschwierigkeiten gerichtete Gewalt sich in vielfältigen, zumeist äußerst subtilen Formen zeigt, muss die leider nach wie vor allzu oft praktizierte Angst, ein ‚Fass ohne Boden' zu eröffnen, aufgebrochen werden und ernst gemeinte Verantwortungsübernahme erfolgen" (S. 14).

Diese Sichtweise konterkarierend wurden die Erfahrungen, die Menschen mit Behinderungen in Einrichtungen gemacht haben, lange Zeit vollständig ignoriert. In Deutschland wurde erst einige Jahre nach dem Runden Tisch Heimerziehung und der Entwicklung des Fonds Heimerziehung eine gesellschaftlich wahrnehmbare Perspektive auf das Leid und Unrecht eröffnet, das Menschen mit Behinderungen und/oder psychischen Erkrankungen in Institutionen zugefügt wurde. Ihren Ausdruck fand diese politische Entwicklung in der Einrichtung der Stiftung Anerkennung und Hilfe, die auch in ein wissenschaftliches Aufarbeitungsprojekt mündete (Fangerau et al., 2021a). Zuvor waren aber bereits einzelne Aufarbeitungsstudien zu Einrichtungen der Behindertenhilfe realisiert worden. Zu nennen sind hier die Arbeiten zum Johanna-Helenen-Heim für Körperbehinderte in Volmarstein (Schmuhl & Winkler, 2010) und zum Wittekindshof, einer Einrichtung für Menschen mit geistiger Behinderung (Schmuhl & Winkler, 2011). Weitere Aufarbeitungsstudien wurden zu diakonischen Einrichtungen der Behindertenhilfe in Mosbach (Helfferich et al., 2013), Neuendettelsau (Winkler & Schmuhl, 2014) und Rummelsberg (Wilke & Schmuhl, 2021) vorgelegt. Zudem gibt es eine aktuelle Untersuchung zur Dorfgemeinschaft Tennental (Groß et al., 2022).

Diese komprimierte Auflistung einzelner Aufarbeitungsstudien soll nicht über den gravierenden Mangel an entsprechenden Projekten hinwegtäuschen, sodass die oben zitierte Forderung von Kremsner als im Großen und Ganzen uneingelöst zu bezeichnen ist. Daher sehen auch Fangerau et al. (2021b) einen weiterhin bestehenden Bedarf „nach lokal und regional fokussierten Aufarbeitungsbemühungen".

Die vorliegende Untersuchung zum St. Augustinusheim kann insofern nicht in die Reihe der hier erwähnten Aufarbeitungsstudien eingegliedert werden, weil sie sich erstens auf einen bisher kaum beachteten Zeitraum bezieht und es sich zweitens um eine Einrichtung handelt, in der sowohl Jugendhilfekinder als auch Kinder/Jugendliche mit Behinderung untergebracht waren. Der Umstand, dass keine früheren Bewohner*innen mit Behinderung interviewt werden konnten, dürfte auf zwei große Problemkomplexe verweisen, die für den generellen Mangel an Aufarbeitungsstudien in diesem Bereich verantwortlich gemacht werden können:

Zum einen ist das gesellschaftliche Interesse an einer Aufarbeitung der Gewalt, die gegen Menschen mit Behinderungen im institutionellen Kontext verübt wurde, nach wie vor als gering einzuschätzen. Dies könnte sich eventuell dadurch ändern, dass die Unabhängige Kommission zur Aufarbeitung sexuellen Kindesmissbrauchs diesen Problembereich inzwischen auf ihre Agenda gesetzt hat.[1] Ansonsten wird Aufarbeitung eher in Bezug auf die christlichen Kirchen

[1] Siehe https://www.aufarbeitungskommission.de/service-presse/service/meldungen/sechste-werkstattgespraeche-missbrauch-an-menschen-mit-behinderung/

und hier wiederum auf Kinder- und Jugendheime, Gemeinden, Schulen und Internate öffentlich wahrnehmbar diskutiert.[2]

Zum anderen werden in der Literatur methodische Bedenken im Zusammenhang mit der Befragung von Menschen mit Behinderung geäußert. In der Planung der Aufarbeitungsstudie zur Dorfgemeinschaft Tennental wurde zunächst eine Befragung der gewaltbetroffenen Frauen mit Behinderung zunächst gänzlich außer Acht gelassen (Groß et al., 2022). Auch die Datenbasis der groß angelegten wissenschaftlichen Untersuchung zur Stiftung Anerkennung und Hilfe, in der immerhin 17 ehemalige Einrichtungen der psychiatrischen Versorgung und Behindertenhilfe untersucht wurden, besteht nur in einem sehr geringen Ausmaß aus Interviews mit Menschen mit Behinderung (Fangerau et al., 2021a). Die Autor*innen geben an, dass insgesamt 59 Interviews durchgeführt wurden, davon 14 mit ehemaligen Mitarbeitenden der untersuchten Einrichtungen. Im Zusammenhang mit gewaltbetroffenen Befragten weisen Fangerau et al. (2021a) darauf hin, dass Schilderungen von Gewaltvorkommnissen aufgrund des eigenschränkten Sprachwortschatzes der Interviewpartner*innen zumeist sehr fragmentarisch sind. Die Antworten fielen sehr knapp aus und beschränkten sich auf wenige Worte. Manche Interviews seien nur in Anwesenheit von Betreuer*innen der Befragten möglich gewesen, sodass mit einer Beeinflussung ihrer Aussagen gerechnet werden müsse. Gravierende Schwierigkeiten bei der zeitlichen Einordnung der berichteten Erfahrungen werden von den Autor*innen auch auf die repetitiven Alltagsroutinen in den jeweiligen Einrichtungen zurückgeführt.

In einer Prävalenzerhebung konstatieren Maschke/Stecher (2018) eine eingeschränkte Aussagekraft von Erhebungen bei Schüler*innen mit Förderbedarf aufgrund einer eingeschränkten Wissens- und Sprachkompetenz der Befragten zu Themen wie Sexualität, Körperlichkeit und sexualisierte Gewalt. Diese Schüler*innen hätten entsprechende Befragungen als besonders peinlich empfunden. Die Autor*innen plädieren dafür, speziell auf die Zielgruppe abgestimmte Befragungsformate zu entwickeln. Quantitativ-standardisierte Verfahren werden als ungeeignet verworfen (Maschke & Stecher, 2018, S. 7).

Groß et al. (2022) geben zu bedenken, dass Erhebungen von (sexualisierten) Gewalterfahrungen bei Menschen mit Behinderung durch Tabuisierungen, Verdrängungen und einer Tendenz zur sozialen Erwünschtheit kontaminiert sein könnten. Zudem bestünde regelhaft das Risiko von Retraumatisierungen. Dazu könnten soziokulturelle Muster und soziodemografische Strukturen die Einordnung von Gewaltgeschehnissen erschweren und entsprechende Ergebnisse verzerren.

---

[2] https://www.aufarbeitungskommission.de/wp-content/uploads/231204_Aufarbeitungsberichte.pdf

Es fällt auf, dass sämtliche hier genannten Erschwernisse in Bezug auf Aufarbeitungsstudien mit Menschen mit Behinderungen insofern unspezifisch sind, als sie in ähnlicher Weise auch auf die Befragung gewaltbetroffener Menschen ohne Behinderung zutreffen. Eine eingeschränkte Erinnerungsfähigkeit und eine beeinträchtigte sprachliche Repräsentation in Bezug auf selbst erlebte (sexualisierte) Gewalt sind hier eher die Regel als die Ausnahme (vgl. Kavemann et al., 2015a). Probleme bei der Einordnung der Gewaltgeschehnisse und überwältigende Schamgefühle sind ebenfalls zu erwarten, wenn man Menschen ohne Behinderung zu Gewalterfahrungen in ihrer Biografie befragt.

Die Untersuchungen von Mayrhofer et al. (2019), Schröttle et al. (2012) und Helfferich et al. (2013) zeigen beispielhaft, dass es durchaus möglich ist, auf der Basis der Befragung von Menschen mit Behinderung aussagekräftige Befunde zu generieren.

Es besteht der Eindruck, dass die wissenschaftliche Aufarbeitung von (sexualisierter) Gewalt an Menschen mit Behinderung in institutionellen Kontexten aktuell noch von einem gesellschaftlichen Desinteresse und teilweise existierenden Ängsten und Bedenken auf Seiten von Forschenden blockiert wird. Es gibt aber exemplarische best practice-Beispiele, die zeigen, dass solche Untersuchungen nicht nur möglich, sondern auch aus ethischen Gründen unverzichtbar sind (Wilke & Schmuhl, 2021). Nur indem es gelingt, Menschen mit Behinderungen Räume zur Verfügung zu stellen, in denen ihnen eine Artikulation ihrer Gewalterfahrungen möglich ist, kann der Anspruch auf eine tatsächliche Aufarbeitung des ihnen zugefügten Leids und Unrechts eingelöst werden (Evangelische Akademie Tutzing, 2024). In diesem Zusammenhang sollten zunehmend auch Praxen der inklusiven Forschung erprobt und ausgeweitet werden (Kremsner et al., 2022). Inzwischen liegen auch Empfehlungen zur methodischen Umsetzung von Befragungen von Kindern/Jugendlichen mit Behinderung zu Erfahrungen von sexualisierter Gewalt vor (Teubert & Huber, im Druck 2024). Folgende Aspekte und Strategien sollten bei Durchführung entsprechender Studien besonders beachtet werden:

- Die Befragten und ihr (institutionelles) Umfeld müssen umfänglich über das Forschungsvorhaben informiert werden.
- Auf Wunsch der Befragten muss die Anwesenheit einer Assistenz oder Vertrauensperson ermöglicht werden.
- Es bedarf einer klaren Haltung der Forschenden, die Geschichten der Befragten ernst zu nehmen und diese vertieft verstehen zu wollen.
- Im Vorfeld der Untersuchung sollten sexualpädagogische Angebote für die zu Befragenden realisiert werden, die auch eine Wissensvermittlung zu eigenen Grenzen und Gewalterfahrungen beinhaltet.

- Vor der Untersuchung muss geklärt sein, wie mit Erzählungen zu früheren und aktuellen Gewalterfahrungen umgegangen wird. Hier ist eine zuverlässige Vernetzung mit spezialisierten Fachberatungsstellen unerlässlich.
- Es sollen Möglichkeiten einer Beteiligung von Kindern/Jugendlichen mit Behinderung an der Entwicklung der Erhebungsinstrumente geprüft werden.

Eine systematische, bewohner*innenorientierte Aufarbeitung der Arbeit in den Gruppen für Kinder/Jugendliche mit Behinderung im St. Augustinusheim steht noch aus. Bezogen auf dieses Segment der Einrichtung hat die vorliegende Studie primär explorativen Charakter. Auf der Basis der in diesem Kapitel vorgenommenen Einordnungen und unter Rückgriff auf inzwischen verfügbare gute Forschungspraxis in diesem Bereich sind weitere Aufarbeitungsbemühungen dringend zu empfehlen.

8.2 Einrichtungen der Kinder- und Jugendhilfe

Da in der Darstellung der Ergebnisse der vorliegenden empirischen Analyse bereits zahlreiche Bezüge zu Entwicklungen und Problemen der stationären Kinder- und Jugendhilfe vorgenommen wurden, beschränken wir uns in der folgenden Darstellung auf eine stichpunktartige Auflistung relevanter Befunde aus der Forschungsliteratur, die eine Einordnung der Entwicklungen im St. Augustinusheim in den 1980er- und 1990er-Jahren ermöglichen.

Wie bereits ausgeführt, markiert der fokussierte Untersuchungszeitraum eine Übergangsphase von der traditionellen Heimerziehung zu einer modernen stationären Kinder- und Jugendhilfe. Deutlich wird dies vor allem dadurch, dass es in dieser Zeit, nämlich ab 01.01.1991, zu einer lange Zeit überfälligen Neuordnung des Kinder- und Jugendhilferechts kam (SGB VIII Kinder und Jugendhilfe KJHG). Köhler-Saretzki (2001) beschreibt die wesentlichen Intentionen des damit verbundenen Reformpakets folgendermaßen: „Ziel war es das Jugendhilferecht leistungsrechtlich auszuformen, die Jugendhilfeleistungen ohne Einzelfallausnahme in lokale Verantwortungsbereiche zu übergeben, das Leistungsangebot um Vorsorge und Prävention zu erweitern und die Beteiligung und Mitwirkung der Eltern bei den Hilfeformen gesetzlich zu verankern (…). Hinsichtlich der fachlichen Anforderungen, der rechtlichen Rahmenbedingungen und den beabsichtigten Leistungsgedanken des KJHG kann man von einer ‚Entdramatisierung' oder ‚Normalisierung' der Jugendhilfe, besonders der stationären Erziehungshilfen bzw. der traditionellen Heimerziehung mit ihrem reglementierenden Charakter sprechen. Das noch im Jugendwohlfahrtsgesetz dominierende obrigkeitsstaatliche Prinzip des Eingriffs und der Reglementierung wurde ersetzt durch Prinzipien wie Respekt vor der Erziehungsautonomie der Eltern und Transparenz des Betreuungsangebots" (S. 88).

Die Verabschiedung dieses Gesetzes fiel ziemlich genau in die Mitte der Zeitphase, auf die sich die vorliegende Untersuchung zum St. Augustinusheim bezieht. Allerdings bildeten sich die gesetzlichen Neuregelungen nicht als radikale Zäsur in der Praxis der Heimerziehung ab. Dies liegt einerseits darin, dass Bemühungen um Reformen der Heimerziehung spätestens schon ab der Heimkampagne in den späten 1960er ihre Wirkungen zu entfalten begannen (wobei einschränkend darauf hinzuweisen ist, dass noch im Jahr 1978 im Rahmen des 6. Jugendhilfetages der AGJ [Arbeitsgemeinschaft für Kinder- und Jugendhilfe] die schleppende Umsetzung vielfach eingeforderter Reformen beklagt wurde [vgl. Kappeler, 2008]). Andererseits fanden beispielsweise die im KJHG geforderten Prinzipien der Prävention und Beteiligung auch nach der Einführung des Gesetzes nur nach und nach Eingang in die Praxis der stationären Kinder- und Jugendhilfe. Soweit rekonstruierbar repräsentierte das St. Augustinusheim geradezu prototypisch einige Bruchstellen zwischen dem alten Jugendwohlfahrtsgesetz und einer modernen Heimerziehung, indem einerseits autoritäre Haltungen erkennbar nachwirkten, andererseits aber eine klare Abkehr von der traditionellen Heimerziehung (mit systematischen Strafpraktiken und einem auf Disziplinierung und Unterordnung basierenden Erziehungsverständnis) vorgenommen wurde. Diese Konfundierung zwischen wirkmächtigen Altlasten aus der Vergangenheit und der Umsetzung einer ambitionierten Pädagogik kann auf das Fehlen einer systematischen Aufarbeitung der Vergangenheit der Einrichtung zurückgeführt werden. Dadurch wurde es verabsäumt, die notwendige Verantwortung gegenüber früheren Bewohner*innen zu übernehmen, die mit hoher Wahrscheinlichkeit an überdauernden gesundheitlichen und sozialen Folgen der Heimerziehung litten (Caspari et al., 2021; Gahleitner et al., 2023; Lueger-Schuster et al., 2012). Ein vertieftes Verständnis für das, was Kinder und Jugendliche bis in die 1970er- und 1980er-Jahre in Heimen zu erleiden hatten, erfolgte erst viele Jahrzehnte später, insbesondere im Gefolge des Runden Tisches Heimerziehung (Gahleitner, 2009).

Für die vorliegende Analyse erscheint uns zudem wesentlich, dass die auch noch in den 1990er und später bestehende Risikokonstellationen in der stationären Kinder- und Jugendhilfe von den Verantwortlichen des St. Augustinusheimes nicht hinreichend verstanden wurden. Dies liegt auch daran, dass eine systematische wissenschaftliche Befassung mit diesen Problemen zumindest im deutschsprachigen Raum erst mit erheblicher Verzögerung begann. Im Folgenden werden einige daraus hervorgegangene Befunde referiert, die für die retrospektive Einschätzung der Problemlagen im St. Augustinusheim nützlich erscheinen. Diese werden teilweise durch ältere internationale Forschungsergebnisse ergänzt, die sich unmittelbar auf die 1990er-Jahre beziehen.

- In einer umfangreichen Studie mit Kindern und Jugendlichen, die in der stationären Jugendhilfe in der Schweiz untergebracht waren (Schmid et al., 2013), ergab sich folgendes Ausmaß an biografischen Belastungen auf Seiten der Befragten: Insgesamt berichten 80 % von mindestens einem traumatischen Erlebnis in ihrer Biografie. 32 % hatten bereits einen gewalttätigen Angriff durch eine fremde Person erlebt. Weitere 30 % geben einen gewalttätigen Angriff durch eine Person aus dem Familien- oder Bekanntenkreis an. 24 % berichten von Vernachlässigung oder Verwahrlosung. 21 % bejahen die Frage nach einer Betroffenheit von sexualisierter Gewalt (Schmid et al., 2013). In einer englischen Untersuchung gaben ebenfalls 80 % der Befragten an, dass ihrer Unterbringung in einer stationären Einrichtung Gewalterfahrungen vorausgegangen waren (Hobbs et al., 1999).
- Schmid et al. (2008) zeigten eine um ein Vielfaches erhöhte Quote an psychischen Erkrankungen bei stationär untergebrachten Kindern/Jugendlichen im Vergleich zur Normalbevölkerung: So wurde bei 26 % eine Störung des Sozialverhaltens nachgewiesen, bei fast 25 % eine hyperkinetische Störung und bei über 10 % eine Depression.
- Rau et al. (2019) berichten von einer Befragung von 153 Jugendlichen aus Jugendhilfeeinrichtungen und 169 aus Internaten. 57 % der Befragten gaben an, in ihrem Leben schon einmal sexualisierte Gewalt erfahren zu haben, wobei Jugendliche aus Jugendhilfeeinrichtungen signifikant häufiger sexualisierte Gewalt mit Penetration erlebt hatten als ihre Altersgenoss*innen aus Internaten. Zu Beginn der sexualisierten Gewalt waren die Befragten durchschnittlich 13 Jahre alt. In über 40 % der Fälle wurden die Taten von Mitbewohner*innen in den Einrichtungen verübt. Bemerkenswert ist vor allem der Befund, dass etwa ein Drittel der Betroffenen den ersten sexualisierten Übergriff in jener Einrichtung erlebt hatten, in der sie aktuell lebten. 5 % aller in dieser Studie befragten Jugendlichen gaben an, dass sie in ihrer aktuellen Einrichtung erstmals sexualisierte Gewalt mit Penetration erlebten (Allroggen et al., 2017). Ein erhöhtes Reviktimisierungsrisiko in stationären Jugendhilfeeinrichtungen wird auch von Helfferich et al. (2019) und Gibbs/Sinclair (2000) nachgewiesen.
- Auch die Studie von Helming et al. (2011) zeigt, dass sexualisierte Gewalt nach wie vor ein gravierendes Problem in stationären Einrichtungen der Kinder- und Jugendhilfe ist. 10 % der befragten Heimleitungen berichteten mindestens einen Verdachtsfall von durch eine*n Mitarbeiter*in begangene sexualisierter Gewalt innerhalb der vergangenen drei Jahre. 39 % der Heime waren in diesem

Zeitraum von Verdachtsfällen sexualisierter Gewalt betroffen, die von Kindern oder Jugendlichen ausgeübt wurde. Ähnliche Gefährdungskonstellationen werden auch in Studien aus anderen Ländern berichtet: 28 % der in einer niederländischen Studie befragten Jugendlichen, die in einem Heim lebten, berichteten von sexualisierten Gewalterfahrungen innerhalb eines Zeitraums von einem Jahr (Euser et al., 2013). In 57 % dieser Fälle war die/der Täter*in ein*e Mitbewohner*in aus der Einrichtung, in der die Befragten lebten. Auch für andere Gewaltformen gilt, dass diese überwiegend innerhalb innerinstitutioneller Peer-groups verübt werden (Khoury-Kassabri & Attar-Schwartz, 2013). Zahlreiche Befunde weisen auf das gleichzeitige Auftreten unterschiedlicher Gewaltformen in institutionellen Kontexten hin (Caspari et al., 2021; Davidson-Arad & Golan, 2006). Dies legt die Annahme nahe, dass das Risiko der Entwicklung multipler Gewaltspiralen deutlich ansteigt, wenn einzelne Gewaltphänomene als alltäglich bagatellisiert und somit als dem Einrichtungsklima inhärent akzeptiert werden.
- Bezüglich der Aufdeckung sexualisierter Gewalt in stationären Kontexten zeigten Rau et al. (2016), dass sich mehr als die Hälfte der Betroffenen gegenüber Mitgliedern ihrer Peer-group anvertrauten. Da sich nur 24 % gegenüber Erwachsenen offenbarten, ist in Bezug auf diese Problematik von einem erheblichen Dunkelfeld auszugehen.
- Eine Befragung von pädagogischen Mitarbeiter*innen in stationären Einrichtungen in der Schweiz ergab ein bemerkenswertes Ausmaß an Gewalt, das von jugendlichen Bewohner*innen gegenüber Fachkräften ausgeübt wird: 79 % der Befragten berichten von Beschimpfungen/Beleidigungen, 53 % von verbaler Bedrohung und 24 % von tätlichen Angriffen durch Bewohner*innen innerhalb der vergangenen 3 Monate (Steinlin et al., 2015a). Dementsprechend bezeichnen die Autor*innen die Arbeit in stationären Kinder- und Jugendhilfeeinrichtungen als „gefahrgeneigte Tätigkeit" (S. 22), die mit erheblichen Gesundheitsrisiken verbunden ist: Bei 18 % der befragten Fachkräfte bestand ein Burnout-Verdacht, während bei 2 % PTBS-Symptome (nach eigenem belastendem Erlebnis) und bei 7 % Symptome einer Sekundärtraumatisierung (aufgrund gehörter oder gelesener Belastungserfahrungen der Bewohner*innen) festgestellt wurden (Steinlin et al., 2015b)

Dieser kurze Überblick macht deutlich, dass in stationären Einrichtungen der Kinder- und Jugendhilfe von komplexen Belastungs- und Risikokonstellationen ausgegangen werden muss (Streeck-Fischer, 2023), die sich symptomatisch auch in der vorliegenden Studie zum St. Augustinusheim der 1980er- und 1990er-Jahre nachweisen lassen: Ein hoher Anteil der aufgenommenen Kinder hat bereits in der

Vorgeschichte Gewalt oder andere schwere Belastungen erfahren, die bei vielen von ihnen zu gesundheitlichen Problemen in Form psychischer Störungen (häufig im Sinne von Traumafolgeproblematiken) führt. Innerhalb der Einrichtung kann es durch das wechselseitige Ausagieren dieser Belastungsfolgen zu Eskalationen kommen. Dadurch verfestigen sich persistierende gesundheitliche Bedrohungslagen. Gewalt kann sich sowohl gegen Mitbewohner*innen als auch gegen das Personal richten. Unter strukturellen Defizitbedingungen besteht das Risiko, dass auf solche biografisch bedingten Gewaltmanifestationen inadäquat und manchmal auch gewalttätig reagiert wird. Dadurch erhöht sich die Wahrscheinlichkeit ungünstiger Entwicklungsverläufe, die in einigen Fällen auch mit häufigen Beziehungsabbrüchen durch Einrichtungswechsel einhergehen.

Die Einführung des KJHG im Jahre 1991 markierte eine Abkehr von einer gewaltaffinen Heimerziehung, deren zerstörerischer Charakter schon über zwei Jahrzehnte sowohl im fachlichen als auch im öffentlichen Diskurs skandalisiert worden war. Vor dem Hintergrund gesamtgesellschaftlicher Liberalisierungsdebatten veränderten sich auch die Gewaltmanifestationen in der stationären Kinder- und Jugendhilfe. Sehr allgemein formuliert verschoben sich die Gewaltrisiken von prügelnden und vergewaltigenden Erzieher*innen auf biografisch vorbelastete Mitbewohner*innen. Während also Körperstrafen zurückgedrängt wurden, bestanden weiterhin Gefährdungen durch sexualisierte Übergriffe anderer Kinder und Jugendlicher. Dies bedeutet, dass Gewalt in der stationären Kinder- und Jugendhilfe auch im Untersuchungszeitraum ein hochrelevantes Thema war und nach wie vor ist.

Um die historische Klammer zu schließen, sei auf bemerkenswerte Übereinstimmungen der in der vorliegenden Studie erhobenen Befunde mit Ergebnissen einer Metaanalyse von Aufarbeitungsstudien im deutschsprachigen Raum hingewiesen. Pöter/Wazlawik (2018) identifizierten auf der Basis von 35 (Teil-)Berichten aus 24 regions-, träger- und/oder einrichtungsspezifischen Aufarbeitungsprozessen u. a. folgende Risikofaktoren für Gewalt, die sich auch in der Analyse des St. Augustinusheimes abbilden lassen:

(1) Mangelhafte Ausstattung: Diese bezieht sich zum einen auf räumliche Bedingungen, zum anderen auf Personalprobleme. Der folgende Befund wird wörtlich zitiert, weil er in frappierender Weise mit unseren Beobachtungen zum St. Augustinsuheim übereinstimmt: „Als relevant erweist sich (…) eine quantitativ und qualitativ unzureichende Personalausstattung, die zeitliche, fachliche und psychische Überforderungen der Mitarbeiter_innen und damit potenziell gewaltförmige Erziehungspraktiken bzw. die Duldung von Übergriffen zur Konsequenz haben kann“ (Pöter & Wazlawik, 2018, S. 37).

(2) Strukturelle Defizite: Damit sind u. a. das Fehlen interner und externer Beschwerdestellen für Kinder/Jugendliche und „Inkonsequenzen in der Wahrnehmung der Aufsichtsverantwortung“ (ebd. S. 37) gemeint, die nicht nur den Einrichtungsleitungen, sondern auch den Trägern und Jugendämtern anzulasten sind. Unter diesen Bedingungen können sich – wie im St. Augustinusheim – „Subkulturen der Gewalt“ (Schmuhl & Winkler, 2011, zit. n. Pöter & Wazlawik, 2018, S. 38) herausbilden.
(3) Autoritär-hierarchische Machtverhältnisse: Diese führen beispielsweise dazu, dass eine Kritik von Leitungsstilen oder ungeeigneten Erziehungspraktiken von Kolleg*innen ins Leere läuft.
(4) Entwertung von Kindern und Jugendlichen: Auch wenn im St. Augustinusheim im Allgemeinen eine respektvolle und anerkennende Haltung gegenüber den Klient*innen vorherrschte, so scheinen insbesondere im Zusammenhang mit Gewalteskalationen deutlich defizitorientierte Sichtweisen durch, die zur Legitimation rigider Erziehungspraktiken herangezogen werden.
(5) Unterdrückung von Körperlichkeit und Sexualität: Für das St. Augustinusheim ist in diesem Zusammenhang vor allem das Vorenthalten einer fachlich fundierten und in den Erziehungsalltag integrierten sexuellen Bildung zu konstatieren.
(6) Primat der Einrichtung: Dieser manifestiert sich beispielsweise „in einer Gestaltung des Einrichtungsalltags, die im Willen um größtmögliche Reibungslosigkeit individuelle Entscheidungs- und Rückzugsmöglichkeiten durch eine umfassende Fremdbestimmung bis in intimste Sphären ersetzt“ (Pöter & Wazlawik, 2018, S. 39). Diese Beschreibung lässt sich zumindest in Bezug auf die Arbeit in den Gruppen mit Kindern/Jugendlichen mit Behinderung auch auf das St. Augustinusheim übertragen.

Aufgrund der hier referierten Befunde lässt sich das St. Augustinusheim der 1980er- und 1990er-Jahre in historische Linien sowohl der Behindertenhilfe als auch der Heimerziehung einordnen. Probleme der Gewalt haben sich im Laufe der Jahrzehnte erkennbar verändert. Sie sind aber nicht gelöst.

Empfehlungen

9

Inhaltsverzeichnis

P. Caspari et al., *Die pädagogische Praxis und der Umgang mit Gewalt im St. Augustinusheim des SkF Freiburg e.V. zwischen 1985–1997*, Sexuelle Gewalt in Kindheit und Jugend: Forschung als Beitrag zur Aufarbeitung, https://doi.org/10.1007/978-3-658-51513-3_9

Die folgenden Empfehlungen sind als unmittelbare Ableitungen aus den Ergebnissen der vorliegenden empirischen Studie zu verstehen. Sie beziehen sich vor allem auf stationäre Angebote der Kinder- und Jugendhilfe und ergänzen die bereits bestehenden Bemühungen des SkF Freiburg e.V. um Qualitätssicherung und Gewaltprävention.[1]

9.1 Selbstgewisse Einrichtungen sind fehleranfällig

Die vorliegende Studie liefert einen weiteren Beleg für eine häufig ausgeprägte Diskrepanz zwischen institutioneller Selbstwahrnehmung und institutioneller Realität (vgl. Caspari, 2021b). Organisationen und Einrichtungen scheinen regelhaft idealisierende Selbsterzählungen zu produzieren, die manchmal auch als Symptom eines institutionellen Narzissmus interpretiert werden können (Keupp et al., 2017a). Zumindest ist für das St. Augustinusheim eine Diskrepanz zwischen dem auch im Nachhinein noch artikulierten Anspruch auf eine gelungene Förderung der betreuten Kinder/Jugendlichen und der Wirklichkeit eines vielschichtigen Risikomilieus zu beobachten. Der Tendenz zu idealisierenden Selbsterzählungen muss auch in der aktuellen Arbeit des SkF Freiburg e.V. mit einem konsequent kritischen Blick auf bestehende Risikokonstellationen begegnet werden.

9.2 Umgang mit Fachkräftemangel

Die Analyse der Situation des St. Augustinusheimes in den 1980er- und 1990er-Jahren bringt die gravierenden Konsequenzen einer unzureichenden Personalausstattung deutlich zum Vorschein. Entsprechende Probleme werden durch den sich zuspitzenden Fachkräftemangel in gefährlicher Weise reaktualisiert. Dies erfordert für den SkF Freiburg e.V. eine erhöhte Aufmerksamkeit nach innen und politisches Handeln nach außen. Nach innen bedarf es einer laufenden Analyse kritischer Entwicklungen, die durch einen Mangel an Personal bedingt sind. Ein Bagatellisieren solcher Entwicklungen ist für die betreuten Kinder/Jugendlichen ebenso riskant wie Kompensationsversuche in Form eines „pädagogischen Heldentums“. Die Verantwortlichen des SkF Freiburg e.V. müssen entsprechende Hinweise der

[1] Für eine Übersicht siehe https://www.skf-freiburg.de/herzensangebote-was-wir-tun/projekte.

Mitarbeitenden ernst nehmen und diese in Forderungen gegenüber Politik und Kostenträgern transformieren. Insbesondere muss deutlich gemacht werden, dass die erforderliche Qualität der Arbeit unter der Bedingung fehlender Fachkräfte nicht geleistet werden kann. Anzustreben ist die Übernahme einer gemeinsamen Verantwortung von Politik, Verwaltung und Praxis, die auf wechselseitiger Transparenz und pragmatischer Analyse basiert (vgl. Schröttle et al., 2021).

9.3 Transparenz in Bezug auf die wirtschaftliche Situation

Das St. Augustinusheim liefert ein besonders eindrückliches Beispiel für institutionelle Dynamiken, die durch eine intransparente Kommunikation in Bezug auf wirtschaftliche Verhältnisse ausgelöst werden. Indem der Heimleiter seine kriminellen Machenschaften durch das Verbreiten von Mythen über die wirtschaftliche Situation des Hauses kaschierte, sahen sich Mitarbeitende unter Druck gesetzt, was deren pädagogische Arbeit stark beeinträchtigte. Es ist daher wichtig, dass die Verantwortlichen des SkF Freiburg e.V. gegenüber den Mitarbeitenden einen offenen Dialog über die jeweils bestehende wirtschaftliche Situation der Organisation praktizieren. Die Einordnung der eigenen Arbeit in ökonomische Rahmenbedingungen ermöglicht einen Professionalisierungszuwachs im Sinne einer Herstellung des Zusammenhangs zwischen dem pädagogischen Auftrag einerseits und den Möglichkeiten seiner Durchführbarkeit andererseits.

9.4 Qualitätssichernde Ausgestaltung von Stellenprofilen

Die Frage der Personalausstattung ist keineswegs auf quantitative Aspekte reduzierbar. Sowohl intern als auch nach außen hin müssen Stellenprofile klar kommunizierbar sein. Es darf hier keine Diskrepanz zwischen behaupteter und tatsächlicher Leistung geben. Dies bedeutet, dass mindestens die folgenden Aspekte die Umsetzung der in Leistungsbeschreibungen dargestellten Angebote gewährleisten müssen: Grundqualifikation des Personals, Weiterbildungen des Personals, wirksame Qualitätssicherungsinstrumente, adäquate raum-zeitliche Organisation der pädagogischen Arbeit.

9.5 Zuverlässige Kontrollhierarchien

Sowohl inner- als auch überinstitutionell müssen verbindliche und wirksame Kontrollstrukturen und -praxen zur Anwendung kommen, die Entwicklungen, wie sie für das St. Augustinusheim der 1980er- und 1990er-Jahre beschreibbar sind, verhindern. Dies macht mindestens dreierlei erforderlich: (1) Eine gewissenhafte Ausübung der Vorstandstätigkeit im SkF Freiburg e.V.; (2) eine transparente und regelmäßige Informationspolitik der Einrichtungen des SkF Freiburg e.V. gegenüber Jugendämtern und Heimaufsichten (etwa nach dem Modell des Auswertungsforums im IPSE-Instrument, vgl. Caspari, 2021a) und (3) eine strukturierte und gewissenhafte Wahrnehmung der Kontrollaufgaben durch die entsprechenden Behörden. Letzteres ist auch vor dem Hintergrund wichtig, dass eine Aufarbeitung der Rolle von Jugendämtern und Heimaufsichten im Zusammenhang mit den beschriebenen Missständen im St. Augustinusheim noch aussteht.

9.6 Sorgfältige Aufnahmediagnostik

Die vorliegende Studie liefert Belege für die dramatischen Folgen von Fehlzuweisungen im Kontext der stationären Kinder- und Jugendhilfe und der Eingliederungshilfe. Bei der Frage, ob Kinder in das St. Augustinusheim aufgenommen und wann sie wieder entlassen werden sollten, spielten nicht nur fachliche Indikationsstellungen eine Rolle, sondern auch strategische Überlegungen der Einrichtungen, Behörden und Eltern. Zu fordern ist, dass Entscheidungen über Fremdunterbringungen von Kindern allein auf der Grundlage einer sorgfältigen, fachlich fundierten und partizipativen Eingangsdiagnostik getroffen werden, die eine offene Kommunikation zwischen Kindern/Jugendlichen, Eltern, Jugendämtern und Einrichtungen voraussetzt. Zentrales Kriterium muss dabei die Passung der Angebote der jeweiligen Einrichtung zu den Bedarfen der jungen Menschen sein. Dabei geht es um psychische, soziale, kognitive und gesundheitliche Aspekte. Kinder/Jugendliche müssen in den Einrichtungen Bedingungen vorfinden, die ihnen vor dem Hintergrund ihrer je eigenen Lebensgeschichte eine förderliche Entwicklung ermöglichen. Die Notwendigkeit zur Belegung von Plätzen basiert auf einem ökonomischen Kalkül, das per se nichts mit der Frage nach der Angemessenheit des pädagogisch-therapeutischen Angebots für die jeweiligen Entwicklungsbedarfe des Kindes/Jugendlichen zu tun hat. Ähnlich verhält es sich mit Entlassungen, über die allein aufgrund fachlicher Erwägungen zu entscheiden ist. Aufnahmen und Entlassungen stellen kritische Lebensereignisse junger Menschen dar, die einer besonders umfassenden und sorgfältigen diagnostischen Fundierung bedürfen.

9.7 Begleitung von Care Leavers

Die abrupte, altersbedingte Beendigung einer regulären Jugendhilfemaßnahme kann von jungen Menschen potenziell als retraumatisierender Beziehungsabbruch erlebt werden. In dieser sensiblen Übergangsphase kann eine unzureichende Begleitung die positiven Wirkungen der zuvor geleisteten pädagogischen Arbeit torpedieren. Daher bedarf die Phase der Verselbstständigung einer intensiven, konzeptionell fundierten pädagogischen Begleitung.

9.8 Biografische Vorbelastungen der Kinder/Jugendlichen als Auftrag für die Jugendhilfe und Eingliederungshilfe

Die im Rahmen der vorliegenden Studie durchgeführten Erhebungen lassen den Eindruck entstehen, dass sich die pädagogische Arbeit im St. Augustinusheim viel stärker auf die Organisation des Alltags als auf die Bewältigung der schweren biografischen Vorbelastungen der Klient*innen konzentrierte. Durch die auf Seiten des Betreuungspersonals praktizierte Komplizenschaft mit der Vermeidung schwieriger Erinnerungen und Gefühle entstanden Verdeckungszusammenhänge, die einer Bewältigung biografischer Belastungen im Wege standen. Es wird dafür plädiert, dass sich pädagogische Fachkräfte, die im Gruppendienst tätig sind, intensiv mit der Vorgeschichte der ihnen anvertrauten Kinder/Jugendlichen vertraut machen und daraus ein vertieftes Verständnis für deren Bedarfe ableiten. Ziel ist die Entwicklung einer pädagogischen Balance zwischen einem kompletten Verzicht auf die Thematisierung biografischer Belastungen einerseits und einer Überforderung der Klient*innen durch zu häufiges oder intrusives Nachfragen andererseits. Das Erarbeiten dieser Balance muss regelmäßiges Thema in Teambesprechungen und Supervisionen sein. Voraussetzungen dafür sind eine lückenlose Information seitens des Jugendamtes über die Vorgeschichte des jeweiligen jungen Menschen bei der Aufnahme sowie eine verbindliche Kommunikation zwischen Einrichtung und Jugendamt während des Hilfeprozesses. Unverzichtbar ist in diesem Zusammenhang eine transparente und altersgemäße Information der Kinder/Jugendlichen über Inhalt und Adressat*innenkreis personenbezogener Informationen. Pädagogische Fachkräfte in den Einrichtungen müssen sich daher mit der Frage nach ihrer Bereitschaft auseinandersetzen, sich mit schweren biografischen Belastungen ihrer Klient*innen zu konfrontieren und diese im Bedarfsfall auch sensibel zu thematisieren. Sie müssen – gemeinsam mit ihren Kolleg*innen – in der Lage sein,

Möglichkeitsräume für Aufarbeitung und Bewältigung zu schaffen. Dies kann nicht unreflektiert an externe Instanzen (z. B. Psychotherapeut*innen) delegiert werden.

9.9 Qualifizierungsbereiche

Es ist notwendig, im Rahmen fortlaufender Qualitätssicherungsprozesse möglichst präzise zu beschreiben, welche Zusatzqualifikationen das in den Einrichtungen des SkF Freiburg e.V. beschäftigte Personal benötigt, um den Anforderungen der Arbeit mit Kindern/Jugendlichen gerecht zu werden. Da sich diese Anforderungen im Laufe der Zeit ändern, muss eine regelmäßige Überprüfung der Frage erfolgen, ob das Qualifikationsprofil der Mitarbeitenden noch zu den Erfordernissen des jeweiligen professionellen Settings passt. In jedem Fall müssen in pädagogischen Teams Grundqualifikationen zu Traumapädagogik, Sexualpädagogik und der Prävention von (sexualisierter) Gewalt vorhanden sein. Die Notwendigkeit von Wissen und Erfahrung in diesen Bereichen kann aus der vorliegenden Studie überzeugend abgeleitet werden.

9.10 Traumasensibilität

Unseres Erachtens erfordert eine zuverlässige Berücksichtigung traumabezogener Aspekte in der Arbeit mit biografisch vorbelasteten Kindern und Jugendlichen nicht einfach nur die Absolvierung entsprechender Fortbildungen durch einzelne Mitarbeitende. Einrichtungen müssen insgesamt traumasensibel gestaltet sein. Zentral ist hierbei ein routiniertes Verständnis traumabedingter Verhaltensmanifestationen sowie der Primat der Verhinderung von Eskalationen, Gewalt und leichtfertigen Beziehungsabbrüchen.

9.11 Machtverhältnisse reflektieren – zwischen Handeln und Agieren

Idealisierende Selbsterzählungen beinhalten implizit oder explizit eine Verleugnung ausgeprägter Machtasymmetrien in stationären Einrichtungen der Kinder- und Jugendhilfe. Es ist notwendig, sich diese Machtasymmetrien bewusst zu machen und mit den betreuten Kindern und Jugendlichen zu thematisieren. Erst ein reflektierter und offener Umgang mit bestehenden institutionellen Machtverhältnissen verringert die Wahrscheinlichkeit des Missbrauchs von Macht (z. B. unter Überforderungsbedingungen). Indem sich Fachkräfte ihre eigene professionelle Position und die damit verbundenen Machtpotenziale bewusst machen, kann unreflektiertes pädagogisches Agieren in verantwortungsvolles pädagogisches Handeln transformiert werden (vgl. Kavemann et al., 2015b). Eine solche Auseinandersetzung muss explizit auch die Frage nach persönlichen Bedürftigkeiten von Mitarbeitenden miteinschließen, da sich Risiken für emotionale und sexuelle Ausbeutung verschärfen, wenn Fachkräfte die Erfüllung ihrer emotionalen, sozialen und/oder sexuellen Bedürfnisse primär im beruflichen Bereich erwarten.

9.12 Institutionelle Gewaltprävention: Vorgehen in Verdachtsfällen

Die vorliegende Studie kann als Begründungszusammenhang für die Entwicklung und Etablierung einer institutionellen Gewaltprävention gelesen werden. Vor dem Hintergrund, dass der SkF Freiburg e.V. über entsprechende Schutzkonzepte bereits verfügt, sei an dieser Stelle exemplarisch auf die Bedeutung verlässlicher Interventionspläne hingewiesen. Dies deshalb, weil auch noch in den späten 1990er-Jahren der Umgang mit Verdachtsfällen auf (sexualisierte) Gewalt zwar ambitioniert, aber unstrukturiert vonstatten ging. Da der Schwierigkeit, dass auf der Basis einer unsicheren Informationslage schwerwiegende Entscheidungen getroffen werden müssen, häufig nicht entkommen werden kann, wird an dieser Stelle auf die Wichtigkeit zweier Aspekte verwiesen, nämlich auf die kontinuierliche Begleitung durch externe spezialisierte Instanzen und auf eine gründliche Aufarbeitung des Umgangs mit (nicht restlos aufgeklärten) Verdachtsfällen (vgl. Kavemann et al., 2015b).

9.13 Umsetzung konzeptioneller Grundlagen

Einen frappierenden Befund der vorliegenden Studie stellt die fragmentierte und diffuse Repräsentation der konzeptionellen Grundlagen der pädagogischen Arbeit im St. Augustinusheim in den 1980er- und 1990er-Jahren dar. Daraus ist die Empfehlung abzuleiten, dass einrichtungsbezogene Konzepte als tatsächlicher Orientierungsrahmen für die pädagogische Arbeit vermittelt und somit für die pädagogischen Fachkräfte spürbar werden. Konzepte dienen nicht nur der Legitimation gegenüber den Kostenträgern, sondern sie müssen in partizipativer Auseinandersetzung mit dem Personal einer regelmäßigen Revision unterzogen werden. Nur durch eine kontinuierliche Beschäftigung mit dem Konzept kann dessen jeweilige Passung zur tatsächlich geleisteten Arbeit überprüft werden. Erst dadurch wird eine Identifikation des Personals mit den konzeptionellen Grundlagen der Arbeit möglich. Dies bezieht sich beispielsweise auf Zuständigkeiten, Verantwortungsbereiche, Kompetenzprofile, Rahmenbedingungen und Grenzen des jeweiligen Aufgabenfeldes. In konzeptionelle Überlegungen sollten auch kritische Reflexionen der Familienanalogie im stationären Kinder- und Jugendhilfesetting einfließen.

9.14 Umgang mit Sexualität

Sowohl in Bezug auf konzeptionelle Festschreibungen (im Sinne eines professionellen Orientierungsrahmens) als auch im Kontext gewaltpräventiver Überlegungen bedarf es einer klaren Verständigung zum Umgang mit Sexualität innerhalb der Einrichtungen des SkF Freiburg e.V.. Die – mit geringer Überzeugungskraft formulierte – Festschreibung eines Sexualitätsverbots im St. Augustinusheim der 1980er- und 1990er-Jahre stellte keine taugliche Lösung dieser Frage dar. Insbesondere Jugendliche brauchen eine klare Orientierung darüber, ob und innerhalb welcher Rahmenbedingungen sie ihre Sexualität in einer stationären Einrichtung der Kinder- und Jugendhilfe leben können. Dies setzt auch Klarheit auf Seiten des Personals und der Verantwortlichen des SkF Freiburg e.V. voraus. Entscheidend ist dabei eine fachlich fundierte Differenzierungsfähigkeit zwischen einvernehmlicher Sexualität und grenzverletzendem bzw. ausbeuterischem Verhalten (unter machtasymmetrischen Bedingungen).

9.15 Fürsorgepflicht für Mitarbeitende

Die vorliegende Studie weist das Symptom der Überforderung als Ausgangspunkt und Begleiterscheinung eskalierender Risikospiralen nach. Über weite Strecken waren die strukturellen Rahmenbedingungen im St. Augustinusheim der 1980er- und 1990er-Jahre nicht geeignet, um die anspruchsvolle Arbeit mit zum Teil schwer belasteten Kindern und Jugendlichen in der erforderlichen Qualität zu leisten. Es ist Aufgabe der Verantwortlichen des SkF Freiburg e.V., seinen Mitarbeitenden die notwendigen Ressourcen für ihre Tätigkeit zur Verfügung zu stellen. Dies bezieht sich u. a. auf die Gestaltung der Arbeitszeiten und räumlichen Gegebenheiten, auf Psychohygiene, Weiterbildungsmöglichkeiten und die Verfügbarkeit kontinuierlicher Reflexionsräume. Arbeitsverhältnisse müssen auf einem grundlegenden Bewusstsein basieren, dass Mitarbeitende keine Kostenfaktoren sind, sondern Personen, ohne die die Umsetzung notwendiger Standards einer professionellen Kinder- und Jugendhilfe nicht möglich wäre.

9.16 Supervision

Zahlreiche Indizien weisen darauf hin, dass Qualität und Quantität der im St. Augustinusheim angebotenen Supervisionen unzureichend waren. Daraus ergibt sich die Forderung, dass Supervisionen regelmäßig, in ausreichender Frequenz und von einer externen, entsprechend qualifizierten Person angeboten werden müssen. Die Teilnahme muss für alle pädagogischen Mitarbeiter*innen verpflichtend sein. Die vorliegende Studie zeigt die Fülle von Themen, die einer kontinuierlichen, kritischen Reflexion unterzogen werden müssen, um die Wahrscheinlichkeit des Auftretens riskanter Entwicklungen, wie sie für das St. Augustinusheim nachgewiesen werden konnten, zu verringern. Supervisionen sind ein unverzichtbares Instrument der Qualitätssicherung pädagogischer Arbeit in der stationären Kinder- und Jugendhilfe. Neben fallbezogenen Reflexionen müssen hier strukturelle Rahmenbedingungen, konzeptionelle Fragen, Teamkonflikte, persönliche Befindlichkeiten sowie Umgangsweisen mit Macht, Sexualität und Gewalt einen verlässlichen kommunikativen Ort finden. Aufgrund der Vielschichtigkeit kritischer Themen müssen Supervisionen in hoher Frequenz stattfinden und entsprechend finanziell abgesichert werden.

9.17 Ehemaligenarbeit

Die vorliegende Untersuchung bietet einen sinnvollen Ausgangspunkt für die Intensivierung und Erweiterung der Ehemaligenarbeit des SkF Freiburg e.V.. Dabei könnten aus unserer Sicht drei Zielrichtungen von besonderer Bedeutung sein: (1) Schaffung kommunikativer Räume, in denen Erzählungen über verschiedene historische Phasen des SkF Freiburg e.V. bzw. des St. Augustinusheims generiert werden können. (2) Aktivitäten, die die Vernetzung zwischen ehemaligen Bewohner*innen des St. Augustinusheimes befördern. Hier könnten z. B. durch bestehende Kontakte zwischen (früheren) Mitarbeitenden und früheren Bewohner*innen Schneeballeffekte freigesetzt werden. (3) Angesichts der Tatsache, dass es im Verantwortungsbereich des SkF Freiburg e.V. zu Gewalt gegen Kinder und Jugendliche gekommen ist, erheben sich auch Fragen der materiellen Entschädigung, mit denen sich die aktuell Verantwortlichen auseinandersetzen müssen. Die vorliegende Studie sollte auf jeden Fall zum Anlass genommen werden, um verbindliche Orte des Zuhörens zu schaffen und dies mit institutionalisierten Regelungen für die Zahlung etwaiger Entschädigungsansprüche zu verbinden.

9.18 Aufarbeitung der Arbeit mit Menschen mit Behinderung

Aufgrund der in diesem Bericht beschriebenen Entwicklungen steht eine Aufarbeitung der Erfahrungen von Menschen mit Behinderung im St. Augustinusheim noch weitgehend aus. Aus unserer Sicht ist es notwendig, dass der SkF Freiburg e.V. zu dieser Frage eine Kommunikationsplattform initiiert, der u. a. der Diözesan-Caritasverband, Einrichtungen der Behindertenhilfe, Wildwasser Freiburg e.V. und regionale Betreuungsbehörden angehören sollten. Angesichts der Tatsache, dass inzwischen – auch in Baden-Württemberg – Projekte zur Aufarbeitung von Gewalt gegen Menschen mit Behinderung in institutionellen Kontexten realisiert wurden, sollte sich eine solche Plattform vor allem mit Fragen der konkreten Umsetzung entsprechender Initiativen beschäftigen. Dabei ist die Beteiligung von Bewohner*innen und das Einholen wissenschaftlicher Expertise unerlässlich.

9.19 Critical incidents

Riskante Sozialisationsmilieus zeigen sich nicht allein anhand einer Unterscheidung zwischen dem Auftreten oder dem Nicht-Auftreten von Gewalt. In der vorliegenden Studie konnte nachgewiesen werden, dass sich im St. Augustinusheim jenseits konkreter psychischer, körperliche und sexualisierter Gewalt zahlreiche Risikokonstellationen ergaben, die für die dort untergebrachten Kinder/Jugendlichen potenziell schädigend sein konnten. Bezogen auf aktuelle Präventionsbemühungen bedeutet dies, dass es nicht einfach nur um Gefahrenabwehr gehen kann, sondern um die frühzeitige Identifikation riskanter Situationen im Einrichtungsalltag. Solche Situationen können beispielsweise mit Stress auf Seiten der Mitarbeitenden, mit auffälligen Verhaltensmanifestationen einzelner Kinder/Jugendlicher, mit Gefühlen der Beschämung oder Angst assoziiert sein. Gewaltpräventives Arbeiten bedeutet, über solche Anzeichen möglicher Gefährdungen nicht einfach hinwegzusehen, sondern sie systematisch zu dokumentieren und zu analysieren (vgl. Caspari, 2021a). Ein Modell dafür bietet das so genannte CIRS-System (Critical Incident Reporting System), das ursprünglich aus dem medizinischen Bereich kommt, mittlerweile aber auch auf den Bereich der Kinder- und Jugendhilfe übertragbar ist (Liebhardt, 2015). Grundlegend ist hier eine Haltung, wonach kritische Situationen als nützliche Anlässe für eine fortlaufende Verbesserung institutioneller Handlungskompetenzen verstanden werden (Weick et al., 2016; Böwer, 2020).

9.20 Professionsethik

Angesichts der erhobenen Defizite im Bereich des Personals, die die pädagogische Arbeit im St. Augustinusheim der 1980er- und 1990er-Jahre beeinträchtigten, erscheint es bei der Weiterentwicklung der aktuellen institutionellen Gewaltprävention im SkF Freiburg e.V. wichtig, professions- und organisationsethische Perspektiven gezielt in Augenschein zu nehmen (Christmann & Wazlawik, 2019). Dadurch wird der gewaltpräventive Blick über die Entwicklung von Schutzkonzepten hinaus geweitet. Professions- und organisationsethische Festlegungen bieten positive Orientierungen in Bezug auf die Ausgestaltung des beruflichen Handelns in einer stationären Einrichtung der Kinder- und Jugendhilfe. Es geht dabei eben nicht nur um die Abwehr von Gewalt und die Entwicklung organisationsbezogener Strukturen, sondern um eine verbindliche Verständigung über den ethischen Rahmen pädagogischen Handelns. Dabei können auch Bezugnahmen zu medizinischen und psychotherapeutischen Arbeitsfeldern hergestellt werden, in denen explizite ethische Bestimmungen eine weitaus größere Bedeutung haben als dies bisher im Bereich der Pädagogik der Fall ist (Caspari et al., 2022). Eine gezielte und auf die Organisationskultur des SkF Freiburg e.V. bezogene Auseinandersetzung mit professionsethischen Fragen kann zu einer erhöhten Handlungssicherheit (sozial-) pädagogischer Fachkräfte und somit zur Weiterentwicklung eines förderlichen Sozialisationsmilieus für die betreuten Kinder/Jugendlichen führen.

Fazit

10

Die dem vorliegenden wissenschaftlichen Aufarbeitungsbeitrag zugrunde liegende Motivation ist ungewöhnlich. Sie entstand nicht aufgrund äußeren Drucks (durch Medien, Politik und/oder gesellschaftliche Öffentlichkeit) und wurde nicht von Betroffenen eingefordert. Verantwortliche des SkF Freiburg nahmen im Jahr 2021 einen Hinweis auf sexualisierte Gewalt im St. Augustinusheim durch den früheren Heimleiter ernst und sahen sich dadurch sehr schnell dazu veranlasst, eine systematische Untersuchung in Auftrag zu geben. Diese Motivation ist bemerkenswert, weil sie auf einem intrinsischen Aufarbeitungsinteresse der Institution gründet. Dies kann als Modell für andere Einrichtungen fungieren.

Die vorliegende Untersuchung bietet umfangreiche Einblicke in die pädagogische Praxis des St. Augustinusheimes insbesondere zwischen 1985 und 1997. Die Einrichtung war nicht von einem systematischen Gewaltregime geprägt, wie es für Heime zum Teil bis in die 1980er-Jahre nicht untypisch war. Vielmehr finden sich zahlreiche Aspekte, die als Manifestationen eines historischen Übergangs von der traditionellen, gewaltaffinen Heimerziehung in eine moderne Kinder- und Jugendhilfe beschreibbar sind. Die unaufgearbeitete pädagogische Praxis des früheren St. Augustinusheimes wirkte auch noch bis weit in die 1990er-Jahre hinein. Unter den Bedingungen einer unzureichenden Personalausstattung und einer über viele Jahrzehnte praktizierten Überbelegung der Einrichtung entstanden persistierende Risikokonstellationen für die betreuten Kinder/Jugendlichen, die immer wieder zu Vorfällen psychischer, körperlicher und sexualisierter Gewalt führten.

Im Rahmen der vorliegenden Erhebung konnte der gegen den früheren Heimleiter H.E. erhobene Vorwurf der sexualisierten Gewalt gegen einen Heimbewohner

P. Caspari et al., *Die pädagogische Praxis und der Umgang mit Gewalt im St. Augustinusheim des SkF Freiburg e.V. zwischen 1985–1997*, Sexuelle Gewalt in Kindheit und Jugend: Forschung als Beitrag zur Aufarbeitung,
https://doi.org/10.1007/978-3-658-51513-3_10

nicht verifiziert werden. Entsprechende Einschätzungen basieren auf Indizien und Gerüchten, die in ihrer Gesamtheit zwar geeignet sind, einen Verdacht zu begründen, aber keine belastbare Aussage rechtfertigen, wonach der Heimleiter tatsächlich sexualisierte Gewalt gegen einen Heimbewohner verübt habe. Es konnte allerdings nachgewiesen werden, dass der Leitungsstil H.E.s die pädagogische Arbeit im St. Augustinusheim in negativer Weise beeinträchtigte. Dies bezieht sich z. B. auf eine mangelhafte Personalführung, auf lange Zeiten der Abwesenheit und im Besonderen auf seine über Jahre praktizierten Betrugsdelikte, die letztlich nicht nur die Existenz der Einrichtung erheblich gefährdeten, sondern auch anhaltende Belastungen sowohl beim Personal als auch bei den Bewohner*innen des Heims erzeugten.

Im Rahmen der in dieser Studie durchgeführten Erhebungen konnten keine Menschen mit Behinderung befragt werden, die während ihrer Kindheit und/oder Jugend im St. Augustinusheim untergebracht waren. Informationen über die Arbeit in den entsprechenden Gruppen konnten ausschließlich aus Interviews mit damals tätigen Fachkräften generiert werden. Da dadurch die Aussagekraft der auf diesen Bereich bezogenen Ergebnisse eingeschränkt ist, bestehen hier weiterhin Aufarbeitungsbedarfe.

Sowohl für den Bereich der Jugendhilfe als auch für die Eingliederungshilfe wurden in der vorliegenden Studie Risikopotenziale herausgearbeitet, die bei der Weiterentwicklung aktueller Konzepte zur institutionellen Gewaltprävention Berücksichtigung finden müssen.

Teil II

Die Auseinandersetzung des Sozialdienst katholischer Frauen e.V. Freiburg mit den Empfehlungen des Ergebnisberichts der wissenschaftlichen Aufarbeitung

(Manuel Arnegger, Mara Roth)

Unmittelbare Reaktionen auf die Empfehlungen aus dem Abschlussbericht

11

Inhaltsverzeichnis

11.1 Einleitung und Hintergrund

Bereits in den ersten Gesprächen zwischen dem IPP München und dem SkF Freiburg zur Auftragsklärung wurde deutlich, dass eine externe, auf einen bestimmten Zeitraum begrenzte empirische Studie nicht gleichzusetzen ist mit der Aufarbeitung von möglichen Gewaltvorfällen im St. Augustinusheim des SkF Freiburg, sondern lediglich einen – wenngleich wesentlichen – Beitrag zur Aufarbeitung leisten kann.

Vor diesem Hintergrund wurde der wissenschaftliche Teil der Aufarbeitung eingebettet in einen größeren Projektzusammenhang. Die folgenden Ausführungen dokumentieren in welcher Weise und mit welchen (vorläufigen) Ergebnissen im Rahmen dieses Projekts mit den Empfehlungen des Ergebnisberichts umgegangen wurde. Nicht dokumentiert sind dagegen die vielen Reaktionen, Gespräche, Arbeitstreffen und das Nachdenken derjenigen, die sich

P. Caspari et al., *Die pädagogische Praxis und der Umgang mit Gewalt im St. Augustinusheim des SkF Freiburg e.V. zwischen 1985–1997*, Sexuelle Gewalt in Kindheit und Jugend: Forschung als Beitrag zur Aufarbeitung,
https://doi.org/10.1007/978-3-658-51513-3_11

aufgrund der Lektüre und der Ergebnispräsentation mit den Erkenntnissen der wissenschaftlichen Aufarbeitung befasst haben.

Der Hinweis auf mögliche Fälle von Gewalt war im Jahr 2021 der Ausgangspunkt für die Initiierung eines Aufarbeitungsprojekts, das die pädagogische Praxis und den Umgang mit Gewalt im St. Augustinusheim unter Trägerschaft des SkF Freiburg zum Gegenstand hatte. Im Zentrum des Projektes stand die externe, unabhängige und wissenschaftliche Aufarbeitung des Zeitraums, auf den sich der konkrete Hinweis bezog. Beauftragt wurde dafür das Institut für Praxisforschung und Projektberatung (IPP) in München, das über eine ausgewiesene Expertise auf dem Gebiet der Aufarbeitung verfügt.

Der Ergebnisbericht der empirischen Studie (Teil I dieses Bandes) wurde im März 2024 vorgelegt. Er liefert einen wertvollen Beitrag zur Aufarbeitung und beinhaltet auf Basis der Erkenntnisse eine Vielzahl von Empfehlungen. Diese bilden den Ausgangspunkt für die folgenden Ausführungen.

11.2 Kommentare des SkF Freiburg e.V. zu den Empfehlungen des Berichtes (Originaltext vom Juni 2024)[1]

Aus den Erkenntnissen der empirischen Studie wurden von den Autor*innen insgesamt 20 Empfehlungen abgeleitet (siehe Kap. 9 in Teil I dieses Bandes):

> „Sie beziehen sich vor allem auf stationäre Angebote der Kinder- und Jugendhilfe und ergänzen die bereits bestehenden Bemühungen des SkF Freiburg e.V. um Qualitätssicherung und Gewaltprävention“ (Teil I dieses Bandes, S. 189).

Die hier vorliegende kritische Würdigung und zugleich Auseinandersetzung im Sinne des Aufarbeitungsvorhabens beleuchtet die folgenden Aspekte:

- **Aktualisierung:** Die Empfehlungen beziehen sich auf den Zeitraum der Untersuchung, also auf die Zeit zwischen 1985 und 1997. Die Ausgestaltung des Vertrages zwischen dem IPP und dem SkF beinhaltete nicht den Abgleich mit der

[1] Verändert wurden lediglich die Verweise auf drei Dokumente: Das Schutzkonzept der Wohngruppen (Schutzkonzept, 2022), das Konzept zum Vertrauensverhältnis zwischen Kindern/Jugendlichen und Fachkräften (Konzept Vertrauensverhältnis, 2023) sowie der Bericht zur wissenschaftlichen Begleitung und Evaluation eines Projekts (Evaluationsbericht, 2022). Diese Dokumente sind über die Website des SkF Freiburg verfügbar (https://www.skf-freiburg.de/aufarbeitung).

aktuellen Situation. Die Frage, ob die im Bericht ermittelten Risikofaktoren für Gewalt auch heute noch wirksam sind, ist demnach nicht Gegenstand des Berichts. Vor diesem Hintergrund soll die folgende Auseinandersetzung mit den Empfehlungen einerseits aufzeigen, wie sich die Situation heute darstellt und zugleich überprüfen, ob die seit Ende der 1990er-Jahre von außen und von innen initiierten Veränderungen als ausreichend erscheinen, um die im Bericht festgestellten gewaltunterstützenden Risikofaktoren zu minimieren.

- **Kommentierung:** Nicht alle Empfehlungen beziehen sich unseres Erachtens auf Sachverhalte, die im unmittelbaren Einflussbereich der Akteur:innen des SkF Freiburg liegen. Insofern beinhaltet die vorliegende Auseinandersetzung eine Kommentierung im Sinne einer Einordnung: Wer sind aus unserer Sicht weitere Akteuer:innen und wer beim SkF Freiburg kann welchen Beitrag zur Bearbeitung der betreffenden Sachverhalte leisten?
- **Aufträge:** Aus einigen Empfehlungen lassen sich auf der Grundlage von Aktualisierung und Kommentierung konkrete Aufträge ableiten. Diese bilden die weiteren Ausgangspunkte und Inhalte für das wissenschaftlich untermauerte Aufarbeitungsprojekt.
- **Zeitgebundenheit:** Ergänzt werden diese unmittelbar aus den Empfehlungen des Ergebnisprojekts ableitbaren Impulse um einen übergeordneten allgemeinen Impuls, der auf folgende übergreifende Fragestellungen abzielt:
  Was können wir aus der wissenschaftlichen Aufarbeitung in Bezug auf unsere heutige pädagogische Praxis lernen?
  Wenn es aus heutiger Perspektive rückblickend Bereiche gibt, die zur damaligen Zeit als adäquate pädagogische Praxis betrachtet wurden, heute aber nicht mehr – welche heutige Praxis wird sich möglicherweise in 20 Jahren als inadäquat herausgestellt haben?

Kommentare des SkF Freiburg zu den 20 Empfehlungen
Selbstgewisse Einrichtungen sind fehleranfällig (vgl. Empfehlung 9.1)

> „Der Tendenz zu idealisierenden Selbsterzählungen muss auch in der aktuellen Arbeit des SkF Freiburg e.V. mit einem konsequent kritischen Blick auf bestehende Risikokonstellationen begegnet werden."

Kommentar:
Die Arbeit auf den Wohngruppen ist im Vergleich zum Zeitraum, den der Bericht umfasst, heute deutlich anders strukturiert. Mit dem Fachdienst und der Psychologin wurden zwei gruppenexterne Instanzen implementiert, die kritische Risikokonstellationen erkennen und benennen können. Durch regelmäßige

Besprechungen und die Arbeit mit den jungen Menschen erhalten sowohl Fachdienst als auch Psychologin tiefe Einblicke in den Gruppenalltag.

Als Bestandteil des Schutzkonzeptes der stationären Kinder- und Jugendhilfe wurde zudem eine Begleitgruppe eingerichtet, die jährlich auf der Grundlage des IPSE-Manuals die Checkliste zu Elementen eines Schutzkonzeptes durchgeht und eine Risikoanalyse durchführt (Schutzkonzept, 2022). Externes Mitglied der Begleitgruppe ist eine Mitarbeiterin der Beratungsstelle Wendepunkt.

Aufgrund dessen kann eine idealisierende Selbsteinschätzung zwar nicht ausgeschlossen werden, aber es existieren sowohl ein klar definiertes Vorgehen, wie Risikokonstellationen ermittelt werden als auch eine strukturell verankerte Außenperspektive auf alle im Schutzkonzept festgehaltenen Aktivitäten der Einrichtung.

Umgang mit Fachkräftemangel (vgl. Empfehlung 9.2)

> „Die Verantwortlichen des SkF Freiburg e.V. müssen entsprechende Hinweise der Mitarbeitenden ernst nehmen und diese in Forderungen gegenüber Politik und Kostenträgern transformieren. Insbesondere muss deutlich gemacht werden, dass die erforderliche Qualität der Arbeit unter der Bedingung fehlender Fachkräfte nicht geleistet werden kann. Anzustreben ist die Übernahme einer gemeinsamen Verantwortung von Politik, Verwaltung und Praxis, die auf wechselseitiger Transparenz und pragmatischer Analyse basiert."

Kommentar:

Dies ist ein wichtiger Punkt. Tatsächlich ist der Stellenschlüssel in der Stationären Jugendhilfe bis heute knapp bemessen. Dieser Umstand wurde immer wieder benannt – unter anderem auch in einem offenen Brief des AK Einrichtungsleitungen Baden-Württemberg, an dem die Geschäftsführerin des SkF Freiburg mitgewirkt hat. KVJS, Kommune und Träger tauschen sich regelmäßig aus und haben ein gemeinsames Interesse an fachlich guter Arbeit. In der jüngsten Verhandlungsrunde von KVJS, Kommune und SkF Freiburg konnte aktuell eine Verbesserung des Personalschlüssels erreicht werden.

Der Spitzenverband (Caritasverband in der Erzdiözese Freiburg) nimmt zu diesem Thema die politische Vertretung auch auf Landesebene wahr. Grundsätzlich führt der sich verschärfende Fachkräftemangel leider auch beim SkF Freiburg dazu, dass es bei Neubesetzungen von Stellen Vakanzen gibt. Da die Kinder und Jugendlichen bei uns leben, kann in solchen Situationen nur über Aushilfen versucht werden, die Belastung der Mitarbeitenden in Grenzen zu halten.

Transparenz in Bezug auf die wirtschaftliche Situation (vgl. Empfehlung 9.3)

„Es ist daher wichtig, dass die Verantwortlichen des SkF Freiburg e. V. gegenüber den Mitarbeitenden einen offenen Dialog über die jeweils bestehende wirtschaftliche Situation der Organisation praktizieren. Die Einordnung der eigenen Arbeit in ökonomische Rahmenbedingungen ermöglicht einen Professionalisierungszuwachs im Sinne einer Herstellung des Zusammenhangs zwischen dem pädagogischen Auftrag einerseits und den Möglichkeiten seiner Durchführbarkeit andererseits."

Kommentar:
Die folgenden Maßnahmen stehen für den transparenten Umgang mit der wirtschaftlichen Situation des SkF Freiburg:

- Die Geschäftsführerin kommt als Vertreterin des Dienstgebers ihrer in der AAVO der Erzdiözese festgeschriebenen Verpflichtung nach, die Mitarbeitendenvertretung regelmäßig über die wirtschaftlichen Angelegenheiten der Einrichtungen zu unterrichten und die sich daraus ergebenden Auswirkungen auf die Personalplanung darzustellen.
- In der jährlich stattfindenden Mitarbeiter:innenkonferenz wird die finanzielle Situation im jeweils zurückliegenden Geschäftsjahr gegenüber allen Mitarbeiter:innen differenziert dargestellt.
- Für und in den Arbeitsbereichen existiert eine digitale kleinteilige Übersicht über alle Kosten und Einnahmen (BAB). Der BAB steht den jeweiligen Leitungen zur Verfügung. Sie können auf dieser Grundlage die wirtschaftliche Situation ihrer Bereiche nachvollziehen und entsprechend an die Mitarbeitenden weitergeben.
- Der SkF Freiburg ist Mitglied der Initiative Transparente Zivilgesellschaft und veröffentlicht u. a. Bilanz sowie Gewinn- und Verlustrechnung auf der Homepage (www.skf-freiburg.de/herzstueck-ueber-uns/transparenz).
- Hinsichtlich der wirtschaftlichen Gesamtsituation wurde ein Wirtschaftsbeirat eingerichtet, der gegenüber Vorstand und Geschäftsführung eine beratende und kontrollierende Funktion ausübt (www.skf-freiburg.de/herzstueck-ueber-uns/vereinsstruktur-vorstand).

Qualitätssichernde Ausgestaltung von Stellenprofilen (vgl. Empfehlung 9.4)

„Sowohl intern als auch nach außen hin müssen Stellenprofile klar kommunizierbar sein. Es darf hier keine Diskrepanz zwischen behaupteter und tatsächlicher Leistung geben. Dies bedeutet, dass mindestens die folgenden Aspekte die Umsetzung der in Leistungsbeschreibungen dargestellten Angebote gewährleisten müssen: Grundqualifikation des Personals, Weiterbildungen des Personals, wirksame Qualitätssicherungsinstrumente, adäquate raum-zeitliche Organisation der pädagogischen Arbeit."

Kommentar:

Für alle Funktionen im Bereich der stationären Kinder- und Jugendhilfe existieren schon seit einigen Jahren Stellenprofile, die den geforderten Anforderungen entsprechen und die regelmäßig überprüft werden.

Zuverlässige Kontrollhierarchien (vgl. Empfehlung 9.5)

> „Dies macht mindestens dreierlei erforderlich: (1) Eine gewissenhafte Ausübung der Vorstandstätigkeit im SkF Freiburg e.V.; (2) eine transparente und regelmäßige Informationspolitik der Einrichtungen des SkF Freiburg e.V. gegenüber Jugendämtern und Heimaufsichten (etwa nach dem Modell des Auswertungsforums im IPSE-Instrument, vgl. Caspari, 2021a) und (3) eine strukturierte und gewissenhafte Wahrnehmung der Kontrollaufgaben durch die entsprechenden Behörden."

Kommentar:

Zur Empfehlung der gewissenhaften Ausübung der Vorstandstätigkeit:

- Vorstandssitzungen finden monatlich statt, zusätzlich je einmal jährlich eine gemeinsame Sitzung mit dem Wirtschaftsbeirat, mit der Mitarbeitendenvertretung und dem Leitungsteam sowie eine zweitägige Klausur des Vorstands.
- Seit einigen Jahren gibt es einen regelmäßigen Austausch von jeweils einem Mitglied des Vorstands mit je einer Leitung der Arbeitsbereiche. Auf diese Weise besteht für den Vorstand die Möglichkeit, sich selbst einen nicht durch die Geschäftsführung vermittelten Eindruck der Situation in den Arbeitsbereichen zu verschaffen und sich darüber in den Vorstandssitzungen auszutauschen.
- Die Mitglieder des Vorstandes sind bei allen öffentlichen Veranstaltungen präsent und nehmen an allen internen Festen und Veranstaltungen teil. Dies bietet eine Vielzahl von Gelegenheiten, die den direkten Kontakt von Mitarbeitenden mit Mitgliedern des Vorstands ermöglichen.
- Die traditionellen Vereinsstrukturen des SkF Freiburg führen nach wie vor dazu, dass ein mittelständisches Unternehmen mit einem Verein assoziiert ist und dem ehrenamtlichen Vereinsvorstand in der Unternehmensführung eine zentrale Rolle zukommt. Diese Konstellation wird aktuell und mit Unterstützung durch eine Unternehmensberatung untersucht. Sollte sich dabei herausstellen, dass es bessere Lösungen gibt, werden entsprechende Schritte unternommen.

Zur Empfehlung einer transparenten und regelmäßigen Informationspolitik gegenüber Jugendämtern und Heimaufsicht sowie deren Kontrollaufgaben:

- Hinsichtlich der Jugendämter erscheint uns hier die Hilfeplanung nach § 36 SGB VIII das zentrale Element, um eine gewisse Kontrolle seitens des Amtes zu ermöglichen. Denn hier sollten die in Form von Bedarfen formulierten Bedürfnisse der jungen Menschen und ihre aktuelle Lebenssituation in der Wohngruppe im Zentrum stehen – und tun das unserer Erfahrung nach auch in aller Regel. Eine transparente Informationspolitik befähigt die jungen Menschen, selbst über ihre Situation zu sprechen und ihre Wünsche zu äußern. Im Beteiligungs- und Beschwerdekonzept der Wohngruppen wurde das im Rahmen eines kooperativen Entwicklungsprozesses als eine zentrale Beteiligungsdimension identifiziert und dokumentiert, die in der Vorbereitung von Hilfeplangesprächen ihren Niederschlag findet.
- Die Heimaufsicht wird entsprechend der im § 47 SGB VIII festgelegten Meldepflichten über Ereignisse und Entwicklungen informiert. Darauf, dass die Heimaufsicht über diese gesetzlichen Pflichten hinaus ihre Kontrollfunktion wahrnimmt, weisen einzelne Gespräche hin, die in den letzten Jahren in anderen Bereichen stattgefunden haben und die von der Heimaufsicht eingefordert wurden, um Beschwerden von Eltern nachzugehen. Diese Gespräche haben sich als hilfreich zur Bearbeitung von Konflikten erwiesen.
- Der Verweis auf das Auswertungsforum im Rahmen der IPSE-Selbstevaluation wird im aktuell laufenden zweiten IPSE-Durchlauf aufgegriffen: Nachdem im ersten Durchlauf das Auswertungsforum pandemiebedingt nicht stattfinden konnte, soll nun ein neuer Anlauf unternommen werden.

Ergänzung zu Ombudsstellen als einrichtungsexterne Beschwerdestellen (§ 9a SGB VIII)

- Als ein wichtiges neues Strukturmerkmal in der Kinder- und Jugendhilfe und im Kontext von Kontrollhierarchien existieren seit etwa 20 Jahren unabhängige Ombudsstellen. Sie wurden u. a. vor dem Hintergrund leidvoller Erfahrungen junger Menschen gegründet, die in Heimen als geschlossenen Systemen keine Ansprechpersonen außerhalb dieser Systeme fanden. Mehrere Mitarbeiter:innen des SkF Freiburgs waren früh am Aufbau solcher Instanzen beteiligt und sind immer noch in diesem Bereich aktiv. Vor diesem Hintergrund gibt es bereits eine lange Tradition, Kinder, Jugendliche und ihren Eltern den Zugang zur regionalen Ombudsperson zu ermöglichen. Beispiele aus den vergangenen Jahren zeigen auch hier, dass diese Form der Öffnung nach außen und die damit verbundene Konfliktbearbeitung funktionieren.

Sorgfältige Aufnahmediagnostik (vgl. Empfehlung 9.6)

„Zu fordern ist, dass Entscheidungen über Fremdunterbringungen von Kindern allein auf der Grundlage einer sorgfältigen, fachlich fundierten und partizipativen Eingangsdiagnostik getroffen werden, die eine offene Kommunikation zwischen Kindern/Jugendlichen, Eltern, Jugendämtern und Einrichtungen voraussetzt. Zentrales Kriterium muss dabei die Passung der Angebote der jeweiligen Einrichtung zu den Bedarfen der jungen Menschen sein. Dabei geht es um psychische, soziale, kognitive und gesundheitliche Aspekte. Kinder/Jugendliche müssen in den Einrichtungen Bedingungen vorfinden, die ihnen vor dem Hintergrund ihrer je eigenen Lebensgeschichte eine förderliche Entwicklung ermöglichen. Die Notwendigkeit zur Belegung von Plätzen basiert auf einem ökonomischen Kalkül, das per se nichts mit der Frage nach der Angemessenheit des pädagogisch-therapeutischen Angebots für die jeweiligen Entwicklungsbedarfe des Kindes/Jugendlichen zu tun hat. Ähnlich verhält es sich mit Entlassungen, über die allein aufgrund fachlicher Erwägungen zu entscheiden ist. Aufnahmen und Entlassungen stellen kritische Lebensereignisse junger Menschen dar, die einer besonders umfassenden und sorgfältigen diagnostischen Fundierung bedürfen.“

Kommentar:

Hier wird etwas gefordert, das absolut zu unterstützen ist. Gleichzeitig erschweren einige Strukturmerkmale der Kinder- und Jugendhilfe die Umsetzung dieser Forderung für den SkF Freiburg:

- Die Entscheidung, ob ein Kind oder Jugendlicher aufgenommen wird, ist ein komplexer Prozess, der viele Faktoren berücksichtigen muss. Die in der Empfehlung angesprochene *„Passung der Angebote der jeweiligen Einrichtung zu den Bedarfen der jungen Menschen“* hat eine sozialräumliche Komponente (Welche der begrenzt vorhandenen Einrichtungen hat wann einen freien Platz?), muss das Wunsch- und Wahlrecht (§ 5 SGB VIII) der Anspruchsberechtigten berücksichtigen, soll die jungen Menschen in adäquater Weise beteiligen (§ 8 SGB VIII), das Ergebnis einer fachlich fundierten sozialen Diagnostik sein (zu der es bis heute keinen breit geteilten Konsens gibt (vgl. Heiner, 2005, S. 281)) und wird in erster Linie vom zuständigen Jugendamt (im Idealfall als Ergebnis eines kooperativen Einigungsprozesses im Rahmen der Hilfeplanung nach § 36 SGB VIII) getroffen.
- Eine adäquate Aufnahmediagnostik seitens des SkF wäre erst nach Aufnahme des Kindes oder des Jugendlichen möglich und erzeugt ein neues Dilemma: Stellt sich heraus, dass die Einrichtung nicht geeignet ist, müsste das Aufnahme- und diagnostische Prozedere an anderer Stelle erneut durchgeführt werden, wiederum mit offenem Ergebnis. Das stellt für die betroffenen Kinder und

Jugendlichen eine zusätzliche und meist unzumutbare Belastung dar. Aufnahmen erfolgen vor diesem Hintergrund auf der Grundlage der vorhandenen und für die Einrichtungen bestmöglich verfügbaren Informationen (die nicht selten lückenhaft, beschönigend und unvollständig sind).

- Die Kinder- und Jugendhilfe ist strukturell als ein Quasi-Markt organisiert, der dafür sorgt, dass alle Leistungen einer ökonomischen Betrachtung unterliegen. Das hat weitreichende und umfassende Auswirkungen auf die Leistungsgewährung und Leistungserbringung in der Kinder- und Jugendhilfe. Das ökonomische Kalkül ist integraler Bestandteil dieses Systems (vgl. Arnegger & Spatscheck, 2008). Die im Bericht angesprochene Problematik bezieht sich damit auf die Grundlagen des Sozialstaats. Eine Aufnahme allein und ausschließlich aufgrund der *„Angemessenheit des pädagogisch-therapeutischen Angebots für die jeweiligen Entwicklungsbedarfe des Kindes/Jugendlichen“* wäre wünschenswert, bedürfte aber tiefgreifender struktureller Veränderungen, die nicht auf der Ebene der Organisation initiiert werden können.

Begleitung von Care Leavers (vgl. Empfehlung 9.7)

> „Die abrupte, altersbedingte Beendigung einer regulären Jugendhilfemaßnahme kann von jungen Menschen potenziell als retraumatisierender Beziehungsabbruch erlebt werden. In dieser sensiblen Übergangsphase kann eine unzureichende Begleitung die positiven Wirkungen der zuvor geleisteten pädagogischen Arbeit torpedieren. Daher bedarf die Phase der Verselbständigung einer intensiven, konzeptionell fundierten pädagogischen Begleitung.“

Kommentar:
Aus dieser Feststellung lassen sich zwei Empfehlungen ableiten:

1. Die sorgsame, im Rahmen der gemeinsamen Hilfeplanung verortete Beendigung des Aufenthaltes auf einer der Wohngruppen des SkF Freiburg. Das gilt für Kinder und Jugendliche jeden Alters, denn der Auszug aus der Wohngruppe ist in jedem Fall mit Beziehungsabbrüchen verbunden. Hier übernehmen in der aktuellen konzeptionellen Ausrichtung die Familienarbeiter:innen eine zentrale Funktion, die solche Übergänge begleiten können und in der Vergangenheit auch regelmäßig im Rahmen von Nachbetreuungen begleitet haben, z. B. auch im Rahmen von Rückführungen.
2. Die Möglichkeit für junge Menschen, die einen Teil ihres Lebens in einer oder mehreren der Wohngruppen des SkF Freiburg verbracht haben, auch nach Beendigung der Unterstützung durch Auszug im Kinder- und Familienzentrum des SkF Freiburg weiterhin einen Anlaufpunkt zu haben. Es ist schon lange ko-

nzeptionell begründete Praxis, dass junge Menschen die Wohngruppen und ihre ehemaligen (Bezugs-)Betreuer:innen auch nach Auszug besuchen können. Zudem gibt es regelmäßig Anlässe, zu denen diese Care Leavers explizit eingeladen werden (z. B. die Hausfeste).

Aktuell werden die konzeptionellen Grundlagen zur weiteren Begleitung nach Auszug bearbeitet. In absehbarer Zeit stehen einige Auszüge an, die als Anlass für die Überarbeitung und ggf. Erweiterung genommen wurden.

Biografische Vorbelastungen der Kinder/Jugendlichen als Auftrag für die Jugendhilfe und Eingliederungshilfe (vgl. Empfehlung 9.8)

> „Es wird dafür plädiert, dass sich pädagogische Fachkräfte, die im Gruppendienst tätig sind, intensiv mit der Vorgeschichte der ihnen anvertrauten Kinder/Jugendlichen vertraut machen und daraus ein vertieftes Verständnis für deren Bedarfe ableiten. Ziel ist die Entwicklung einer pädagogischen Balance zwischen einem kompletten Verzicht auf die Thematisierung biografischer Belastungen einerseits und einer Überforderung der Klient*innen durch zu häufiges oder intrusives Nachfragen andererseits. Das Erarbeiten dieser Balance muss regelmäßiges Thema in Teambesprechungen und Supervisionen sein. Voraussetzungen dafür sind eine lückenlose Information seitens des Jugendamtes über die Vorgeschichte des jeweiligen jungen Menschen bei der Aufnahme sowie eine verbindliche Kommunikation zwischen Einrichtung und Jugendamt während des Hilfeprozesses. Unverzichtbar ist in diesem Zusammenhang eine transparente und altersgemäße Information der Kinder/Jugendlichen über Inhalt und Adressat*innenkreis personenbezogener Informationen. Pädagogische Fachkräfte in den Einrichtungen müssen sich daher mit der Frage nach ihrer Bereitschaft auseinandersetzen, sich mit schweren biografischen Belastungen ihrer Klient*innen zu konfrontieren und diese im Bedarfsfall auch sensibel zu thematisieren. Sie müssen – gemeinsam mit ihren Kolleg*innen – in der Lage sein, Möglichkeitsräume für Aufarbeitung und Bewältigung zu schaffen. Dies kann nicht unreflektiert an externe Instanzen (z.B. Psychotherapeut*innen) delegiert werden."

Kommentar:

Die Auseinandersetzung mit biografischen Vorbelastungen der Kinder, insbesondere mit traumatisierenden Erfahrungen und den daraus resultierenden therapeutischen Bedarfen, hat uns im Rahmen eines Praxisprojekts über einen längeren Zeitraum hinweg beschäftigt. Entstanden ist ein Konzept, das auf praktischen Erfahrungen basierend einen Weg zeigt, wie die Beziehung zwischen Fachkräften und jungen Menschen gestaltet werden kann, um Raum für die Bearbeitung von belastenden Erfahrungen zu schaffen. Entscheidend ist dabei, dass die jungen Menschen im Gruppenalltag Sicherheit und Vertrauen erfahren und zudem Gelegenheiten geschaffen werden, um Belastendes loszuwerden (Konzept vertrauensverhältnis, 2023).

Dieses Vertrauensverhältnis ist nicht zuletzt deshalb zentral, weil viele der belastenden Erfahrungen von Kindern und Jugendlichen bis zu dem Zeitpunkt, den die Kinder und Jugendlichen selbst für die Offenlegung wählen, den Fachpersonen im System der Kinder- und Jugendhilfe nicht bekannt sind (Stichwort: Kinder und Jugendliche als Geheimnisträger:innen). Die der stationären Jugendhilfe (zurecht) immanente Rückkehroption in das Elternhaus sorgt vor diesem Hintergrund in vielen Fällen für einen Loyalitätskonflikt, dem sich die Kinder und Jugendlichen ausgesetzt sehen und in dem sie entscheiden müssen, wem sie was mit welchen Konsequenzen erzählen.

Darüber hinaus werden als fester Bestandteil des Schutzkonzeptes regelmäßig individuelle Entwicklungsgespräche mit den jungen Menschen geführt. Die jungen Menschen entscheiden dabei selbst, mit wem sie diese Gespräche führen (Schutzkonzept, 2022, S. 23 ff.).

Eine zentrale Voraussetzung dafür, dass die Vorbelastungen der Kinder und Jugendlichen zum Ausdruck gebracht werden, ist die in der Empfehlung erwähnte Bereitschaft der Fachpersonen, sich mit diesen auch für sie potenziell belastenden Themen zu befassen. Das hat eine individuelle Komponente, die bestenfalls bereits im Rahmen der jeweiligen für die Arbeit auf den Gruppen qualifizierenden Ausbildung geprüft und ausgeprägt wird. Und es gibt eine strukturelle Komponente, die den Fachpersonen die notwendigen Ressourcen für die Bearbeitung von auf diese Wiese entstehenden Belastungen zur Verfügung stellt. Letzteres verweist auf die Empfehlungen zur Fürsorgepflicht und Supervision (s. u.).

Qualifizierungsbereiche (vgl. Empfehlung 9.9)

> „Es ist notwendig, im Rahmen fortlaufender Qualitätssicherungsprozesse möglichst präzise zu beschreiben, welche Zusatzqualifikationen das in den Einrichtungen des SkF Freiburg e.V. beschäftigte Personal benötigt, um den Anforderungen der Arbeit mit Kindern/Jugendlichen gerecht zu werden. Da sich diese Anforderungen im Laufe der Zeit ändern, muss eine regelmäßige Überprüfung der Frage erfolgen, ob das Qualifikationsprofil der Mitarbeitenden noch zu den Erfordernissen des jeweiligen professionellen Settings passt. In jedem Fall müssen in pädagogischen Teams Grundqualifikationen zu Traumapädagogik, Sexualpädagogik und der Prävention von (sexualisierter) Gewalt vorhanden sein."

Kommentar:

Seit vielen Jahren ist Traumapädagogik ein zentraler Inhalt von interner (Weiter-)Qualifikation der Fachkräfte im Kontext der stationären Jugendhilfe. Es gibt regelmäßige Inhouse-Seminare und einen Einführungskurs für neue Mitarbeitende. Die Themen Sexualpädagogik und Prävention von (sexualisierter) Gewalt sind Bestandteil des Schutzkonzeptes. Zweimal jährlich prüft die Steuerungsgruppe, welche Qualifizierungsbedarfe hier vorhanden sind. Die daraus resultierenden Schulungen werden von Wendepunkt durchgeführt (Schutzkonzept, 2022).

Flankiert werden diese Qualifizierungsaktivitäten durch Einführungs- und Bestandsschulungen im Rahmen des Anvertrautenschutzes. Hier liegt der Schwerpunkt auf gewaltpräventiven Aspekten. Neue Mitarbeitende aller Bereiche erhalten spätestens sechs Monate nach Einstellung eine Schulung und spätestens alle fünf Jahre eine Folgeschulung.

Traumasensibilität (vgl. Empfehlung 9.10)

> „Unseres Erachtens erfordert eine zuverlässige Berücksichtigung traumabezogener Aspekte in der Arbeit mit biografisch vorbelasteten Kindern und Jugendlichen nicht einfach nur die Absolvierung entsprechender Fortbildungen durch einzelne Mitarbeitende. Einrichtungen müssen insgesamt traumasensibel gestaltet sein. Zentral ist hierbei ein routiniertes Verständnis traumabedingter Verhaltensmanifestationen sowie der Primat der Verhinderung von Eskalationen, Gewalt und leichtfertigen Beziehungsabbrüchen."

Kommentar:

Als fester Bestandteil sowohl des Anvertrautenschutzes als auch des Schutzkonzeptes werden mit allen Teams des SkF (und damit auch der stationären Jugendhilfe) bereichsspezifische Verhaltenskodizes entwickelt. Um die Beteiligung der einzelnen Fachkräfte und das damit verbundene Reflexionspotenzial besonders zu fördern, finden diese Entwicklungsprozesse mit jedem einzelnen Team statt. Die Grundlagen und die Vorgehensweise sind im Schutzkonzept festgehalten (Schutzkonzept, 2022, S. 26 ff.). Ausgangspunkt sind die machttheoretischen Überlegungen von Staub-Bernasconi (2018), die eine differenzierte Betrachtungsweise von Machtasymmetrien ermöglichen (vgl. Arnegger, 2016) und eine Übertragung in Form von selbstverpflichtenden und transparenten Begrenzungsregeln auf den Gruppenalltag zum Ziel haben. Für alle vier Gruppen und die Inobhutnahmegruppe sind solche Prozesse in Arbeit, drei Verhaltenskodizes liegen bereits ausformuliert vor.

Institutionelle Gewaltprävention: Vorgehen in Verdachtsfällen (vgl. Empfehlung 9.12)

> „Da der Schwierigkeit, dass auf der Basis einer unsicheren Informationslage schwerwiegende Entscheidungen getroffen werden müssen, häufig nicht entkommen werden kann, wird an dieser Stelle auf die Wichtigkeit zweier Aspekte verwiesen, nämlich auf die kontinuierliche Begleitung durch externe spezialisierte Instanzen und auf eine gründliche Aufarbeitung des Umgangs mit (nicht restlos aufgeklärten) Verdachtsfällen."

Kommentar:

Für das Vorgehen in Verdachtsfällen gilt das Krisenkonzept des SkF Freiburg. Hier wurde bisher bewusst entschieden, für alle möglichen Krisen – der Verdacht auf sexuellen Missbrauch oder der Anwendung anderer Formen von Gewalt werden als Krise definiert – ein weitgehend einheitliches Vorgehen zu praktizieren. Hintergrund ist, dass solche Krisen sehr seltene Ereignisse sind und ein einfaches und einheitliches Konzept im Krisenfall leichter anwendbar ist. In diesem Bereich besteht noch Handlungsbedarf: Das Krisenkonzept liegt aktuell in Form einer Mindmap vor und muss verschriftlicht werden. Ergänzungen bedarf es zudem noch hinsichtlich der Beschreibung einer Vorgehensweise zur Rehabilitation bei sich als unbegründet erwiesenen Verdachtsfällen.

Umsetzung konzeptioneller Grundlagen (vgl. Empfehlung 9.13)

> „Daraus ist die Empfehlung abzuleiten, dass einrichtungsbezogene Konzepte als tatsächlicher Orientierungsrahmen für die pädagogische Arbeit vermittelt und somit für die pädagogischen Fachkräfte spürbar werden."

Kommentar:

Mit dieser Empfehlung wird auf etwas verwiesen, das im Kontext der Sozialen Arbeit bisher wenig erforscht ist: Wie können konzeptionelle Grundlagen – im besten Falle wissenschaftlich begründet – zur realen Grundlage alltäglicher Arbeit werden? Bekannt ist, dass die Vorstellung einer top-down-orientierten Vermittlung von an anderer Stelle entwickelten Konzepten zu kurz greift (vgl. Beck & Bonß, 1989). Es sind im Institutionsgefüge eingelassene und im praktischen Vollzug bewährte Routinen, die sich einerseits als wirksam erwiesen haben und andererseits genau deshalb nicht ständig hinterfragt werden (können). Die Handlungsanforderungen in der stationären Jugendhilfe sind in hohem Maße komplex und vielfältig, sodass eine durchgehende wissenschaftlich-konzeptionell und damit explizit abgesicherte Grundlage nicht umsetzbar ist (ausführlicher: Arnegger, 2023). Notwendig sind deshalb Strategien des Managements von Wissensbildungsprozessen. Die Vorgehensweise, die vor dem Hintergrund solcher strukturell eingelassener Ungewissheiten im Kontext der Sozialen Arbeit beim SkF Freiburg gewählt wurde, ist die sukzessive, partizipative und explizite Erarbeitung von Konzepten. Diese Konzeptentwicklung und -überprüfung geht von jeweils als aktuell und relevant identifizierten Handlungsanforderungen aus. Das Instrument, das dabei zum Einsatz kommt, ist der Praxis-Optimierungs-Zyklus. Eine externe Evaluation bestätigt die Wirksamkeit dieser Strategie (Evaluationsbericht, 2022).

Umgang mit Sexualität (vgl. Empfehlung 9.14)

„Insbesondere Jugendliche brauchen eine klare Orientierung darüber, ob und innerhalb welcher Rahmenbedingungen sie ihre Sexualität in einer stationären Einrichtung der Kinder- und Jugendhilfe leben können. Dies setzt auch Klarheit auf Seiten des Personals und der Verantwortlichen des SkF Freiburg e.V. voraus. Entscheidend ist dabei eine fachlich fundierte Differenzierungsfähigkeit zwischen einvernehmlicher Sexualität und grenzverletzendem bzw. ausbeuterischem Verhalten (unter machtasymmetrischen Bedingungen)."

Kommentar:
Ein explizites sexualpädagogisches Konzept ist in Arbeit. Die Struktur eines solchen Konzeptes ist bereits erstellt und Teil des Schutzkonzeptes (Schutzkonzept, 2022, S. 20 ff.). Wesentliche Teile des Konzeptes sind schon entwickelt und implementiert.

Dazu zwei Beispiele:

1. Als wichtiger Bestandteil des Schutzkonzeptes werden regelmäßig Workshops zum Thema Basiswissen sexuelle Entwicklung/sexuelle Gewalt für alle Mitarbeiter:innen der stationären Kinder- und Jugendhilfe durchgeführt. Die Vermittlung von Wissen um die sexuelle Entwicklung von Kindern und Jugendlichen ist mindestens in zweifacher Weise wichtig: zum einen als etwas, das einen zentralen und wesentlichen Teil der Entwicklung aller Kinder und Jugendlichen ausmacht und deshalb der Grundausstattung pädagogischer Fachkräfte zugerechnet werden kann – zum anderen aber auch im selbstverständlichen Austausch im Team der Fachkräfte über häufig tabuisierte Themen im Kontext von Sexualität und sexueller Gewalt. Die Workshops für die Fachkräfte werden von Mitarbeiter:innen von Wendepunkt durchgeführt.
2. Ergänzend gibt es regelmäßige Workshops für die Kinder und Jugendlichen der Gruppen, die ebenfalls von Wendepunkt durchgeführt werden. Die Workshops sind in vier Einheiten gegliedert, die den Austausch und praktische Übungen rund um das Thema Sexualität beinhalten. Ein Einblick bietet das Curriculum auf den Seiten 21 ff. im Schutzkonzept (Schutzkonzept, 2022).

Fürsorgepflicht für Mitarbeitende (vgl. Empfehlung 9.15)

„Es ist Aufgabe der Verantwortlichen des SkF Freiburg e.V., seinen Mitarbeitenden die notwendigen Ressourcen für ihre Tätigkeit zur Verfügung zu stellen. Dies bezieht sich u.a. auf die Gestaltung der Arbeitszeiten und räumlichen Gegebenheiten, auf Psychohygiene, Weiterbildungsmöglichkeiten und die Verfügbarkeit kontinuierlicher Reflexionsräume. Arbeitsverhältnisse müssen auf einem grundlegenden Bewusstsein basieren, dass Mitarbeitende keine Kostenfaktoren sind, sondern Personen, ohne die die Umsetzung notwendiger Standards einer professionellen Kinder- und Jugendhilfe nicht möglich wäre."

Kommentar:

Diese Empfehlung bezieht sich auf Aspekte der Arbeitsbedingungen der stationären Kinder- und Jugendhilfe (aber auch darüber hinaus), die von den Verantwortlichen des SkF gestaltet werden können. Das schließt zunächst solche Aspekte aus, die außerhalb dieses unmittelbaren Einflussbereiches liegen, weil sie z. B. in Rahmenverträgen, im Arbeitszeitgesetz, im Arbeitsschutzgesetz, in den Arbeitsvertragsrichtlinen (AVR) der Caritas oder anderen verbindlichen Vorgaben geregelt sind. Der Schutz der einen Person kann zu einer Belastung für andere Personen werden, z. B. dann, wenn eine schwangere Mitarbeiterin aufgrund eines Beschäftigungsverbotes sehr kurzfristig nicht mehr für den Gruppendienst zur Verfügung steht

Diese Vorgaben führen in Bezug auf einige Aspekte zu engen Handlungsspielräumen. In anderen Bereichen sind solche Handlungsspielräume größer. Die wissenschaftliche Aufarbeitung hat deutlich vor Augen geführt, wie wichtig es ist, diese Handlungsspielräume dahingehend zu nutzen, die Arbeitsbedingungen für Mitarbeitende so zu gestalten, dass das Risiko von Überforderung und daraus resultierender Gewalt so gering wie irgend möglich bleibt.

In den vergangenen Jahren wurde ein Schwerpunkt auf das Thema Selbstfürsorge gelegt und mit entsprechenden Ressourcen ausgestattet. Aktuell sind die Arbeitsbedingungen im Schichtdienst Gegenstand eines partizipativ angelegten Projekts mit dem Ziel, Belastungsfaktoren zu ermitteln und zu mindern. Weiterbildung und persönliche Entwicklungsmöglichkeiten werden in den regelmäßigen Mitarbeiter:innengesprächen zum Thema gemacht. Die geistliche Beraterin steht als Seelsorgerin zur Verfügung, schafft regelmäßig Anlässe der Selbstreflexion, inneren Einkehr und zur spirituellen Inspiration.

Ergänzt werden könnten diese Maßnahmen zukünftig durch eine regelmäßige Befragung der Mitarbeitenden, um bestehende Belastungen systematisch zu erfassen. Das Wissen darum, wo genau welche Belastungen als Risikofaktoren vorhanden sind, könnte zur Steuerung von Maßnahmen im Sinne der Fürsorge für Mitarbeitende genutzt werden.

Supervision (vgl. Empfehlung 9.16)

> „Daraus ergibt sich die Forderung, dass Supervisionen regelmäßig, in ausreichender Frequenz und von einer externen, entsprechend qualifizierten Person angeboten werden müssen. Die Teilnahme muss für alle pädagogischen Mitarbeiter*innen verpflichtend sein. […] Neben fallbezogenen Reflexionen müssen hier strukturelle Rahmenbedingungen, konzeptionelle Fragen, Teamkonflikte, persönliche Befindlichkeiten sowie Umgangsweisen mit Macht, Sexualität und Gewalt einen verlässlichen kommunikativen Ort finden. Aufgrund der Vielschichtigkeit kritischer Themen müssen Supervisionen in hoher Frequenz stattfinden und entsprechend finanziell abgesichert werden.“

Kommentar:

Alle Mitarbeitenden der Gruppen erhalten regelmäßig in einem Abstand von ca. sechs Wochen Supervision. Supervisionssitzungen bieten einen Raum für besonders sensible Themen wie Teamkonflikte oder die Bearbeitung von sehr persönlichen Themen wie z. B. die eigene biografische Prägung und deren Auswirkungen auf die professionelle Tätigkeit. Das gleiche gilt für den Fachdienst.

Für die in der Empfehlung so benannten fallbezogenen Reflexionen sind die Reflexionsfenster enger. Die wöchentlichen Teamsitzungen werden für Reflexionsgespräche mit dem Fachdienst genutzt, die häufig ergänzende Perspektiven aus der Arbeit mit den Herkunftsfamilien einbringen können. Die Psychologin nimmt ebenfalls regelmäßig an den Teamsitzungen teil. Im Rahmen von monatlich stattfindenden Fallreflexionen mit einer externen Psychiaterin kann darüber hinaus jeweils ein Fall vertiefend besprochen werden. Die Unterstützung der im Kinder- und Familienzentrum beschäftigten Psychologin kann von allen Fachkräften der Gruppen jederzeit direkt in Anspruch genommen werden.

Ehemaligenarbeit (vgl. Empfehlung 9.17)

> „(1) Schaffung kommunikativer Räume, in denen Erzählungen über verschiedene historische Phasen des SkF Freiburg e.V. bzw. des St. Augustinusheims generiert werden können. (2) Aktivitäten, die die Vernetzung zwischen ehemaligen Bewohner*innen des St. Augustinusheimes befördern. Hier könnten z.B. durch bestehende Kontakte zwischen (früheren) Mitarbeitenden und früheren Bewohner*innen Schneeballeffekte freigesetzt werden. (3) Angesichts der Tatsache, dass es im Verantwortungsbereich des SkF Freiburg e.V. zu Gewalt gegen Kinder und Jugendliche gekommen ist, erheben sich auch Fragen der materiellen Entschädigung, mit denen sich die aktuell Verantwortlichen auseinandersetzen müssen. Die vorliegende Studie sollte auf jeden Fall zum Anlass genommen werden, um verbindliche Orte des Zuhörens zu schaffen und dies mit institutionalisierten Regelungen für die Zahlung etwaiger Entschädigungsansprüche zu verbinden."

Kommentar:

Neben den bereits bestehenden und aktuell in Weiterentwicklung befindlichen Möglichkeiten für Care Leavers bietet der Aufarbeitungsprozess die Möglichkeit, darüber hinaus neue Netzwerke zu schaffen und/oder wiederzubeleben. Dies betrifft beispielsweise ehemalige Bewohner:innen, die aufgrund des Aufarbeitungsprozesses wieder Kontakt aufnehmen ebenso wie ehemalige Mitarbeiter:innen. Wie genau die Formate dann aussehen können, die die empfohlenen kommunikativen Räume zur Verfügung stellen, lässt sich aktuell noch nicht absehen und muss mit den Beteiligten gemeinsam entwickelt werden, die sich bisher gemeldet haben und sich hoffentlich in naher Zukunft noch melden werden.

Zur Klärung rechtlich relevanter Aspekte wurde für das Aufarbeitungsvorhaben eine Rechtsanwältin hinzugezogen. Bei dieser konnten und können sich weiterhin Personen melden, die als ehemalige Bewohner:innen des St. Augustinusheim (straf)rechtlichen Klärungsbedarf hatten und haben. Bis heute wurde von dieser Möglichkeit kein Gebrauch gemacht. Fragen nach materieller Entschädigung sind bisher ebenfalls nicht aufgetaucht.

Aufarbeitung der Arbeit mit Menschen mit Behinderung (vgl. Empfehlung 9.18)

> „Aufgrund der in diesem Bericht beschriebenen Entwicklungen steht eine Aufarbeitung der Erfahrungen von Menschen mit Behinderung im St. Augustinusheim noch weitgehend aus. Aus unserer Sicht ist es notwendig, dass der SkF Freiburg e.V. zu dieser Frage eine Kommunikationsplattform initiiert, der u.a. der Diözesan-Caritasverband, Einrichtungen der Behindertenhilfe, Wildwasser Freiburg e.V. und regionale Betreuungsbehörden angehören sollten. Angesichts der Tatsache, dass inzwischen – auch in Baden-Württemberg – Projekte zur Aufarbeitung von Gewalt gegen Menschen mit Behinderung in institutionellen Kontexten realisiert wurden, sollte sich eine solche Plattform vor allem mit Fragen der konkreten Umsetzung entsprechender Initiativen beschäftigen. Dabei ist die Beteiligung von Bewohner*innen und das Einholen wissenschaftlicher Expertise unerlässlich.“

Kommentar:

Der Notwendigkeit einer Aufarbeitung der Erfahrungen von Menschen mit Behinderung im St. Augustinusheim ist unbedingt zuzustimmen. Es ist jedoch die Frage zu stellen, mit welchen Ressourcen, auf welcher Grundlage und vor allem mit welchen Erfolgsaussichten eine solche Aufarbeitung in Zukunft noch vom SkF Freiburg ausgehen könnte. Die Beauftragung und Finanzierung eines renommierten und in der Aufarbeitung erfahrenen Instituts erschien hier als sinnvoller und erfolgversprechender Weg. Die Erfahrungen, die vom IPP gemacht wurden, darunter die Barrieren, auf die die mit den entsprechenden Ressourcen ausgestatteten Aufarbeitungsspezialist:innen des IPP gestoßen sind, lassen vermuten, dass das Initiieren einer Kommunikationsplattform nicht die geeignete Maßnahme wäre, um einen Aufarbeitungsprozess für die Zielgruppe der ehemaligen Bewohner:innen mit Behinderung realisieren zu können.

Erfolgversprechender wäre wohl, wenn die für die wissenschaftliche Aufarbeitung Verantwortlichen des IPP auf der Grundlage ihrer Erfahrungen Schlussfolgerungen ziehen, warum Menschen mit Behinderung schwer zu erreichen sind und mit welchen Methoden das zukünftig besser gelingen könnte. Sollten für das Scheitern Strukturmerkmale als mitursächlich identifiziert werden, dann könnten die Verantwortlichen des IPP diese Erkenntnisse an entsprechender Stelle einbringen.

Critical incidents (vgl. Empfehlung 9.19)

„Bezogen auf aktuelle Präventionsbemühungen bedeutet dies, dass es nicht einfach nur um Gefahrenabwehr gehen kann, sondern um die frühzeitige Identifikation riskanter Situationen im Einrichtungsalltag. Solche Situationen können beispielsweise mit Stress auf Seiten der Mitarbeitenden, mit auffälligen Verhaltensmanifestationen einzelner Kinder/Jugendlicher, mit Gefühlen der Beschämung oder Angst assoziiert sein. Gewaltpräventives Arbeiten bedeutet, über solche Anzeichen möglicher Gefährdungen nicht einfach hinwegzusehen, sondern sie systematisch zu dokumentieren und zu analysieren."

Kommentar:
Die Methode der kritischen Ereignisse ist in der Einrichtung zwar bekannt, wurde bislang jedoch noch nicht implementiert. Wir nehmen die Empfehlung zum Anlass, diesen Prozess der Implementierung voranzutreiben und Erfahrungen mit der Methode auch im Bereich der stationären Kinder- und Jugendhilfe zu sammeln.

Professionsethik (vgl. Empfehlung 9.20)

„Angesichts der erhobenen Defizite im Bereich des Personals, die die pädagogische Arbeit im St. Augustinusheim der 1980er und 1990er Jahre beeinträchtigten, erscheint es bei der Weiterentwicklung der aktuellen institutionellen Gewaltprävention im SkF Freiburg e.V. wichtig, professions- und organisationsethische Perspektiven gezielt in Augenschein zu nehmen. [...] Eine gezielte und auf die Organisationskultur des SkF Freiburg e.V. bezogene Auseinandersetzung mit professionsethischen Fragen kann zu einer erhöhten Handlungssicherheit (sozial-) pädagogischer Fachkräfte und somit zur Weiterentwicklung eines förderlichen Sozialisationsmilieus für die betreuten Kinder/Jugendlichen führen."

Kommentar:
Die in den Empfehlungen angesprochene Verständigung über den ethischen Rahmen pädagogischen Handelns und die auf die Organisationskultur bezogene Auseinandersetzung mit professionsethischen Fragen hätte eigentlich in der Berufsethik des Deutschen Berufsverbandes für Soziale Arbeit e.V. (DBSH) eine sehr ausdifferenzierte Grundlage - vor allem für die auf der Ebene der Profession verorteten ethischen Aspekte (DBSH, 2024). Das ist deshalb im Konjunktiv formuliert, weil der Organisationsgrad des DBSH unter den Beschäftigten der Sozialen Arbeit und damit das Wissen um diese Grundlage sehr gering ausfallen, sodass eine Auseinandersetzung mit diesem bestehenden Dokument nicht vorausgesetzt werden kann.

Auf der Ebene der Organisation kommt die Entwicklung und Weiterentwicklung der bereichs- bzw. teamspezifischen Verhaltenskodizes den empfohlenen organisationsethischen Festlegungen am nächsten. Hier könnte ein nächster Schritt sein, die bestehenden Verhaltenskodizes in Richtung eines organisationsweit geteilten und nicht bereits vorgegebenen Verhaltenskodex zu erweitern (in Abgrenzung zu dem im Rahmen des Einstellverfahrens zu unterzeichnenden allgemeinen Verhaltenskodex im Rahmen des Anvertrautenschutzes).

Die auf Teamebene verorteten spezifischen und partizipativ entwickelten Kodizes sind auch deshalb wertvoll, weil sie über einfache und unterkomplexe Handlungsmaximen wie z. B. „Wir wenden keine Gewalt an", hinausgehen. Vielmehr sind es - wie im Übrigen auch in der Berufsethik des DBSH - Dilemma-Situationen, die hier den dafür notwendigen Raum bekommen. Dann tauchen Fragen auf wie z. B.: „Was ist ein legitimer Einsatz meiner Körpermacht, um ein Kind zu schützen oder um Kinder voreinander zu schützen?"

11.3 Abschließende Bemerkungen zur Kommentierung der Empfehlungen im Juni 2024

Abschließend ist es uns ein großes Anliegen, dem Team des IPP für die gute und konstruktive Zusammenarbeit, die außerordentlich wichtige Unterstützung und die wertvollen Empfehlungen zu danken. Es war ein langer gemeinsamer Weg vom ersten Kontakt bis zum Vorliegen des Ergebnisberichts, auf dem wir viel gelernt und erfahren haben. Wir haben nun eine gute Grundlage, um die nächsten Schritte gehen zu können.

Dank gebührt auch den aktuellen und ehemaligen Mitarbeitenden des SkF Freiburg, die durch ihre Teilnahme am Aufarbeitungsprojekt eine Aufarbeitung erst möglich gemacht haben.

Unser Dank geht aber vor allem an die ehemaligen Kinder und Jugendlichen, die bereit waren, sich als Erwachsene noch einmal tief in eine Zeit zu begeben, in der sie auch Leid erfahren mussten. Sie lieferten den vermutlich schwierigsten und gleichzeitig wertvollsten Beitrag im Rahmen unseres Aufarbeitungsprojekts.

Ermöglicht hat die Studie Erzbischof Stefan Burger.

Das Projektteam (Rita Grießhaber, Margarete Lorenz, Mara Roth und Manuel Arnegger) Freiburg im Breisgau, Juni 2024

Maßnahmenplanung – Die Übersetzung der kommentierten Empfehlungen in Maßnahmen ab Juli 2024

12

Inhaltsverzeichnis

12.1 Einführung

Aufbauend auf die Auseinandersetzung mit dem Ergebnisbericht der wissenschaftlichen Aufarbeitung und insbesondere den darin enthaltenen Empfehlungen wurden im nächsten Teilschritt des Aufarbeitungsprojekts konkrete Umsetzungsmaßnahmen geplant. Die dafür notwendige Übersetzung von organisationsexternen Empfehlungen in organisationsinterne Handlungen erfolgte in zwei Schritten.

Zunächst mussten der Bericht und die Empfehlungen wirklich zur Kenntnis genommen werden. Das heißt, dass eine Auseinandersetzung damit von denjenigen

P. Caspari et al., *Die pädagogische Praxis und der Umgang mit Gewalt im St. Augustinusheim des SkF Freiburg e.V. zwischen 1985–1997*, Sexuelle Gewalt in Kindheit und Jugend: Forschung als Beitrag zur Aufarbeitung, https://doi.org/10.1007/978-3-658-51513-3_12

Personen erfolgen sollte, die in irgendeiner Form auch befähigt sind, aus den Empfehlungen konkrete Handlungen abzuleiten. Die Übersetzungsleistung liegt dann darin, von außen kommenden Empfehlungen (im Sinne von Aufforderungen oder Apellen, etwas zu tun) Relevanz zu verleihen. Dahinter steht die Hypothese, dass ein von außen kommender Handlungsappell dann wirksam werden kann, wenn es Personen gibt, die diesen Appell aufnehmen, indem sie ihn für sich als relevant markieren (vgl. Arnegger, 2023, S. 336 ff. mit Bezügen zu Sommerfeld, 2014; Nowotny, 1975). Der im vorigen Abschnitt dargestellte Text vom Juni 2024 dokumentiert einen Teil dieses Prozesses. Entscheidend für einen organisationalen Kontext erscheint uns dabei, dass die Personen in einer Organisation, die über die meisten Handlungsmöglichkeiten (oder im Anschluss an die machttheoretische Differenzierung Staub-Bernasconis [2018] über die größte Positions- und Organisationsmacht) verfügen, an diesem Prozess der Relevierung (Nowotny, 1975, S. 447) beteiligt sein sollten. Das kann als eine erste notwendige Voraussetzung betrachtet werden, um die von außen an die Organisation herangetragenen Empfehlungen in der Organisation wirksam werden zu lassen.

Organisationen ab einer bestimmten Größe zeichnen sich dadurch aus, dass es innerhalb ihrer Struktur ein der Organisationsgröße entsprechendes Maß an Ausdifferenzierung gibt. In der Organisation werden Zuständigkeiten (und damit Positions- und Organisationsmacht) entsprechend dieser Struktur aufgeteilt. Das bedeutet einerseits, dass die Umsetzung von Empfehlungen nicht allein von der Relevanzmarkierung der obersten Leitung abhängt, sondern dass weitere Personen miteinbezogen werden müssen und andererseits, dass es für bestimmte Entscheidungen bereits in der Organisationsstruktur angelegte Wege gibt, um für bestimmte Handlungsnotwendigkeiten das dafür zuständige Gremium oder die zuständige Person zu identifizieren. Ein erfolgreicher Übersetzungsprozess von organisationsexternen Empfehlungen in organisationsinterne Handlungen muss entsprechend so gestaltet werden, dass die für die jeweiligen Handlungsnotwendigkeiten zuständigen Personen mit einbezogen werden und die Möglichkeit erhalten, die an sie herangetragenen Notwendigkeiten innerhalb ihres Gestaltungsraumes als sinnvoll bestimmen zu können.

12.2 Vorgehensweise

Diese hier sehr allgemein dargestellten Grundannahmen waren handlungsleitende Hypothesen für die Gestaltung der konkreten Umsetzungsschritte beim SkF Freiburg. Um die Empfehlungen aus dem Abschlussbericht und die erste Auseinandersetzung mit diesen Empfehlungen unter Beteiligung des Vorstands, der Geschäftsführung, der Leitung der stationären Wohngruppen und der Inobhutnahme sowie der Projektleitung des Aufarbeitungsprojekts übersichtlich zu bündeln, entstand eine Mindmap (Abb. 12.1).

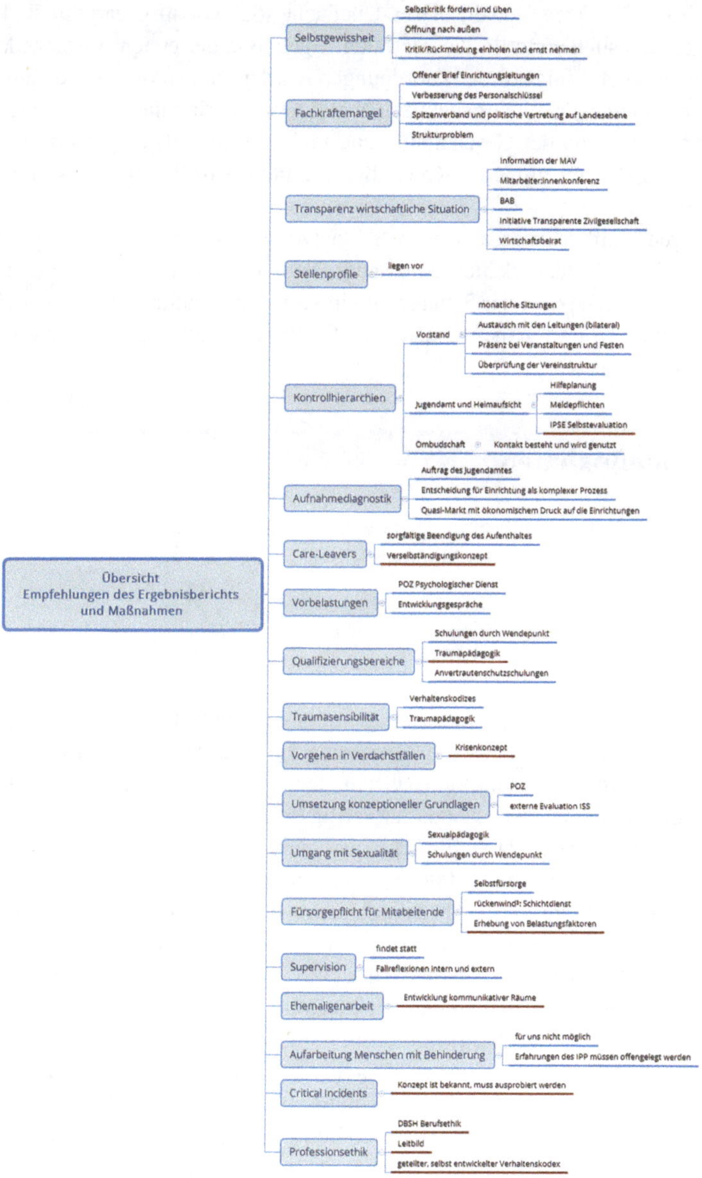

Abb. 12.1 Übersicht als Zwischenschritt der Maßnahmenplanung

Die Empfehlungen sind in dieser Übersicht stichwortartig dargestellt. Ihnen sind ebenfalls stichwortartig die zentralen Ergebnisse der ersten Auseinandersetzung zugeordnet. Einige dieser Zuordnungen wurden rot markiert und dadurch als Handlungsnotwendigkeiten gekennzeichnet. Diese Schritte der Relevierung wurden gemeinsam von der Geschäftsführung und der Projektleitung vollzogen. Sie basieren auf den im größeren Kreis abgestimmten Ausführungen aus dem Text vom Juni 2024.

Dadurch wurden insgesamt zehn Schlagworte identifiziert und entsprechend der jeweiligen Zuständigkeiten adressiert. Die zweite Stufe der Relevierung im Sinne einer Übersetzung der Schlagworte in konkrete Handlungspläne oder Handlungsschritte erfolgte gemeinsam durch die Projektleitung und die jeweils zuständigen Personen.

12.3 Maßnahmen

Diese Vorgehensweise führte in der Folge, ab Juli 2024, zur Planung und Umsetzung der hier kurz skizzierten Maßnahmen.

12.3.1 IPSE-Selbstevaluation

Dieser Punkt taucht im Abschlussbericht unter der Überschrift *Zuverlässige Kontrollhierachien* auf. IPSE ist die Abkürzung für „Instrument zur partizipativen Selbstevaluation". Es handelt sich dabei um eine Methodensammlung, die für pädagogische Einrichtungen kostenlos zur Verfügung steht. Die Anwendung der insgesamt vier Teile ermöglicht es Einrichtungen, ihre Präventionsbemühungen eigenständig zu evaluieren (weitere Informationen: https://ipse-praevention.de).

In den Empfehlungen des Abschlussberichts wird darauf hingewiesen, dass die Durchführung des vierten Teilmoduls einer „transparenten und regelmäßigen Informationspolitik der Einrichtungen des SkF Freiburg e.V. gegenüber Jugendämtern und Heimaufsichten" förderlich wäre.

In den vergangenen Jahren wurden auf der Grundlage des IPSE-Manuals zwei Durchläufe vollzogen. Beim ersten Durchlauf konnte das vierte Teilmodul aufgrund der Einschränkungen in Verbindung mit der Covid-19-Pandemie nicht wie vorgesehen durchgeführt werden. Beim zweiten Durchlauf wurden bislang zwei der vier Module durchgeführt. Aktuell werden die Ergebnisse dieses zweiten Durchlaufs aufbereitet. Wir haben uns jedoch bewusst dagegen entschieden, das vierte Teilmodul wie im Manual vorgegeben als einmalige Veranstaltung durchzuführen, zu der dann u. a. solche externen Instanzen eingeladen hätten werden können, die dem SkF gegenüber eine Aufsichts- und Kontrollfunktion wahrnehmen.

Die Gründe dafür sind vielfältig und sollen hier nicht weiter ausgeführt werden. Wichtig ist jedoch, für das, was mit einer solchen Veranstaltung bewirkt werden soll, funktionale Äquivalente zu finden. Für die Kinder und Jugendlichen gibt es das, ebenso für die Einbindung der Fachberatungsstelle Wendepunkt. Für die Beteiligung der belegenden Jugendämter und der Heimaufsicht müssen noch geeignete Formate entwickelt werden. Das wird mit diesen Institutionen gemeinsam geschehen.

12.3.2 Verselbstständigungskonzept

Die Empfehlungen im Abschlussbericht verweisen auf die Wichtigkeit, junge Menschen, deren Hilfen altersbedingt enden, gut zu begleiten. Das ist zuvorderst eine Aufgabe der Hilfeplanung in Verantwortung des Jugendamtes. Was wir aus der Auseinandersetzung mit den Empfehlungen mitnehmen, ist der Auftrag, unseren Beitrag dazu in bestmöglicher Weise zu gestalten. Dazu gehört, die gelebte Praxis auf den Wohngruppen konzeptionell abzusichern und weiterzuentwickeln. Eine der vier Wohngruppen hat aktuell den Auftrag ein Verselbstständigungskonzept zu erstellen.

12.3.3 Traumapädagogik

In den Empfehlungen wurde auf die Notwendigkeit hingewiesen, eine Organisation, die mit einem hohen Anteil an traumatisierten Kindern und Jugendlichen arbeitet, insgesamt traumasensibel aufzustellen. Es sollen nicht nur Fortbildungen dazu absolviert werden, sondern – so unsere Interpretation – Traumasensibilität soll als ein Strukturmerkmal der Organisation fest verankert sein.

In unseren Kommentaren verweisen wir in diesem Zusammenhang lediglich auf die Entwicklung von bereichsspezifischen Verhaltenskodizes. Das ist ein sehr wichtiges Element, geht aber am eigentlichen Thema vorbei. Dabei gibt es seit einigen Jahren viele Bemühungen um eine Verankerung von Traumasensibilität als Strukturmerkmal. Dazu gehören:

- regelmäßige Schulungen der Bestandsmitarbeitenden sowie Fort- und Weiterbildungen zum Thema (z. T. mit der Qualifikation *Traumapädagog:in*)
- alle neue Mitarbeitenden werden an zwei Vormittagen zu diesem Thema einrichtungsintern durch ausgebildete Traumpädagog:innen geschult

- traumasensibles Arbeiten auf den Gruppen
- vierzehntägiges internes Forum für neue Mitarbeitende (Montagspädagogen), das von Traumapädagog:innen durchgeführt wird, in denen Alltagsthemen praxisnah (u. a. in Form von Rollenspielen) behandelt werden
- geplant: zusätzliche Gruppen-Fallsupervision mit Psychologin und Traumapädagog:in

Aber auch hier gilt, dass es zwar eine gelebte, gewachsene und bewährte Praxis gibt, die jedoch noch nicht in einem alle Aktivitäten in einen Gesamtzusammenhang bringenden Konzept explizit formuliert wurde. Ein solches Konzept wäre dann der Ausgangspunkt, um diese Maßnahmen explizit und nach außen darstellbar zu machen und auf ihre Wirksamkeit hin überprüfen zu können. Es ist offensichtlich, dass ein solches Vorhaben nicht einfach mal so nebenbei im Alltag unterzubringen ist. Aber die Auseinandersetzung aufgrund der Empfehlungen im Abschlussbericht und auch unmittelbar mit dem Bericht selbst haben die Wichtigkeit des Themas einmal mehr verdeutlicht und den Blick dafür geschärft.

Es geht nun darum, als geeignet erscheinende Formate für diesen nächsten notwendigen Schritt zu identifizieren, Entscheidungen zu treffen und diese dann umzusetzen. Erste Ideen sind:

- Kooperation mit einer Hochschule vor Ort, z. B. im Rahmen des Masterstudiengangs Evaluation an der Evangelischen Hochschule Freiburg.
- Entwicklung eines Konzeptes durch externe Personen, z. B. im Rahmen einer Masterthesis.
- Entwickeln eines Projekts und Akquise von Projektmitteln zur Entwicklung und Umsetzung eines Evaluationskonzepts.

12.3.4 Krisenkonzept

Ein Ablaufplan für den Umgang mit Verdachtsfällen ist mittlerweile Teil des Krisenkonzepts. Die kontinuierliche Begleitung durch Wendepunkt außerhalb von Krisen ist ebenfalls abgesichert: Fester Bestandteil der sich zweimal jährlich treffenden *Steuerungsgruppe Schutzkonzept* ist eine Vertreterin von Wendepunkt. Es ist davon auszugehen, dass die kontinuierliche Begleitung auch positive Auswirkungen im Krisenfall hat, weil die externe Fachstelle die Einrichtung kennt und sich deshalb schnell ein adäquates Bild der Situation machen kann.

Eine zentrale Herausforderung des Umgangs mit Krisen und Krisenkonzepten bleibt: Krisen insgesamt sind seltene Vorfälle und Krisen im Kontext von Gewalt noch mehr. Es handelt sich also um Abläufe, die vielleicht nie stattfinden oder wenn doch, dann ohne die Möglichkeit auf Routinen zurückgreifen zu können.

12.3.5 Erhebung von Belastungsfaktoren

Die regelmäßige Erhebung von Belastungsfaktoren steht im Kontext der Fürsorgepflicht für Mitarbeitende. Im Abschlussbericht wird sehr anschaulich geschildert, wie die strukturellen Rahmenbedingungen zu Überlastungssituationen für die Mitarbeitenden führten, was wiederum Auswirkungen auf die hoch belasteten jungen Menschen hatte. In unserer Kommentierung weisen wir darauf hin, dass nicht alle dieser strukturellen Rahmenbedingungen im Einflussbereich einer einzelnen Organisation liegen. Aber was uns im Rahmen des Aufarbeitungsprojekts deutlich vor Augen geführt wurde, ist die Notwendigkeit, bestehende Belastungsfaktoren im konkreten Arbeitsalltag zu identifizieren. Das kann dann als Grundlage genommen werden, um weitere Schritte zu planen und um zu entscheiden, auf welcher Ebene welche Maßnahmen ergriffen werden können.

Aktuell liegen die Ergebnisse einer Befragung der Mitarbeitenden der Wohngruppen vor. Gegenstand der Befragung waren mögliche Belastungen im Schichtdienst. Als Hauptbelastungen zeigen sich erlebte Einschränkungen in der Freizeitgestaltung und im Privatleben. Verursacht wird das durch die Notwendigkeit, immer wieder einspringen zu müssen, wenn Kolleg:innen krank sind, und – damit zusammenhängend – eine wenig verlässliche Dienstplanung.

Als erste Gegenmaßnahme wurde bereits eine Springerkraft eingerichtet. Weitere Maßnahmen werden derzeit zwischen Mitarbeitenden, der Leitung der stationären Jugendhilfe und der Geschäftsführung abgestimmt.

Wir werden diese und weitere Mitarbeitendenbefragungen, die wir mit Unterstützung durch das Umfragetool Lamapoll (https://www.lamapoll.de) durchgeführt haben, dahingehend auswerten, ob das eine praktikable Vorgehensweise ist, um zukünftig in regelmäßigen Abständen Belastungsfaktoren bei allen Mitarbeitenden zu erheben. Es zeigt sich jedoch bereits jetzt, dass das ein anspruchsvolles Vorhaben ist. Unterstützung dafür werden wir bei unserer Berufsgenossenschaft anfragen, denn hier gibt es eine große Nähe zur Gefährdungsbeurteilung, durch die u. a. auch psychische Belastungsfaktoren erfasst werden müssen.

12.3.6 Entwicklung kommunikativer Räume

Die Entwicklung kommunikativer Räume wird in den Empfehlungen des Abschlussberichts als eine Möglichkeit vorgeschlagen, „in denen Erzählungen über verschiedene historische Phasen des SkF Freiburg e.V. bzw. des St. Augustinusheims generiert werden können“. Wir verstehen das so, dass Menschen aus unterschiedlichen historischen Phasen der Heimerziehung aufeinandertreffen und sich untereinander austauschen können.

Diese Idee hat uns sehr angesprochen. Um in dieser Richtung Erfahrungen sammeln zu können, haben wir Menschen, die sich in Verbindung mit dem Aufarbeitungsprozess, aber auch unabhängig davon, bei uns melden, weil sie selbst etwas mit dem Augustinusheim verbindet, zu einem Besuch eingeladen. Die Einladungen wurden durchgehend positiv aufgenommen. Eine ehemalige Bewohnerin, die jedoch nur kurze Zeit als Säugling im damaligen Augustinusheim wohnte, hat davon Gebrauch gemacht – allerdings nur, um ihre Akte in Form einer Karteikarte in Empfang zu nehmen. Ein ehemaliger Zivildienstleistender wird in Kürze die Einrichtung besuchen. Er zeigte sich in den Vorgesprächen auch daran interessiert, in einen Austausch mit den aktuell in der Einrichtung lebenden jungen Menschen zu kommen. Die Vorbereitungen für dieses Aufeinandertreffen werden aktuell getroffen.

12.3.7 Testen des Konzepts Critical Incidents

Ansatz des Konzepts der *Critical Incidents* ist es, aus der Routine herausfallende und damit eventuell riskante konkrete Situationen als Anlass zum Lernen und zur Weiterentwicklung der Arbeit zu nutzen. Eine genaue Analyse der handlungsrelevanten Merkmale erfolgt über die gemeinsame Beantwortung der Fragen, welche Faktoren zum kritischen Verlauf beigetragen haben, welche Risiken in der Situation bestanden/noch bestehen und welche Vorkehrungen zu treffen sind, um negative Folgen zu vermeiden. Die Methode ermöglicht eine konstruktive Auseinandersetzung und Kompetenzentwicklung im Umgang mit ähnlichen Situationen.

Das Konzept wurde mittlerweile in zwei Fällen getestet. Ein Test fand außerhalb des pädagogischen Bereiches satt: Ein Vertrag mit einem Dienstleister im IT-Bereich wurde versehentlich gekündigt, sodass der Verlust der Website drohte. Auslöser für den zweiten Test war eine kritische Situation in der Inobhutnahmegruppe. In beiden Anwendungsfällen hat sich die Vorgehensweise als sinnvoll erwiesen.

In der Auswertung der Erfahrungen wurde deutlich, wie hilfreich allein die mentale Verfügbarkeit des Begriffes *kritisches Ereignis* und der damit verbundenen strukturierten Vorgehensweise ist. Im alltäglichen Fluss der Ereignisse fungiert der Begriff als wahrnehmungsleitendes Konstrukt, das es ermöglicht, eine Abfolge von Ereignissen und Entscheidungen als etwas zu erkennen, das daraufhin mit den beteiligten Personen genauer betrachtet werden sollte, wie die damit verbundenen unerwünschten Folgen entstanden sind und wie sie zukünftig vermieden werden können. Dafür vorab eine systematische, anerkannte und transparente Vorgehensweise verfügbar zu haben, fördert die Analyse solcher kritischen Ereignisse unter Wahrung der psychologischen Sicherheit der daran Beteiligten.

12.3.8 Professionsethik

Unter dieser Überschrift, wie sie von den Autor:innen des Abschlussberichts gewählt wurde, wurden im ersten Schritt der Maßnahmenplanung drei Unterpunkte benannt: (1) Die Auseinandersetzung mit der Berufsethik des DBSH, (2) das Thema *Leitbild* und (3) die Entwicklung eines breiter geteilten, selbst entwickelten Verhaltenskodex.

In einer engeren, allein auf den Bereich der stationären Jugendhilfe bezogenen Betrachtung stehen wir aktuell an dem Punkt, dass jede der vier Wohngruppen und die Inobhutnahmegruppe einen eigenen Verhaltenskodex formuliert hat. Diese Entwicklungsprozesse in einer kleinen und vertrauten Gruppe ermöglichten eine intensive Auseinandersetzung mit schwierigen Situationen im Alltag und führten zu in der jeweiligen Gruppe geteilten selbstverpflichtenden Standards.

Jeder der fünf auf diese Weise entstandenen Kodizes beinhaltet unterschiedliche Themen. Die in hohem Maße partizipative Anlage dieser Entwicklungsprozesse lebt davon, dass von den Mitarbeitenden die aus ihrer Sicht relevanten Themen benannt und bearbeitet werden. Was uns aktuell beschäftigt, ist die Frage, ob diese fünf Kodizes zu einem gemeinsamen zusammengefasst werden können. Und diese Frage weitergedacht: Gibt es Möglichkeiten und wäre es sinnvoll, über die für die jeweiligen Teams sehr spezifischen Themen und auf der nächsten Ebene über die für das Arbeitsfeld der stationären Jugendhilfe wiederum spezifischen Themen hinauszudenken in Richtung eines von unten entwickelten Leitbilds für die gesamte Einrichtung? Und in welchem Verhältnis stünde ein solches Leitbild zum Berufskodex des DBSH?

Deutlich wird, dass wir in diesem Zusammenhang noch keine klare Vorstellung davon haben, wie wir Räume schaffen können für die Entwicklung von selbstverpflichtenden, das professionelle Handeln an ethisch-moralischen Maßstäben ausrichtenden und breit anerkannten Standards, die über die existierenden bereichs- und teamspezifischen Verhaltenskodizes hinausreichen.

12.3.9 Schlussbemerkungen

Anhand der Ausführungen zeigt sich, dass die Übersetzung der Empfehlungen in Handlungen ein Prozess ist, der mit der Produktion von Text nur bedingt abgebildet werden kann. Das hat mit der Komplexität zu tun, die entsteht, wenn solche von außen an eine Organisation herangetragenen Aufforderungen in eine Organisation über längere Zeiträume hinweg hineindiffundieren: Ausgehend von der Organisationsspitze sorgen die Handlungsanforderungen im Rahmen der Umsetzung der Empfehlungen im besten Fall – der Organisationsstruktur folgend – bis auf die Ebene der unmittelbaren Leistungserbringung in der Interaktion und Koproduktion mit den Adressat:innen für Veränderungen – und sind dort möglicherweise nicht mehr in ihrem Ausgangspunkt erkennbar bzw. auf den Abschlussbericht als Quelle zurückführbar. Ein ähnliches Phänomen beschreiben Beck und Bonß (1984, S. 384) im Kontext der Wissensverwendungsforschung in Bezug auf die Anwendung von wissenschaftlichem Wissen. Der Vergleich hat eine gewisse Plausibilität, wenn die Auseinandersetzung mit wissenschaftlichem Wissen und Relevierung zusammengedacht werden und Wissen in einer Weise angeeignet wird, indem es das bereits vorhandene Wissen in Bezug auf einen der wissenschaftlichen und praktischen Betrachtung gemeinsamen Gegenstand implizit und gewissermaßen feinkörniger macht (vgl. Arnegger, 2023, S. 331 ff.). Was aber in Bezug auf den Anspruch der Wissenschaftlichkeit bedeutet, dieses Wissen im Prozess der Relevierung und in der Ausrichtung auf das Handeln dennoch so gut wie möglich explizit zu halten, um es in der Handlungsevaluation überprüfbar zu machen, ist bei der Umsetzung der als relevant markierten Empfehlungen aus dem Abschlussbericht eher zweitrangig. Es geht nicht darum, die angestrebten Veränderungen auf die Empfehlungen des Berichts zurückführen zu können, um diesen als Ausgangspunkt für die Veränderungen zu überprüfen, sondern vielmehr darum, dass etwas in gezielter Weise verändert wird, und zwar von den Personen, die dafür adressiert wurden. Das führt im besten Fall zu vielfältigen und fein verästelten Auswirkungen innerhalb der Organisation, die sich explizit (im Rahmen eines Textes) nicht adäquat abbilden lassen. Es lässt sich dann zwar einerseits genau beschreiben, was getan werden muss, um die gewünschten Prozesse in Gang zu setzen, aber nicht, welche Auswirkungen diese Impulse im Einzelnen haben. Die hier dargestellten Maßnahmen sind vor diesem Hintergrund einerseits Momentaufnahmen zu einem bestimmten Zeitpunkt und bilden andererseits den Gesamtprozess nur sehr lückenhaft ab.

Literatur

Allroggen, M., Rau, T., Ohlert, J., & Fegert, J. M. (2017). Lifetime prevalence and incidence of sexual victimization of adolescents in institutional care. *Child Abuse & Neglect, 66*, 23–30.

Arnegger, M. (2016). Ombuds- und Beschwerdestellen in der Kinder- und Jugendhilfe im Lichte des systemtheoretischen Paradigmas der Sozialen Arbeit. In M. Leideritz & S. Vlecken (Hrsg.), *Professionelles Handeln in der Sozialen Arbeit — Schwerpunkt Menschenrechte: Ein Lese- und Lehrbuch* (S. 146–197). Verlag Barbara Budrich.

Arnegger, M. (2023). *Die Anreicherung professionellen Handelns mit wissenschaftlichem Wissen. Eine explorative Fallstudie in Handlungsfeldern der Sozialen Arbeit*. Pädagogische Hochschule Freiburg. https://doi.org/10.60530/OPUS-3186

Arnegger, M., & Spatscheck, C. (2008). Der Begriff der Ökonomisierung im Kontext der Sozialen Arbeit — Die Vermessung eines umkämpften Terrains. In C. Spatscheck, M. Arnegger, S. Kraus, A. Mattner, & B. Schneider (Hrsg.), *Soziale Arbeit und Ökonomisierung: Analysen und Handlungsstrategien* (S. 9–25). Schibri-Verlag.

Bange, D. (2016). Vom Opfer zum Täter – Mythos oder Realität? In P. Briken, A. Spehr, G. Romer, & W. Berner (Hrsg.), *Sexuell grenzverletzende Kinder und Jugendliche* (4. Aufl., S. 27–45). Pabst Science Publishers.

Bange, D. (2020). Kinder mit Behinderungen und Kinderschutz – Ein vernachlässigtes Thema. *Forum Erziehungshilfen, 26*(3), 178–184.

Beck, U., & Bonß, W. (1984). Soziologie und Modernisierung: Zur Ortsbestimmung der Verwendungsforschung. *Soziale Welt, 35*, 381–406.

Beck, U., & Bonß, W. (Hrsg.). (1989). *Weder Sozialtechnologie noch Aufklärung? Analysen zur Verwendung sozialwissenschaftlichen Wissens*. Suhrkamp Verlag.

Berth, F. (2023). *Die vergessenen Säuglingsheime. Zur Geschichte der Fürsorge in Ost- und Westdeutschland*. Psychosozial-Verlag.

P. Caspari et al., *Die pädagogische Praxis und der Umgang mit Gewalt im St. Augustinusheim des SkF Freiburg e.V. zwischen 1985–1997*, Sexuelle Gewalt in Kindheit und Jugend: Forschung als Beitrag zur Aufarbeitung,
https://doi.org/10.1007/978-3-658-51513-3

Bohnsack, R. (2000). Dokumentarische Methode und sozialwissenschaftliche Hermeneutik. *Zeitschrift für Erziehungswissenschaft, 6*, 550–570.

Böwer, M. (2020). Wenn Zivilgesellschaft High Reliability stiftet. Institutionelle Schutzkonzepte in Einrichtungen der Erziehungshilfe (ISkE) eine empirische Studie zur Gewaltprävention in pädagogischen Kontexten. In A. Schröer, N. Engel, C. Fahrenwald, M. Göhlich, C. Schröder, & S. M. Weber (Hrsg.), *Organisation und Zivilgesellschaft* (S. 75–84). Springer VS.

Breuer, F. (1996). Theoretische und methodologische Grundlagen unseres Forschungsstils. In F. Breuer (Hrsg.), *Qualitative Psychologie: Grundlagen, Methoden und Anwendung eines Forschungsstils* (S. 14–40). Westdeutscher Verlag.

Bürgin, D., & Rost, B. (1997). Psychische und psychosomatische Erkrankungen bei Kindern und Jugendlichen. In U. Egle, S. O. Hoffmann, & P. Joraschky (Hrsg.), *Sexueller Missbrauch, Misshandlung, Vernachlässigung* (S. 157–178). Schattauer.

Caspari, P. (2021a). *Gewaltpräventive Einrichtungskulturen. Theorie, Empirie, Praxis.* Springer VS.

Caspari, P. (2021b). „Wie im Kloster" – Strukturell-psychologische Äquivalenzen der Odenwaldschule mit katholischen Klosterinternaten als Risikobedingungen für sexualisierte Gewalt. In E. Glaser, R. Mayer, & A. Retkowski (Hrsg.), *Sexualisierte Gewalt in schulischen Einrichtungen. Analysen und Konsequenzen für pädagogische Forschung, Ausbildung und Praxis* (S. 42–63). Beltz Juventa.

Caspari, P., & Caspari, C. (2022). Psychotherapeutische Institutionen als irritierte Systeme: Aufarbeitung als Beitrag zur institutionellen und individuellen Identitätsentwicklung. *Psychotherapeutenjournal, 21*(4), 350–357. https://www.psychotherapeutenjournal.de/ptk/web.nsf/gfx/med_dome-cmpceq_0bcd4/$file/Psychotherapeutenjournal%204-2022.pdf. Zugegriffen am 08.03.2024

Caspari, P., Dill, H., Hackenschmied, G., & Straus, F. (2021). *Ausgeliefert und verdrängt – Heimkindheiten zwischen 1949 und 1975 und die Auswirkungen auf die Lebensführung Betroffener. Eine begleitende Studie zur Bayerischen Anlauf- und Beratungsstelle für ehemalige Heimkinder*. Springer Fachmedien Wiesbaden.

Caspari, P., Dill, H., Caspari, C., & Hackenschmied, G. (2022). *Irgendwann muss doch mal Ruhe sein! Institutionelles Ringen um Aufarbeitung von sexualisierter Gewalt und Machtmissbrauch an einem Institut für analytische Kinder- und Jugendlichenpsychotherapie*. Springer VS.

Christmann, B., & Wazlawik, M. (2019). Organisationsethik als Perspektive und Ausgestaltung von Schutzkonzepten gegen sexualisierte Gewalt in pädagogischen Einrichtungen. *Neue Praxis, 49*(3), 234–247.

Davidson-Arad, B., & Golan, M. (2006). Victimization of Juveniles in out-of-home placement. Juvenile correctional facilities. *British Journal of Social Work, 37*(6), 1007–1025.

DBSH. (2024). *Berufsethik des DBSH: Ethik und Werte in der Sozialen Arbeit.* https://www.dbsh.de/media/public/dbsh-bund/Profession/2025-05-21_DBSH_Berufsethik_2._Fassung.pdf. Zugegriffen am 28.07.2025.

Dornes, M. (1997). Vernachlässigung und Misshandlung aus der Sicht der Bindungstheorie. In U. Egle, S. O. Hoffmann, & P. Joraschky (Hrsg.), *Sexueller Missbrauch, Misshandlung, Vernachlässigung*. Schattauer.

Dörr, M. (2018). Nähe-Distanz-Verhältnisse und sexualisierte Gewalt. In A. Retkowski, A. Treibel, & E. Tuider (Hrsg.), *Handbuch sexualisierte Gewalt und pädagogische Kontexte* (S. 178–186). Beltz Juventa.

Enders, U. (Hrsg.). (2012). *Grenzen achten. Schutz vor sexuellem Missbrauch in Institutionen: ein Handbuch für die Praxis.* Kiepenheuer & Witsch.

Endress, E., & Villwock, E. (2023). *Arbeitsgruppe „Machtstrukturen und Aktenanalyse" der GE-Kommission zur Aufarbeitung sexuellen Missbrauchs in der Erzdiözese Freiburg. Abschlussbericht.* https://www.ebfr.de/aufklaerung. Zugegriffen am 12.02.2024.

Erin, Y. (2021). *Das Gedächtnis bei der posttraumatischen Belastungsstörung: Das Trauma-Gedächtnis.* Vortrag im Rahmen der Erlanger Universitätstage. https://open.fau.de/server/api/core/bitstreams/0c07de92-0bd3-430c-ac6a-141ddecbb185/content. Zugegriffen am 12.02.2024.

Eßer, F. (2013). Familienkindheit als sozialpädagogische Herstellungsleistung: Ethnographische Betrachtungen zu familienähnlichen Formen der Heimerziehung. *Diskurs Kindheits- und Jugendforschung, 8*(2), 163–176.

Euser, S., Alink, L. R. A., Tharner, A., van Ijzendoorn, M. H., & Bakermans-Kranenburg, M. J. (2013). The prevalence of child sexual abuse in out-of-home-care. *Child Maltreatment, 18*(4), 221–231.

Evangelische Akademie Tutzing. (2024). *Gewalt gegen Kinder und Jugendliche – Zum Stand der Aufarbeitungsforschung in Bayern. Tagungsbericht.* https://www.ev-akademie-tutzing.de/ausfuehrlicher-bericht-zur-tagung-gewalt-gegen-kinder-und-jugendliche/. Zugegriffen am 10.02.2024.

Fangerau, H., Dreier-Horning, A., Hess, V., Laudien, K., & Rotzoll, M. (Hrsg.). (2021a). *Leid und Unrecht. Kinder und Jugendliche in Behindertenhilfe und Psychiatrie der BRD und DDR 1949 bis 1990. Abschlussbericht und Einrichtungsstudien* (1. Aufl.). Psychiatrie Verlag.

Fangerau, H., Dreier-Horning, A., Hess, V., Laudien, K., & Rotzoll, M. (Hrsg.). (2021b) *Leid und Unrecht. Kinder und Jugendliche in Behindertenhilfe und Psychiatrie der BRD und DDR 1949–1990. Kurzfassung..* https://www.dbk.de/fileadmin/redaktion/diverse_downloads/presse_2021/2021-171b-Kurzfassung-Forschungsbericht-wissenschaftliche-Aufarbeitung.pdf. Zugegriffen am 10.02.2024.

Fegert, J. M., & Petermann, F. (2014). Kinder- und Jugendpsychiatrie/Psychotherapie versus Kinder- und Jugendhilfe. *Kindheit und Entwicklung, 23*(3), 135–139.

Franklin, A., & Smeaton, E. (2017). Recognising and responding to young people with learning disabilities who experience, or are at risk of, child sexual exploitation in the UK. *Children and Youth Services Review, 73*, 474–484.

Freud, S. (2006/1912). *Zur Dynamik der Übertragung. Behandlungstechnische Schriften.* Fischer-Taschenbuch-Verlag.

Gahleitner, S. B. (2009). Was hilft ehemaligen Heimkindern bei der Bewältigung ihrer komplexen Traumatisierung? Expertise im Auftrag des Runden Tisches Heimerziehung. Berlin. https://sehka.org/wp-content/uploads/2022/04/RTH_Expertise_Trauma.pdf. Zugegriffen am 08.03.2024.

Gahleitner, S. B., Hensel, T., Baierl, M., Kühn, M., & Schmid, M. (Hrsg.). (2017). *Traumapädagogik in psychosozialen Handlungsfeldern. Ein Handbuch für Jugendhilfe, Schule und Klinik.* Vandenhoeck & Ruprecht.

Gahleitner, S. B., Andrade, M. d., Gabriel, M., Martensen, M., & Pammer, B. (2023). *Sexualisierte Gewalt in der Heimerziehung der DDR. Bewältigungs- und Aufarbeitungswege anerkennen und unterstützen*. Springer Fachmedien.

Gibbs, I., & Sinclair, I. (2000). Bullying, sexual harassment and happiness in residential children's homes. *Child Abuse Review, 9*(4), 247–256.

Groß, P., Malcherek, M., Metzler, M., Lanza, C., Fischer-Langenbein, M., Mattke, U., Quellmalz-Zeeb, M., & Heger, E. (2022). *Aufarbeitung sexualisierter Gewalt in der Dorfgemeinschaft Tennental.* Zwischenbericht. https://www.tennental.de/informieren/gewaltpraevention/aufarbeitung/. Zugegriffen am 10.02.2024.

Heiner, M. (2005). Evaluation und Evaluationsforschung – Definitionen und Positionen. In H.-U. Otto & H. Thiersch (Hrsg.), *Handbuch Sozialarbeit/Sozialpädagogik* (2. Aufl., S. 481–495). Ernst Reinhardt Verlag.

Helfferich, C., Kramer, M., & Massell, B. (2013). *Historische Aufarbeitung: Der Alltag in den 1950er und 1960er Jahren in der Johannes-Diakonie und das Vorkommen von Gewalt.* Abschlussbericht.

Helfferich, C., Kavemann, B., Kindler, H., Nagel, B., & Schürmann-Ebenfeld, S. (2019). Re-Viktimisierung nach sexuellem Missbrauch in einer Hochrisikogruppe. Ergebnisse einer Mixed Methods Studie bei Mädchen und jungen Frauen in stationären Einrichtungen der Jugendhilfe. In M. Wazlawik, A. Henningsen, A. Dekker, H.-J. Voß, & A. Retkowski (Hrsg.), *Sexuelle Gewalt in pädagogischen Kontexten. Aktuelle Forschungen und Reflexionen* (S. 55–69). Springer VS.

Helming, E., Kindler, H., Langmeyer, A., Mayer, M., Mosser, P., Entleitner, C., Schutter, S., & Wolff, M. (2011). *Sexuelle Gewalt gegen Mädchen und Jungen in Institutionen. Abschlussbericht.* DJI. https://www.dji.de/fileadmin/user_upload/bibs/DJIAbschlussbericht_Sexuelle_Gewalt.pdf. Zugegriffen am 08.03.2024

Hess, J., & Retkowski, A. (2019). Berufsbiografische Identitätskonstruktionen und Sexualität. In M. Wazlawik, A. Henningsen, A. Dekker, H.-J. Voß, & A. Retkowski (Hrsg.), *Sexuelle Gewalt in pädagogischen Kontexten. Aktuelle Forschungen und Reflexionen* (S. 231–245). Springer VS.

Hobbs, G. F., Hobbs, C. J., & Wynne, J. M. (1999). Abuse of children in foster and residential care. *Child Abuse & Neglect, 23*(12), 1239–1252.

Hollomotz, A. (2013). Disability, oppression and violence: Towards a sociological explanation. *Sociology, 47*(3), 477–493.

Jäger, M. (2023). Die Kindertransporte 1938 und 1939 nach Großbritannien: Sequenzielle Traumatisierungen und ihre psychosozialen Folgen. *Trauma Kultur Gesellschaft, 1*(1), 65–80.

Jones, L., Bellis, M. A., Wood, S., Hughes, K., McCoy, E., Eckley, L., Bates, G., Mikton, C., Shakespeare, T., & Officer, A. (2012). Prevalence and risk of violence against children with disabilities: A systematic review and meta-analysis of observational studies. *Lancet, 380*(9845), 899–907.

Kappeler, M. (2008). Von der Heimkampagne zur Initiative des Vereins ehemaliger Heimkinder. Über den Umgang mit Vergangenheitsschuld in der Kinder-und Jugendhilfe. *Neue Praxis, 38*(4), 371–384.

Kavemann, B., Graf-van Kesteren, A., Rothkegel, S., & Nagel, B. (Hrsg.). (2015a). *Erinnern, Schweigen und Sprechen nach sexueller Gewalt in der Kindheit. Ergebnisse einer Interviewstudie mit Frauen und Männern, die als Kind sexuelle Gewalt erlebt haben.* Wiesbaden: Springer Fachmedien.

Kavemann, B., Rothkegel, S., & Nagel, B. (2015b). *Nicht aufklärbare Verdachtsfälle bei sexuellen Grenzverletzungen und sexualisierter Gewalt durch Mitarbeiter*innen in Institutionen. Nicht 100 Prozent Sicherheit, aber 100 Prozent Professionalität.* http://www.barbara-kavemann.de/download/2015_Broschuere_nicht_aufklaerbare_Verdachtsfaelle.pdf. Zugegriffen am 11.01.2019.

Keilson, H. (2005/1979). *Sequentielle Traumatisierung bei Kindern. Untersuchung zum Schicksal jüdischer Kriegswaisen.* Unveränderter Neudruck der Ausgabe Stuttgart, Enke, 1979. Psychosozial-Verlag.

Keupp, H. (1995). Gesundheit als Lebenssouveränität – ein sozial ungleich verteiltes Gut. *Störfaktor – Zeitschrift für Kritische Psychologinnen und Psychologen, 31*(2), 5–28.

Keupp, H., & Mosser, P. (2018). Aufarbeitung sexualisierter Gewalt an behinderten Menschen in Institutionen. *Gemeinsam leben. Zeitschrift für Inklusion, 26*(1), 37–45.

Keupp, H., Straus, F., Mosser, P., Gmür, W., & Hackenschmied, G. (2017a). *Schweigen – Aufdeckung – Aufarbeitung. Sexualisierte, psychische und physische Gewalt im Benediktinerstift Kremsmünster.* Springer Fachmedien.

Keupp, H., Straus, F., Mosser, P., Gmür, W., & Hackenschmied, G. (2017b). *Sexueller Missbrauch und Misshandlungen in der Benediktinerabtei Ettal. Ein Beitrag zur wissenschaftlichen Aufarbeitung.* Springer Fachmedien.

Keupp, H., Mosser, P., Hackenschmied, G., Busch, B., & Straus, F. (2019). *Die Odenwaldschule als Leuchtturm der Reformpädagogik und als Ort sexualisierter Gewalt. Eine sozialpsychologische Perspektive.* Springer Fachmedien.

Khoury-Kassabri, M., & Attar-Schwartz, S. (2013). Adolescents' Reports of physical violence by peers in resi-dential care settings: an ecological examination. *Journal of Interpersonal Violence, 29*(4), 659–682.

Köhler-Saretzki, T. (2001). *Heimerziehung damals und heute – Eine Studie zu Veränderungen und Auswirkungen der Heimerziehung über die letzten 40 Jahre.* https://kups.ub.uni-koeln.de/2649/1/Diss_Heimerziehung_Koehler.pdf. Zugegriffen am 10.02.2024.

König, H.-D. (2010). Tiefenhermeneutik. In U. Flick, E. v. Kardorff, & I. Steinke (Hrsg.), *Qualitative Forschung. Ein Handbuch* (8. Aufl., S. 556–569). Rowohlt.

Kremsner, G. (2020). Gewalt und Machtmissbrauch gegen Menschen mit Lernschwierigkeiten in Einrichtungen der Behindertenhilfe. *Teilhabe – Die Fachzeitschrift der Lebenshilfe, 59*(1), 10–15.

Kremsner, G., Buchner, T., & Koenig, O. (2022). Inklusive Forschung. In I. Hedderich, G. Biewer, J. Hollenweger, & R. Markowetz (Hrsg.), *Handbuch Inklusion und Sonderpädagogik. Eine Einführung* (S. 645–649). UTB; Verlag Julius Klinkhardt.

Kuckartz, U. (2012). *Qualitative Inhaltsanalyse. Methoden, Praxis, Computerunterstützung.* Beltz-Juventa.

Landolt, M. (2021). *Psychotraumatologie des Kindesalters. Grundlagen, Diagnostik und Interventionen.* (3., überarb. Aufl.). Hogrefe.

Liebhardt, H. (2015). Beschwerde und Beschwerdeverfahren. In J. M. Fegert & M. Wolff (Hrsg.), *Kompendium „Sexueller Missbrauch in Institutionen". Entstehungsbedingungen, Prävention und Intervention* (S. 649–660). Beltz Juventa.

Lightfoot, E., Hill, K., & LaLiberte, T. (2011). Prevalence of children with disabilities in the child welfare system and out of home placement: An examination of administrative records. *Child and Youth Services Review, 33*, 2069–2075.

Lüders, C. (2019). Inklusion und „Große Lösung“ in der Kinder- und Jugendhilfe. In M. Westphal & G. Wansing (Hrsg.), *Migration, Flucht und Behinderung. Herausforderungen für Politik, Bildung und psychosoziale Dienste* (S. 167–184). Springer Fachmedien.

Lueger-Schuster, B., Kantor, V., Weindl, D., Jagsch, R., Moy, Y., Butollo, A., & Knefel, M. (2012). *Psychotraumatologische Fragestellungen zu Gewalt und Missbrauch in der Katholischen Kirche* http://betroffen.at/wp-content/uploads/2017/09/Abschlussbericht_20121207.pdf. Zugegriffen am 08.03.2024.

Maclean, M. J., Sims, S., Bower, C., Leonard, H., Stanley, F. J., & O'Donnell, M. (2017). Maltreatment risk among children with disabilities. *Pediatrics, 139*(4), 1–10.

Martinet, M., & Legry, C. (2014). Sexual abuse and intellectual disability: Awareness for a better intervention. *Sexologies: European Journal of Sexology and Sexual Health, 23*(4), 91–97.

Maschke/Stecher (2018). „Speak!“ *Die Studie. Sexualisierte Gewalt in der Erfahrung Jugendlicher. Erweiterungsstudie Förderschulen. Kurzbericht.* https://kultusministerium.hessen.de/sites/kultusministerium.hessen.de/files/2023-05/2018_kurzbericht_speak_foerderschulen.pdf. Zugegriffen am 10.02.2024.

Mayrhofer, H., & Fuchs, W. (2020). Gewalt an Menschen mit Behinderungen. *Menschen, 3*, 15–23. https://www.zeitschriftmenschen.at/content/view/full/117622. Zugegriffen am 07.02.2024

Mayrhofer, H., Schachner, A., Mandl, S., & Seidler, Y. (2019). *Erfahrungen und Prävention von Gewalt an Menschen mit Behinderungen.* https://broschuerenservice.sozialministerium.at/Home/Download?publicationId=718. Zugegriffen am 10.02.2024.

Mayring, P. (1983). *Qualitative Inhaltsanalyse. Grundlagen u. Techniken.* Beltz.

Mosser, P. (2012). *Sexuell grenzverletzende Kinder. Praxisansätze und ihre empirischen Grundlagen*; eine Expertise für das IzKK – Informationszentrum Kindesmisshandlung/Kindesvernachlässigung. DJI. https://www.dji.de/fileadmin/user_upload/izkk/IzKK_Mosser_Expertise.pdf. Zugegriffen am 08.03.2024.

Mosser, P. (2015). „Natürlich geht es uns immer nur ums Kind!“ – Multiprofessionalität aus einer systemischen Perspektive. Henry-Kempe-Gedächtnisvortrag im Rahmen der Bundestagung der DGfPI e.V. am 29.09.2015 in Hannover.

Nowotny, H. (1975). Zur gesellschaftlichen Irrelevanz der Sozialwissenschaften. In N. Stehr & R. König (Hrsg.), *Wissenschaftssoziologie: Studien und Materialien* (S. 445–456). Westdeutscher Verlag GmbH.

Pooch, M.-T., Fakhir, Z., Meyer, R., & Kindler, H. (2022). *Schutzprozesse gegen sexuelle Übergriffe: Partizipative Prävention im sozialen Umfeld vulnerabler Jugendlicher.* Kurzbericht über zentrale Ergebnisse aus Teilprojekt B/DJI „Selbstschutzstrategien und unterstützendes Verhalten von Bystandern sowie Fachkräften“. https://www.dji.de/fileadmin/user_upload/bibs2022/Pooch_ua_2022_Schutzprozesse.pdf. Zugegriffen am 14.04.2026.

Pöter, J., & Wazlawik, M. (2018). Pädagogische Einrichtungen sicher(er) machen. Risikobedingungen sexualisierter Gewalt und Konsequenzen für die Gestaltung von Prävention. *Kindesmisshandlung und -vernachlässigung, 21*(1), 34–45.

Prentky, R. A., Lee, A. F., Lamade, R., Grossi, L., Schuler, A., Dube, G., DeMarco, M., & Pond, A. (2015). Placement instability as a risk factor in proximal sexually inappropriate and aggressive behaviors in a child welfare sample. *Journal of Child Custody, 11*(4), 251–277.

Rau, T., Ohlert, J., Fegert, J. M., & Allroggen, M. (2016). Disclosure von Jugendlichen in Jugendhilfeeinrichtungen und Internaten nach sexueller Gewalterfahrung. *Praxis der Kinderpsychologie und Kinderpsychiatrie, 65*(9), 638–654.

Rau, T., Pohling, A., Andresen, S., Fegert, J. M., & Allroggen, M. (2019). Sexuelle Gewalterfahrungen von Jugendlichen in Heimen und Internaten. Ergebnisse einer deutschlandweiten Befragung. In M. Wazlawik, A. Henningsen, A. Dekker, H.-J. Voß, & A. Retkowski (Hrsg.), *Sexuelle Gewalt in pädagogischen Kontexten. Aktuelle Forschungen und Reflexionen* (S. 25–38). Springer VS.

Rörig, J.-W. (2015). Unterstützung, Bündnisse und Impulse zur Einführung von Schutzkonzepten in Institutionen in den Jahren 2012-2013. In J. M. Fegert & M. Wolff (Hrsg.), *Kompendium „Sexueller Missbrauch in Institutionen". Entstehungsbedingungen, Prävention und Intervention* (S. 587–601). Beltz Juventa.

Rutschky, K. (1977). *Schwarze Pädagogik. Quellen zur Naturgeschichte der bürgerlichen Erziehung*. Ullstein.

Schmid, M., Goldbeck, L., Nuetzel, J., & Fegert, J. M. (2008). Prevalence of mental disorders among adolescents in German youth welfare institutions. *Child and Adolescent Psychiatry and Mental Health, 2*(1) https://doi.org/10.1186/1753-2000-2-2

Schmid, M., Kölch, M., Fegert, J. M., & Schmeck, K. (2013). *Zusammenfassung der wichtigsten Ergebnisse und Erkenntnisse des Modellversuchs Abklärung und Zielerreichung in stationären Maßnahmen (MAZ).* https://www.equals.ch/files/modellversuch-maz/maz-schlussbericht.pdf. Zugegriffen am 10.02.2024.

Schmuhl, H.-W., & Winkler, U. (2010). *Gewalt in der Körperbehindertenhilfe. Das Johanna-Helenen-Heim in Volmarstein von 1947 bis 1967.* Verlag für Regionalgeschichte.

Schmuhl, H.-W., & Winkler, U. (2011). *„Als wären wir zur Strafe hier". Gewalt gegen Menschen mit geistiger Behinderung; der Wittekindshof in den 1950er und 1960er Jahren.* Verlag für Regionalgeschichte.

Schönwiese, V. (2009) *Paradigmenwechsel in der Behindertenhilfe: Von der Rehabilitation zu Selbstbestimmung und Chancengleichheit.* https://bidok.uibk.ac.at/library/schoenwiese-paradigmenwechsel.html. Zugegriffen am 10.02.2024.

Schröttle, M. (2018). Gewalt gegen Menschen mit Behinderungen im Lebensverlauf Gemeinsam leben. *Zeitschrift für Inklusion, 26*(1), 4–12.

Schröttle, M., Hornberg, C., Glammeier, S., Sellach, B., Kavemann, B., Puhe, H., & Zinsmeister, J. (2012). *Lebenssituation und Belastungen von Frauen mit Beeinträchtigungen und Behinderungen in Deutschland. Kurzfassung.* https://www.bmfsfj.de/resource/blob/94204/3bf4ebb02f108a31d5906d75dd9af8cf/lebenssituation-und-belastungen-von-frauen-mit-behinderungen-kurzfassung-data.pdf. Zugegriffen am 10.02.2024.

Schröttle, M., Hornberg, C., Neder, N., Mecke, D., Elli, O., & Vogt, K. (2014). *Gewalterfahrungen von in Einrichtungen lebenden Frauen mit Behinderungen – Ausmaß, Risikofaktoren, Prävention.* https://www.bmfsfj.de/resource/blob/93972/9408bbd715ff80a08af55adf886aac16/gewalterfahrungen-von-in-einrichtungen-lebenden-frauen-mit-behinderungen-data.pdf. Zugegriffen am 10.02.2024.

Schröttle, M., Puchert, R., Arnis, M., Sarkissian, A. H., Lehmann, C., Zinsmeister, J., Paust, I., & Pölzer, L. (2021). Gewaltschutzstrukturen für Menschen mit Behinderungen – Bestandsaufnahme und Empfehlungen. https://www.bmas.de/SharedDocs/Downloads/DE/Publikationen/Forschungsberichte/fb-584-gewaltschutzstrukturen-fuer-menschen-mit-behinderungen.html. Zugegriffen am 07.02.2024.

Sommerfeld, P. (2014). Kooperation als Modus der Verknüpfung von Wissenschaft und Praxis in der Sozialen Arbeit. In U. Unterkofler & E. Oestreicher (Hrsg.), *Theorie-Praxis-Bezüge in professionellen Feldern: Wissensentwicklung und -verwendung als Herausforderung* (S. 133–155). Budrich Uni-Press Ltd.

Staub-Bernasconi, S. (2018). *Soziale Arbeit als Handlungswissenschaft: Soziale Arbeit auf dem Weg zu kritischer Professionalität* (2., vollst. überarb. u. akt. Ausgabe). Verlag Barbara Budrich.

Steinlin, C., Dölitzsch, C., Fischer, S., Lüdtke, J., Fegert, J. M., & Schmid, M. (2015a). Burnout, Posttraumatische Belastungsstörung und Sekundärtraumatisierung. *Trauma & Gewalt, 9*(1), 6–21.

Steinlin, C., Fischer, S., Dölitzsch, C., Fegert, J. M., & Schmid, M. (2015b). Pädagogische Arbeit in Kinder-und Jugendhilfeeinrichtungen, eine gefahrgeneigte Tätigkeit. *Trauma & Gewalt, 9*(1), 22–33.

Streeck-Fischer, A. (2014). *Trauma und Entwicklung*. Schattauer.

Streeck-Fischer, A. (2023). Kinder und Jugendliche in Not. Wenn Hilfesysteme versagen. *Trauma Kultur Gesellschaft, 1*(1), 31–47.

Teubert, A., & Huber, J. (im Druck 2024). Jugendliche mit Behinderung. In DJI (Hrsg.), *Vulnerable Gruppen – Jugendliche in stationären Einrichtungen (Andreas Jud) und Jugendliche mit Behinderung (Anja Teubert und Julia Huber).*

Wapler, F. (2010). *Expertise zu Rechtsfragen der Heimerziehung der 50er und 60er Jahre.* Gutachten im Auftrag des „Runden Tisches Heimerziehung". https://www.yumpu.com/de/document/read/51475422/expertise-rechtsfragen-der-heimerziehung-der-50er-und-60er-jahre. Zugegriffen am 13.02.2024.

Weick, K. E., Sutcliffe, K. M., & Burkhardt, S. (2016). *Das Unerwartete managen. Wie Unternehmen aus Extremsituationen lernen* (3. Aufl.). Poeschl.

Welzer, H. (2002). *Das kommunikative Gedächtnis. Eine Theorie der Erinnerung*. Beck.

Wilke, K., & Schmuhl, H.-W. (2021). *„Es sollte doch alles besser werden". Die Behindertenhilfe der Rummelsberger Diakonie 1945 bis 1995*. Verlag für Regionalgeschichte.

Winkler, U., & Schmuhl, H.-W. (2014). *Die Behindertenhilfe der Diakonie Neuendettelsau. 1945–2014; Alltag, Arbeit, kulturelle Aneignung*. Kohlhammer.

Wittfeld, M., & Bittner, M. (2019). Familialität als Risikofaktor für sexuelle Gewalt in pädagogischen Institutionen? Ethnografische Annäherungen. In M. Wazlawik, A. Henningsen, A. Dekker, H.-J. Voß, & A. Retkowski (Hrsg.), *Sexuelle Gewalt in pädagogischen Kontexten. Aktuelle Forschungen und Reflexionen* (S. 39–53). Springer VS.

Witzel, A. (1985). Das problemzentrierte Interview. In G. Jüttemann (Hrsg.), *Qualitative Forschung in der Psychologie. Grundfragen, Verfahrensweisen, Anwendungsfelder* (S. 227–255). Beltz.

Wolff, M., Schröer, W., Fegert, J. M., & Rörig, J.-W. (2017). *Schutzkonzepte in Theorie und Praxis. Ein beteiligungsorientiertes Werkbuch.* Beltz Juventa.

Zemp, A. (2002). Sexualisierte Gewalt gegen Menschen mit Behinderung in Institutionen. *Praxis der Kinderpsychologie und Kinderpsychiatrie, 51*(8), 610–625.

Materialien auf der SkF Website[1]

Evaluationsbericht. (2022). Bericht zur wissenschaftlichen Begleitung und Evaluation des SkF-Projekts „Das Beste für die Menschen erreichen! Der SkF Freiburg als evidenz- und wirkungsorientierte Organisation“.

Konzept Vertrauensverhältnis. (2023). Konzept: Das Vertrauensverhältnis zwischen Kindern/Jugendlichen und Fachkräften.

Schutzkonzept. (2022). Schutzkonzept der stationären Wohngruppen. https://www.skf-freiburg.de/wpcontent/uploads/2023/07/SkF-Schutzkonzept-Gruppen.pdf

[1] Verfügbar unter: https://www.skf-freiburg.de/aufarbeitung.

FSC
www.fsc.org
MIX
Papier | Fördert
gute Waldnutzung
FSC® C083411

Kolibri 360 GmbH
Ferdinand-Jühlke-Straße 7
99095 Erfurt, Deutschland
produktsicherheit@kolibri360.de